本项目得到“中央高校基本科研业务费专项资金”资助
supported by “the Fundamental Research Funds for the Central Universities”

Grassroots Anti-Corruption:
Mechanisms and Governance Pathways

基层反腐

生成机理与治理路径

王康庆 著

By Wangkangqing

法律出版社
LAW PRESS · CHINA
北京

图书在版编目(CIP)数据

基层反腐：生成机理与治理路径 / 王康庆著. --
北京：法律出版社, 2024
ISBN 978-7-5197-9026-4

Ⅰ. ①基… Ⅱ. ①王… Ⅲ. ①中国共产党－廉政建设
Ⅳ. ①D261.3

中国国家版本馆CIP数据核字(2024)第075804号

基层反腐:生成机理与治理路径
JICENG FANFU:SHENGCHENG JILI YU ZHILI LUJING

王康庆 著

责任编辑 魏艳丽
装帧设计 汪奇峰 苏 慰

出版发行 法律出版社
编辑统筹 法商出版分社
责任校对 裴 黎
责任印制 胡晓雅
经 销 新华书店

开本 710毫米×1000毫米 1/16
印张 15 字数 238千
版本 2024年8月第1版
印次 2024年8月第1次印刷
印刷 北京虎彩文化传播有限公司

地址:北京市丰台区莲花池西里7号(100073)
网址:www.lawpress.com.cn
投稿邮箱:info@lawpress.com.cn
举报盗版邮箱:jbwq@lawpress.com.cn

销售电话:010-83938349
客服电话:010-83938350
咨询电话:010-63939796

书号:ISBN 978-7-5197-9026-4
定价:58.00元
凡购买本社图书,如有印装错误,我社负责退换。电话:010-83938349

序　言

基层腐败是中国社会健康发展需要解决的一个重要问题，其对社会公平、正义和政府公信力有突出负面影响。近年来，我国对反腐败工作的力度不断加大，基层腐败问题得到一定程度的整饬，但要达到长治久安的效果，也有待于对基层腐败产生的原因与有关的对策进行更深入的研究和探索。

在此认识基础上，王康庆在学期间撰写的《基层反腐：生成机理与治理路径》博士论文即将成书出版，具有一定的学术价值和实践意义。作者在书中对基层公职人员腐败犯罪的生成机理和治理路径进行了深入的研究和分析，为我们理解基层腐败问题提供了新的理论视角和实践指导。

该书的最大贡献在于其理论创新和方法的应用。作者运用罗伯特·艾格纽（Robert. Agnew，1992）的“一般紧张理论”（General Strain Theory，GST），结合中国反腐败工作的实际，开展了中国基层腐败研究，并通过本土化改造，构建了一个能够较好解释中国基层公职人员腐败犯罪的结构模型。这一运用理论的创新不仅丰富了腐败研究的理论建构，也为我们理解中国的基层腐败问题提供了新的思路。

在研究方法上，作者采用了顺序探索型混合设计，将定性研究与定量研究有机结合。在研究过程中，基于大样本问卷调查，通过对腐败犯罪人员的深度访谈，获取了丰富的一手资料；通过对有关质性与量化资料的综合梳理、有关信度和效度检验、数据统计分析，验证了有关假设和理论模型的价值。这种方法的运用既保证了研究的深度，又确保了结论的科学性和可靠性。

该书的结论和建议服务于中国实际，具有重要的实践价值。作者提出的基层反腐对策，不仅可为政府和相关部门的决策提供重要参考，也可为社会公众和学界提供有价值的研习参考资料。

学海无涯。作者博士的论文历经多年撰写能够成书后出版，不仅是对其辛勤努力成果的展示，更是对其未来学术发展的激励。作为导师，我深感欣慰，并期待该书的出版能对我国基层反腐研究领域产生积极的影响，以助推我国反腐研究向纵深发展，服务于社会公平、正义的建设和政府公信力水平的提高。

愿作者在学术道路上不断开拓创新，为我国的反腐败研究领域作出新的贡献。

是为序。

王大为

于北京木樨地南里

2024 年 7 月 31 日

前　言

腐败问题给中国乃至全球各国的国家安全、社会稳定、群众利益带来了巨大的风险、隐患和威胁，而基层公职人员的腐败犯罪是其中需要重点关注的问题。

为了探索影响基层公职人员腐败犯罪的因素，本书基于艾格纽（Agnew）的一般紧张理论（GST）编制了基层公职人员腐败犯罪测量工具，寻找能够较好解释中国基层公职人员腐败犯罪的解释模型，提出了基层公职人员腐败犯罪治理对策。

本研究采用顺序探索型混合设计研究方法。首先，对1所监狱的23名因腐败定罪的公职人员进行访谈，对访谈结果使用Nvivo 11进行质化分析。其次，基于艾格纽的一般紧张理论和预调研编制测量问卷。再次，通过三项研究开发和检验中国公职人员压力量表：（1）从质化研究方法建立最初的33个基于艾格纽三个压力源的中国公职人员压力量表项目；（2）使用探索性因素分析探索中国公职人员压力量表的潜在结构和进行信度检验；（3）进行验证性因素分析（CFA），并使用项目反应理论（IRT）评估中国公职人员压力量表的有效性。最后，对中国10个省份40个城市的60所监狱中的493个有效样本进行描述性分析、相关性分析、模型测量和结构方程模型测度与检验。

通过质化研究发现，基层公职人员腐败犯罪影响因素主要由办事资源、不良亚文化、经济刺激、工作冲突、政治前途和人情世故6个维度压力的核心类属构成。通过量化研究发现：6个研究假设均得到部分支持；聚合效度得到确认；根据研究假设建立的结构方程模型整体拟合优度达到可接受水平；压力与腐败行为之间是完全中介关系；压力与腐败行为之间的一阶中介效应假设均成立，其中，腐败信念的一阶中介效应最大，其次是生活不满，最后是享乐价值，两个链式中介效应假设并非都能成立。具体而言，首先，本研究的若干发现不仅进一步验证了一般紧张理论对腐败犯罪的可解释性，而且对该理论的衍生和拓展也提供了启示。上述提及的压力类型具有一定程度的解释力，但是中国基层公职人员有更加具体的表现形式。其次，压力与腐败行为之间的完全中介关系启示我们要关注具体的中介机制，而这样的中介关系在本研究中不仅限于一般紧张理论强调的负面情绪，还包括享乐价值与腐败信念，因此，这两个中介因素可以被纳入一般紧张理论模型的理论框架，从而进一步丰富理论内涵，这具有一定的理论价值和意义。再次，本研究也不可避免地存在局限。最后，本研究的结论为治理中国腐败犯罪提供直接的政策建议。

本书创新点在于，一是运用艾格纽的一般紧张理论，在既吸收其理论中的合理化内容，又摒弃不合理和不符合中国实情的部分后，对该理论进行本土化的扩展与完善，得到了在中国情境下的具有中国特色的解释结论。二是通过多种途径、多种方法、多个维度展开实地调查和分析，获取一手有效的访谈数据和案例，提高了对中国基层公职人员腐败犯罪影响因素的基本认识，探索出一条具有中国特色的基层腐败犯罪的研究路径。

凡　例

缩略词

ABS	Asian Barometer Survey	亚洲晴雨表调查
ADF	Asymptotically Distribution Free	渐进分布自由
APT	Asian paradigm theory	亚洲范式理论
AVE	Average Variance Extracted	平均方差提取值
B2G	Business – to – Government	企业对政府
BPI	Bribe Payers Index	行贿指数
CFA	Confirmatory Factor Analysis	验证性因素分析
CFI	Comparative Fit Index	比较拟合指数
CFR	Composite Factor Reliability	组合信度
CIRI	Cingranelli – Richards	辛格纳利—理查德（人权数据库）
CPI	Corruption Perceptions Index	清廉指数
CPT	Cognitive – Phenomenological – Transactional	压力认知交互作用
CPOSS	Chinese Public Official Strain Scale	中国公职人员压力量表
DID	Difference – In – Difference	双重差分分析
DSM – Ⅲ – R	Diagnostic and Statistic Manual of Mental Disorders	精神疾病诊断与统计手册
EFA	Exploratory Factor Analysis	探索性因子分析
EMS	Electronic Monitoring System	电子监控系统
EU	European Union	欧盟
FA	Failure to Achieve Positive Value Goal	未能实现正值目标

GRM	Graded Response Model	分级响应模型
GST	General Strain Theory	一般紧张理论
IAT	Institutional Anomie Theory	制度失范理论
IMD	International Institute for Management Development	洛桑国际管理发展学院
IRT	Item Response Theory	项目反应理论
IS	Information System	信息系统
IT	Information Technology	信息技术
LSRS	Life Satisfaction Rating Scale	生活满意度评定量表
MMPI	Minnesota Multiphasic Personality Inventory	明尼苏达多项人格调查表
MSLSS	Multidimensional Students' Life Satisfaction Scale	多维学生生活满意度量表
NEO - FFI	NEO - Five Factor Inventory	五因素性格量表（大五人格量表）
PERC	Political & Economic Risk Consultancy Limited	政治经济风险咨询公司
PFS	Personal Financial Strain	个人财务压力
PLS - SEM	Partial Least Squares Structural Equation Model	偏最小二乘法结构方程模型
PLSS	Perceived Life Satisfaction Scale	生活满意度知觉量表
PN	Presence of Negative Stimuli	负刺激的存在
PVQ	Portrait Values Questionnaire	肖像价值观问卷
QPSDVPF	Questionnaire for Police Stress and Domestic Violence in Police Families	警察家庭压力和家庭暴力调查问卷
RMSEA	Root Mean Square Error of Approximation	近似均方根误差
RP	Removal of Positive Stimuli	去除正刺激
SE	Standard Error	标准误差
SEM	Structural Equation Model	结构方程模型
SES	Socioeconomic Status	社会经济地位
SRMR	Standardized Root Mean Square Residual	标准化均方根残差
SS	Status - related Strain	地位相关压力
SVS	Schwartz Value Scale	施瓦茨价值观量表

SWLS	Satisfaction With Life Scale	生活满意度量表
TI	Transparency International	透明国际组织
UCR	Unified Crime Report	统一犯罪报告
WBES	World Business Environment Survey	世界商业环境调查
WBGGIs	World Bank Good Governance Indices	世界银行善政指数
WEF	World Economic Forum	世界经济论坛
WFS	Work - induced Financial Strain	工作（引起的）财务压力
WOS	Web of Science	科学网
WS	Work - related Strain	工作相关压力

首字母缩写

M	Mean	平均值
H	Hypothesis	假设
N	Number	数量

符号

χ^2	卡方
df	自由度
p（value）	*p* 值
β	困难度参数
β_M	β 值的平均值
θ	潜在特征
r	相关系数
M_{age}	平均年龄
SD_{age}	年龄标准误差
b	系数

术语

Bootstrap	自助抽样法（样本估计总体值的一种非参数方法）

Cronbach's alpha（cronbach's α）	克隆巴赫系数
Discriminability（α）	辨别力系数
Triangulation mixed method design	三角校正设计
Embedded mixed method design	嵌入式设计
Explanatory mixed method design	解释式设计
Exploratory mixed method design	探索式设计

目　录

引　言

腐败及其治理问题是现代文明乃至人类社会一个历久弥新的话题。放眼世界，随着人类社会的飞速发展和国际局势的深刻变革，人们对腐败的看法一直在发生改变。曾有观察家将东南亚国家的经济成功归因于腐败在促进决策方面可能产生的积极影响，在数次世界范围内的经济危机之后，这些观点发生了诸多改变，许多观察人士才意识到危机归咎于腐败。腐败问题在俄罗斯、巴基斯坦、肯尼亚和其他许多国家也引起了广泛关注。许多观察人士将这些经济体运转不良与腐败治理体系和治理能力联系起来。事实上，经济观察家和犯罪学家越来越意识到，这些腐败治理问题对经济、社会发展具有极大的影响作用。腐败将造成资源损失，效率降低和系统性的破坏，世界上所有国家都迫切需要对此加以处理，而这一问题似乎难以解决。[①]

许多研究已充分表明腐败对发展具有有害影响，尤其是体现在经济增长和投资领域。腐败削弱经济增长的主要方式包括：人才配置不当，社会关键阶层得不到充分利用，减少国内外投资，扭曲非正规经济的企业发展和增长，公共支出和公共投资扭曲，公共收入减少，作为公共产品的法治规定减少等。[②] 此外，腐败还加剧了收入不平等和贫困，损害卫生、教育和司法等基本服务的获得和质量，影响人力资本积累，阻碍私营部门的发展，给低收入群体带来不公，继而引发各类社会问题和矛盾。

---

① Wang H. & Wang S. , *Corporate Corruption and Governance—From the Perspective of China*, Second International Conference On Economic and Business Management（FEBM 2017）, 2017.

② Kaufmann D. Transparency, *Incentives and Prevention（TIP）for Corruption Control and Good Governance*, *Empirical Findings*, *Practical Lessons*, *and Strategies for Action Based on International Experience*, Draft－world Bank Institute, 2002.

因此，世界金融治理机构非常关注透明度和腐败治理问题。包括亚洲开发银行、国际货币基金组织、美洲开发银行、经济合作与发展组织和世界银行在内的一些国际组织已加强了在这一领域的工作，并一直致力于推动反腐败运动，从而促进世界经济更加透明和治理更加良好，以期通过一系列措施，建设一个更加健康、富裕和安全的社会。

在过去20年里，在中国享受前所未有的经济繁荣的同时，腐败已经成为国内不满的主要来源①之一。近年来，中国的反腐败和腐败治理工作取得显著成就，得到国内和国际社会的广泛关注。剖析和认识当今社会的腐败犯罪问题，为我们进一步牢固构建一体推进不敢腐、不能腐、不想腐体制机制，全面推进国家治理体系和治理能力现代化具有重要的战略价值和深刻的社会意义。② 既有研究表明，不同级别公职人员的腐败行为影响因素存在差异，级别越低的公职人员的腐败行为越容易受到经济等因素的影响，反之，越容易受到政治因素等的影响。③ 不同级别公职人员腐败行为影响因素的客观差异，在研究选题和设计中应当给予充分考虑。

2015年3月6日，习近平总书记在参加十二届全国人大三次会议江西团审议讨论时强调，要重视基层风气问题，下大气力整治发生在老百姓身边的不良行为，对随意插手基层敏感事务、截留克扣基层物资经费、处事不公、吃拿卡要、侵占群众利益等问题，必须严肃查处，绝不姑息。要着力净化政治生态，营造廉洁从政良好环境。要深入推进反腐败斗争，下大气力拔"烂树"、治"病树"、正"歪树"，使领导干部受到警醒、警示、警戒。要加强对干部特别是党员领导干部的监督管理，彻底改变对干部失之于宽、失之于软现象。④ 2019年1月11—13日，在党的第十九届中央纪委第三次全体会议

---

① See Olivia Yu, *Corruption in China's Economic Reform: A Review of Recent Observations and Explanations*, Crime Law and Social Change, Vol. 50: 3, p. 161 - 176 (2008).

② 《习近平在十九届中央纪委四次全会上发表重要讲话》，载中国政府网，http://www.ccdi.gov.cn/special/sjj4cqh/tpxw_sjjzy4cqh/202001/t20200113_207650.html。

③ See Yi Feng, Zhijun Gao & Honglei Zhang, *What Leads to Official Corruption in China? A Politico-economic Analysis of Economic Opportunities and Government Corruption across China's Provinces*, Post-Communist Economies, Vol. 30: 3, p. 273 - 289 (2018).

④ 《习近平参加江西代表团审议》，载新华网，http://www.xinhuanet.com/politics/2015lh/2015-03/06/c_127552761.htm。

上，习近平总书记强调，坚定不移推进全面从严治党，巩固发展反腐败斗争压倒性胜利，保持惩治腐败高压态势，坚持“打虎”“拍蝇”“猎狐”多管齐下。本次全会认识到要着力解决群众反映强烈、损害群众利益的突出问题，不断厚植党执政的政治基础和群众基础，要持续整治群众身边腐败和作风问题，严查基层干部违纪违法行为，严查黑恶势力“保护伞”，严查“村霸”、宗族恶势力和黄赌毒背后的腐败行为，① 让人民群众有更多更直接更实在的获得感、幸福感、安全感。基层公职人员的腐败犯罪问题事关人民群众的切身利益、事关国家的基层政权、事关党的执政之基，研究和关注基层公职人员的腐败犯罪问题意义重大。2020 年 1 月 13—15 日党的第十九届中央纪委第四次全体会议上，习近平总书记强调要集中解决好贫困地区群众反映强烈、损害群众利益的突出问题，要深入整治民生领域的“微腐败”、放纵包庇黑恶势力的“保护伞”、妨碍惠民政策落实的“绊脚石”。② 2021 年 1 月 22—24 日，在党的第十九届中央纪律检查委员会第五次全体会议上，习近平总书记指出要持续整治群众身边腐败和作风问题，让群众在反腐“拍蝇”中增强获得感。持续纠治教育医疗、养老社保、扶贫环保等领域腐败和不正之风，解决好群众的“急难愁盼”问题，让人民群众感受到公平正义。③

党中央对基层腐败问题是高度关注的，反腐和治理腐败的决心也是坚定的。而大量关于腐败的文献清楚地表明，准确地衡量腐败是制定应对腐败政策和在治理中实现更廉洁、更透明和更问责政府的第一步。然而，对于如何在地方一级衡量腐败，学界并没有达成共识。④ 在中国，科学有效地测量基层腐败是我们认识中国基层腐败现状、探究腐败原因、打击和治理基层腐败的重要前提。

---

① 《习近平在十九届中央纪委三次全会上发表重要讲话》，载新华网，http：//www. xinhuanet. com/politics/leaders/2019 －01/11/c_ 1123979062. htm？ tdsourcetag = s_ pcqq_ aiomsg。

② 《习近平在十九届中央纪委四次全会上发表重要讲话》，载中国政府网，http：//www. ccdi. gov. cn/special/sjj4cqh/tpxw_ sjjzy4cqh/202001/t20200113_ 207650. html。

③ 《习近平在十九届中央纪委五次全会上发表重要讲话》，载中国政府网，http：//www. gov. cn/xinwen/2021 －01/22/content_ 5581970. htm。

④ See Xiaojun Li，*Measuring Local Corruption in China*：*A Cautionary Tale*，Journal of Chinese Political Science，Vol. 21：1，p. 21 －38（2016）.

第一章 绪 论

我国自1978年开始经济改革以来，经济快速增长，社会福利水平普遍提高。然而，腐败已成为我国的一个社会、经济和政治问题。[①] 腐败给中国的经济发展带来严峻挑战。[②] 据估计，腐败造成的损失几乎占GDP的3%。[③] 既有研究显示，无论是就腐败交易次数而言还是就腐败交易总金额而言，科级官员均居首位。[④]《人民论坛》调查显示：现实中的各类贪腐事件，“小官贪腐”占七成以上（76.17%）。[⑤] 中央纪要国家监委的最新统计数据显示，截至2019年，93.05%的受制裁官员为乡镇及以下干部。[⑥] 最高人民法院的类似统计数据显示，2018年被定罪的33 000名腐败罪犯中，只有1542名是乡镇以上的干部，[⑦] 大多数罪犯是基层公职人员。

基层腐败客观存在“直接损害人民群众的切身利益”“纵蝇成虎、小官大贪”“恶化政治生态”“影响反腐败成效与进程”“动摇党的执政根基”等严

---

① See Yi Feng，Zhijun Gao & Honglei Zhang，*What Leads to Official Corruption in China? A Politico - economic Analysis of Economic Opportunities and Government Corruption across China's Provinces*，Post - Communist Economies，Vol. 30：3，p. 273 - 289（2018）.

② See Xiaojun Li，*Measuring Local Corruption in China：A Cautionary Tale*，Journal of Chinese Political Science，Vol. 21：1，p. 21 - 38（2016）.

③ See Minxin Pei，*Corruption Threatens China's Future*，Carnegie Endowment for International Peace，2007.

④ 刘启君：《改革开放以来中国腐败状况实证分析》，载《政治学研究》2013年第6期。

⑤ 栾大鹏：《小官贪腐，哪些心态在作祟？——基于9634份公众样本的调查分析》，载《人民论坛》2014年第33期。

⑥《中央纪委国家监委调整违反中央八项规定精神问题数据统计指标查处形式主义官僚主义问题数据首次公布》，载中国政府网，http：//www. ccdi. gov. cn/toutiao/202001/t20200119_ 208006. html。

⑦ 周强：《最高人民法院工作报告》，载中华人民共和国最高人民法院网站2019年3月15日，http：//gongbao. court. gov. cn/Details/a5a0efa5a6041f6dfec0863c84d538. html。

重危害。[①] 基层腐败对国家利益和民众利益的损害是巨大的，对基层政府的财政收入、公共服务和治理能力造成恶性破坏。[②] 近年来，中国基层"微腐败"问题频发，[③] 给社会带来了极大的不良影响，基层领域腐败危害性大、社会容忍度低、人民群众反映强烈，严重影响党在群众中的形象，侵蚀党的执政基础，[④] 严重恶化了干群关系和政治生态，甚至引发社会冲突和社会动荡。[⑤]《人民论坛》问卷调查中心基于 9634 份公众样本的调查结果显示：当问及"当知道身边的基层干部有贪腐行为时，您的感受是什么"时，回答"非常痛恨"的比例为 44.63%，而当被问及"您所知道的'小官贪腐'，给当地造成了哪些不易觉察的危害"时，93.96% 的受访者选择"民心失去了"，75.84% 选择"干群关系疏远了"，62.75% 选择"基层不稳了"。[⑥] 由此可见，人民群众对基层腐败深恶痛绝，基层腐败问题给基层带来的威胁是巨大的。

党的十八大以来，基层腐败问题受到党和国家的持续关注和高度重视。2015 年 3 月，习近平总书记强调，要重视基层风气问题，下大气力整治发生在老百姓身边的不良行为，对随意插手基层敏感事务、截留克扣基层物资经费、处事不公、吃拿卡要、侵占群众利益等问题，必须严肃查处，绝不姑息。[⑦] 2019 年 1 月，党的第十九届中央纪委第三次全体会议上，习近平总书记强调要着力解决群众反映强烈、损害群众利益的突出问题，要持续整治群

---

① 史云贵：《哪些基层腐败令人深恶痛绝》，载《人民论坛》2017 年第 13 期。

② 章勇：《利益规制：新时代基层腐败治理的制度逻辑》，载《重庆大学学报（社会科学版）》2019 年第 25 期。

③ 肖滨、陈伟东：《基层腐败问题的缘起：默契性容忍——基于 A 市镇街"一把手"的 48 个案例研究》，载《广东社会科学》2019 年第 3 期。

④ 张淑瑛：《基于情境预防理论的农村基层腐败犯罪预防机理与路径选择》，载《理论导刊》2020 年第 5 期。

⑤ See Yanan Song, Yaolin Wang & Xiaoting Lei, *Following the Money: Corruption, Conflict, and the Winners and Losers of Suburban Land Acquisition in China*, Geographical Research, Vol. 54: 1, p. 86 - 102 (2016).

⑥ 栾大鹏：《小官贪腐，哪些心态在作祟？——基于 9634 份公众样本的调查分析》，载《人民论坛》2014 年第 33 期。

⑦《习近平参加江西代表团审议》，载新华网，http://www.xinhuanet.com/politics/2015lh/2015-03/06/c_127552761.htm。

众身边腐败和作风问题，严查基层干部违纪违法行为，[①] 2020 年 1 月第十九届中央纪委第四次全体会议指出，深化拓展群众身边腐败和作风问题整治，持续严惩扶贫和民生领域腐败、涉黑涉恶腐败及“保护伞”。[②] 基层公职人员的腐败犯罪问题事关人民群众的切身利益、事关国家的基层政权、事关党的执政之基，因此，我们必须高度重视基层公职人员的腐败行为，而探究基层公职人员腐败犯罪的原因则是我们治理基层腐败、进一步牢固构建一体推进不敢腐、不能腐、不想腐体制机制、全面推进国家腐败治理体系和腐败治理能力现代化的重要前提，具有重要的战略价值和前瞻意义。

一、基本概念的界定

虽然概念是构建理论命题的主要构件[③]，但概念分析在社会科学研究中一直被忽视[④]。当然，这个问题更具有普遍性，而不是中国腐败问题研究特有的。[⑤] 为更加明确研究的范围和边界，避免因概念外延不清给研究带来不必要的争议，需要对本研究中“基层”“公职人员”“腐败”“腐败犯罪”等核心概念进行规范界定。

（一）“基层”概念的界定

基层，一般是指国家权力结构的末梢，是各种组织中最低的一层，它跟群众的联系最直接。[⑥] 一般认为，基层包括城市的市辖区、街道办事处，农村的县、乡（镇）两级，也有观点将基层界定为乡镇和村（居）两级，[⑦] 还有

---

① 《习近平在十九届中央纪委三次全会上发表重要讲话》，载新华网，http：//www. xinhuanet. com/politics/leaders/2019 -01/11/c_ 1123979062. htm？ tdsourcetag = s_ pcqq_ aiomsg。

② 《中国共产党第十九届中央纪律检查委员会第四次全体会议公报》，载新华网，http：//www. xinhuanet. com/2020 -01/15/c_ 1125465012. htm。

③ Goertz G. , *Social Science Concepts*：*A User's Guide*, Princeton University Press, 2012.

④ Sartori G. , *Social Science Concepts*：*A Systematic Analysis*, Sage Publications, Inc. , 1984.

⑤ Johnston M. , *Measuring Corruption*：*Numbers Versus Knowledge Versus Understanding*, in The Political Economy of Corruption, Routledge, 2001, p. 169 -191.

⑥ 史云贵：《哪些基层腐败令人深恶痛绝》，载《人民论坛》2017 年第 13 期。

⑦ 张甜甜：《惩治和预防基层腐败问题探析》，载《现代交际》2018 年第 20 期。

一种观点将基层政府界定为乡镇政府、村委会、街道办事处和居委会。[①] 总之，就我国国家权力结构而言，主要是指城乡县级以下的政府部门或城乡村社组织机构。[②] 基层是直接面对群众的国家治理单位，是国家治理体系的细胞，基层处于权力机关的最底层，却是极其重要的一层，发挥着党和国家政策以及人民群众意见的“上传下达”功能。[③]

本书中所研究的基层不仅限于基层政府，包括整个国家体系中的基层单位。关于基层的外延，学界并无统一的定义，但是一般包括最基层的村委会、居委会一级、乡镇一级，有的概念中也将县区一级纳入其中，具体包括三级还是两级，因学者个人研究需要而定。在我国整个国家体系中，村委会、居委会是基层群众自治组织，而乡镇是我国法律中明确规定的基层政权。实务中，纪委监委的工作对象中往往将乡科级和村（居）级干部认为是基层干部。[④] 事实上，无论是学界还是实务界，对于基层的概念均没有统一的硬性规定，但是通常包括乡镇级、村（居）级两级组织，因而本研究中将基层的概念界定为乡镇级、村（居）级两级组织。

（二）“公职人员”概念的界定

中国的公职人员可以做狭义和广义两个方面的分类：狭义的公职人员是指党政部门的公职人员；广义的公职人员包括企事业单位的公职人员、全民所有制和集体所有制的企业或者事业单位。[⑤] 而基层群众自治组织中，包括居委会或村级党组织、居委会或村级自治组织、居委会或村级经济三类，[⑥] 但是基层群众自治组织并没有被纳入国家行政编制之中，其工资福利不是由国家财政负担，不属于国家公务员范畴，只有在协助人民政府从事《刑法》第九

① 周少来：《中国乡村治理结构转型研究——以基层腐败为切入点》，载《理论学刊》2018 年第 2 期。

② 史云贵：《哪些基层腐败令人深恶痛绝》，载《人民论坛》2017 年第 13 期。

③ 黄大熹、张浩舟：《基层政府的廉政生态：概念·困境·出路》，载《吉首大学学报（社会科学版）》2018 年第 2 期。

④ 《从具体人具体事着手、维护群众切身利益——对 829 起群众身边腐败和作风问题的分析》，载中央纪委国家监委网站，https：//www. ccdi. gov. cn/yaowen/201901/t20190129 – 71069. html。

⑤ 王沪宁：《中国抑制腐败的体制选择》，载《政治学研究》1995 年第 1 期。

⑥ 顾惠忠、张国元、吕奕成：《房屋动迁领域中“村官”职务犯罪的惩治与预防——以上海市某区检察院查办相关案件为例》，载《山西省政法管理干部学院学报》2016 年第 1 期。

十三条第二款规定的一些行政管理工作时，才属于“其他依照法律从事公务的人员”。一般认为，基层公职人员主要是指在整个国家公务员体系最下面结构层的工作人员，还包括帮助履行部分政府管理职能的乡村居委会的党支部书记、主任等，他们的职责是接收由上层传递下来的政策信息，将荷载的内容分布到最底层的普通大众，也就是政策的执行。①

目前对公职人员概念比较一致的观点是依法履行公共职务的国家立法机关、司法机关、行政机关、中国共产党和各个民主党派的党务机关、各人民团体以及国有企业、事业单位的工作人员，或者是指具有国家公职身份或其他从事公职事务的人员，也就是通常说的“干部”。事实上，类似“基层”的概念一样，有关“公职人员”的概念内涵和外延也在随时代和国家形势的发展而不断变化。仔细考究，公职人员核心的内容是所谓的“公职”概念，而“履行公职”的概念又十分广泛，比如国家机关，或者说政府序列以外的人员，如果他也在履行公职，同时占有编制，财政上负担他的工资福利，那他就是公职人员。由此可以依据公职人员的三个核心特征，即履行公职、占用编制、财政负担工资福利，符合三个标准就将其纳入公职人员范围。但是，在基层村委会、居委会组织工作的人员并不完全符合三个标准。首先，其并不占用编制，但是事实上村委会、居委会组织工作人员在乡镇中也有登记，人员也较为固定。其次，财政仅仅负担其一部分补助，但是村委会、居委会组织工作人员承担大量的公职任务。俗话说“上边千头线、下边一根针”，大量的公职任务离不开村委会、居委会干部的支持和落实，因而将基层村委会、居委会组织工作人员纳入公职人员队伍是理论研究和现实工作的需要。

2018 年 3 月 20 日，十三届全国人大一次会议表决通过了《中华人民共和国监察法》（以下简称《监察法》），这部法律被广泛认为是实现国家监察全覆盖、深入开展反腐败工作而制定的专门法律。《监察法》第十五条明确规定监察机关对公职人员的监察范围，其中，第五款是“基层群众性自治组织中从事管理的人员”。同期，由中央纪委国家监委法规室编写的《〈中华人民共和国监察法〉释义》中，又对这一款进行了具体释义：“本条第五项规定的是

---

① 尚政涛：《基层公职人员职务犯罪现状及对策建议》，中国海洋大学 2015 年硕士学位论文。

基层群众性自治组织中从事管理的人员。作为监察对象的基层群众性自治组织中从事管理的人员，包括村民委员会、居民委员会的主任、副主任和委员，以及其他受委托从事管理的人员。根据有关法律和立法解释，这里的‘从事管理’，主要是指：(1）救灾、抢险、防汛、优抚、扶贫、移民、救济款物的管理；（2）社会捐助公益事业款物的管理；（3）国有土地的经营和管理；(4）土地征用补偿费用的管理；（5）代征、代缴税款；（6）有关计划生育、户籍、征兵工作；（7）协助人民政府等国家机关在基层群众性自治组织中从事其他管理工作。”[①] 由此可见，从法律层面对我国基层群众性自治组织中的哪些人在什么时候属于公职人员，法律已经做出明确的说明和释义，作为国家反腐败的最高机构也对公职人员的概念给予了明确界定。

2020 年 6 月 20 日第十三届全国人民代表大会常务委员会第十九次会议通过《中华人民共和国公职人员政务处分法》（以下简称《公职人员政务处分法》），并决定自 2020 年 7 月 1 日起施行。《公职人员政务处分法》第二条第三款规定，本法所称公职人员，是指《监察法》第十五条规定的人员。《公职人员政务处分法》第二十二条则规定，基层群众性自治组织中从事管理的人员有违法行为的，监察机关可以予以警告、记过、记大过。基层群众性自治组织中从事管理的人员受到政务处分的，应当由县级或者乡镇人民政府根据具体情况减发或者扣发补贴、奖金。[②] 由此可见，《公职人员政务处分法》也与《监察法》一样，明确将基层群众性自治组织中从事管理的人员纳入公职人员的范围之内。[③]

（三）“腐败”与“腐败犯罪”概念的界定

腐败，或者说腐败行为，可以有不同的定义，然而，一般的定义是滥用

---

① 中共中央纪律检查委员会、中华人民共和国国家监察委员会法规室：《〈中华人民共和国监察法〉释义》，中国方正出版社 2018 年版。

② 《中华人民共和国公职人员政务处分法》，载全国人大网，http：//www. npc. gov. cn/npc/c30834/202006/2ce1931bad6d479192a0072ee67b9da9. shtml。

③ 中共中央纪律检查委员会、中华人民共和国国家监察委员会法规室：《〈中华人民共和国监察法〉释义》，中国方正出版社 2018 年版。

公共权力谋取私人利益。① 因此，公职人员滥用其公共地位为自己或朋友、亲戚或政治伙伴谋取利益就是腐败行为。② 实际上，中国许多腐败问题研究都依赖于对腐败的一般定义③，然而，在不同的文化氛围下，人们对于腐败的概念会有不同的理解，而造成该差异的主要原因则可归结于社会文化、制度、风俗等。

柯尔康（Kilkon）认为腐败定义应当由三个部分组成：行动者（谁进行了腐败）、行为（哪些行为应该被视为腐败）和动机（私人利益是腐败的必要条件吗）④。基于此标准，柯尔康对一般腐败研究中使用的58种腐败定义进行分析，结果如表1.1所示。这些定义通常指定了腐败的参与者、行为和动机。

表1.1　不同时期定义腐败的关键要素

时期	要素	占比
1980年之前（$N=22$）	公职人员	50.0%
	违法	27.3%
	私人利益	36.4%
1980—1955（$N=10$）	公职人员	40.0%
	违法	30.0%
	私人利益	50.0%
1996—2007（$N=26$）	公职人员	69.2%
	违法	15.4%
	私人利益	85.2%

① Wang H. & Wang S., *Corporate Corruption and Governance - - From the Perspective of China*, Second International Conference On Economic and Business Management (FEBM 2017), 2017.

② Tanzi V., *Governance, Corruption, and Public Finance: An Overview*, Governance, Corruption, and Public Financial Management, Manila, Philippines: Asian Development Bank, 1999, p. 1 - 20.

③ See Kilkon Ko & Cuifen Weng, *Critical Review of Conceptual Definitions of Chinese Corruption: A Formal - legal Perspective*, Journal of Contemporary China, Vol. 20: 70, p. 359 - 378 (2011).

④ See Kilkon Ko & Cuifen Weng, *Critical Review of Conceptual Definitions of Chinese Corruption: A Formal - legal Perspective*, Journal of Contemporary China, Vol. 20: 70, p. 359 - 378 (2011).

续表

时期	要素	占比
总计（$N=58$）	公职人员	56.9%
	违法	22.4%
	私人收益	61.0%

资料来源：根据柯尔康（Kilkon）2011 年文献制作，2019 年。

通过表 1.1 中对一般腐败定义的统计可以发现，首先，对于腐败的参与者“公职人员”的界定，在三组分类中，呈现先略微下降再整体上升的趋势。由此可见，研究人员并没有同时处理公共和私营部门的腐败问题，而是将腐败行为的参与者缩小到官员（1980 年以前为 50%，1996—2007 年为 69.2%），因此，腐败的定义中很少考虑私人行为者之间的腐败行为。其次，在 1996—2007 年提出的定义中，认为“违法”是腐败的一种行为情况的比例（15.4%）较前两期的比例（27.3% 和 30.0%）更低，由此腐败行为的含义并不仅限于非法行为，而是更广泛的定义。在研究中，对腐败行为的定义出现往广义方向发展的趋势。最后，在 1980 年以前提出的腐败定义中，约 36.4% 的定义将追求“私人利益”视为腐败的一个重要动机，在 1980—1955 年定义中，则有 50% 的定义将追求“私人利益”视为重要动机，但在 1996—2007 年定义，该百分比上升至 85.2%。它表明，追求“私人利益”逐渐成为腐败的一个更为普遍的必要条件。此外，柯尔康（Kilkon）整理了英文期刊和书籍中的 35 项中国腐败研究，其中 24 项研究提供了腐败的定义，其结果与上述结论基本吻合。

在我国，腐败既可指个人运用公权力达到个人目的，也可指个人各种不符合社会道德规范和习俗的行为与活动，哪怕这些行为并不在公共生活领域内。① 学者们对腐败的概念各执一词，王沪宁在以权谋私的层面上将政治腐败概念划分成三类，分别是以公职为轴心的定义、以市场为轴心的定义、以公

① 王沪宁：《论中国产生政治腐败现象的特殊条件》，载《上海社会科学院学术季刊》1989 年第 3 期。

益为轴心的定义。[①] 在中国的文化氛围下，公众同时秉持狭义和广义两种概念，从狭义上说，政治腐败是指运用公共权力来实现私人目标，这里涉及权力、公职、职责、公众利益和私人利益；从广义上说，政治腐败意味着政治治理一般意义上的败坏，这里不一定有人直接得到利益或好处，但整个社会的利益受到损害。

因此，在不同的文化、社会和历史时期，对于腐败的定义并不相同。基于不同的研究目的，“腐败”的内涵和外延也并非完全一致。综上所述，无论国内外腐败研究学者，主流观点是将腐败定义为“公职人员为谋取私利的不当行为”，而这一定义似乎已成为一般腐败研究中对腐败的“标准”定义。

事实上，腐败及腐败犯罪是两个不同的概念。从广义上来说，腐败包含了腐败犯罪以及尚未达到腐败犯罪程度的腐败行为。[②] 柯尔康（Kilkon）认为，腐败行为包括损害公共利益的经济腐败（贪污、挪用公款、贿赂）和违纪腐败（违反社会规范、玩忽职守）。[③] 由于“犯罪实质上就是人类利益冲突的一种极端表现形式”[④]，腐败犯罪是腐败所反映的社会矛盾的集中体现，同时具备一般意义上腐败的基本特质。本研究中，主要基于犯罪学的视角研究腐败现象，重点关注严重的腐败现象，即腐败犯罪问题。在研究中，对于腐败犯罪的界定主要以刑法中所规定的、实践中较具有代表性的贪污贿赂罪等为标准。根据我国《刑法》规定，腐败犯罪可以划分为贪利型的贪污贿赂犯罪和弄权型的渎职犯罪两类。[⑤] 根据《刑法》的最新规定，“贪污贿赂罪”一章包括贪污、受贿、挪用公款、巨额财产来源不明、私分国有资产等 14 个罪名。而在 2018 年 4 月 17 日，中央纪委国家监委印发了关于《国家监察委员

① 王沪宁：《论中国产生政治腐败现象的特殊条件》，载《上海社会科学院学术季刊》1989 年第 3 期。

② 陈梅：《马克思主义利益论视阈下腐败犯罪的生成原因与预防》，载《云南社会科学》2018 年第 2 期。

③ See Kilkon Ko & Cuifen Weng, *Critical Review of Conceptual Definitions of Chinese Corruption: A Formal - legal Perspective*, Journal of Contemporary China, Vol. 20: 70, p. 359 - 378 (2011).

④ 苗伟明：《犯罪控制利益论——从利益的角度探析犯罪控制的目标、根据和途径》，载《政治与法律》2005 年第 2 期。

⑤ 刘天：《腐败犯罪的基本社会原因分析——以紧张理论和社会学习理论的糅合为视点》，载《河南司法警官职业学院学报》2017 年第 4 期。

会管辖规定（试行）》（以下简称《管辖规定》），该规定详细列举国家监委管辖的六大类88个职务犯罪案件罪名，六大类分别是贪污贿赂犯罪、滥用职权犯罪、玩忽职守犯罪、徇私舞弊犯罪、重大责任事故犯罪、公职人员其他犯罪。《管辖规定》中贪污贿赂犯罪主要指的是贪污罪、挪用公款罪、受贿罪等共计17个罪名，而涉及公职人员腐败犯罪主要是指国家公职人员犯有贪污贿赂类犯罪中的贪污罪、挪用公款罪、受贿罪等。根据《中国法律年鉴》近几年的数据统计，腐败犯罪中各犯罪类型的发生比例存在极大的差异，其中贿赂、贪污、挪用公款三类犯罪在整体腐败犯罪中占据绝对多数，约占99%。[①] 根据柯尔康和翁翠芬（Ko & Weng）等学者的研究，在1998年之前，经济犯罪总数中有78%属于这三种类型，此后，这一数字猛增至98.7%，贪污、贿赂和挪用公款三种犯罪已经是中国最为普遍的犯罪类型。[②] 而既有的关于中国腐败问题的研究，经常将腐败问题的犯罪类型界定为贪污罪、受贿罪、挪用公款罪三种。[③] 所谓的基层腐败实际上就是作为国家权力结构中的县级以下部门或乡（镇）、街道办与村（居）组织及其成员以权谋私的贪腐行为。[④] 因而，本研究对于基层腐败犯罪的实证研究主要关注的是贪污、受贿、挪用公款三类基层公职人员的犯罪行为。本研究主要以腐败犯罪这一腐败的典型形式为分析对象，但在二者具有共性的地方并没有进行严格区分的必要。因而本研究中所述腐败犯罪行为如无特别说明，均指上述三类犯罪行为。

二、研究目的

本研究主要目的有三：其一，基于一般紧张理论（General Strain Theory，GST）开发和检验一套导致腐败犯罪的自我报告式的压力量表；其二，使用GST，提出并验证一组能够较好解释中国基层公职人员腐败犯罪原因的结构

---

① 梅锦、徐玉生：《中国腐败犯罪状况的实证研究——以新型客观测量模式的引入为研究视角》，载《北京理工大学学报（社会科学版）》2018年第1期。

② See Kilkon Ko & Cuifen Weng, *Critical Review of Conceptual Definitions of Chinese Corruption: A Formal-legal Perspective*, Journal of Contemporary China, Vol. 20: 70, p. 359-378 (2011).

③ See Olivia Yu, *Corruption in China's Economic Reform: A Review of Recent Observations and Explanations*, Crime Law and Social Change, Vol. 50: 3, p. 161-176 (2008).

④ 史云贵：《哪些基层腐败令人深恶痛绝》，载《人民论坛》2017年第13期。

方程模型（Structural Equation Model，SEM）；其三，从多维度构建我国基层公职人员腐败犯罪治理体系。

（一）编制基层公职人员腐败犯罪测量问卷

对于腐败犯罪的测量维度较多，但是目前国内乃至国际上对于腐败犯罪的测量侧重于从公众感知等角度，从外在影响测量腐败犯罪，这对于了解和认识公众对于腐败犯罪的态度具有积极的意义，但对于治理腐败犯罪并没有太直接的作用。打击、预防和治理腐败犯罪的重要前提是对腐败犯罪行为及其影响因素的作用机制有准确、客观的认识。实现该目的的前提是有一套具有良好信效度的测量工具，能够较为准确地测量腐败犯罪及其影响因素。事实上，囿于实务，对于我国大陆地区的基层公职人员腐败犯罪影响因素并未有太多的量化测评指标。一方面，该类罪犯具有较为特殊的身份，其犯罪原因并未引起较大关注；另一方面，监狱作为国家的政治机关和保密机关，该类犯人难以接触。所以，很难对该类罪犯的犯罪原因开展有效测量，既有的一些量化研究也主要基于相关裁判文书或各类公开报道的案例，难以深入挖掘犯罪人自身的数据信息。因此，编制一套我国基层公职人员腐败犯罪测量问卷具有较为重要的理论和现实意义。本研究的重要目标之一是编制一套测量问卷，并通过前人研究、相关理论、预调研成果等基础研究确保其具有较高的信效度，因此，不但要编制一套测量问卷，更要对其信效度进行测试和检验。

（二）构建基层公职人员腐败犯罪解释模型

从犯罪社会学、犯罪心理学的视角，结合压力源理论、艾格纽的一般紧张理论以及社会控制理论等，在预调研的基础上，通过质化研究和相关理论研究，设计出一整套解释我国基层公职人员腐败犯罪的结构化模型。该模型主要基于前期预调研，采用扎根理论完成。质化研究可以较为全面地呈现问题的表象，然而一些深层次或者起中介和调节作用的相关变量并不一定能够通过前期以访谈为主的预调研体现出来，因此，在不断反思和挖掘前期访谈资料的同时，还必须结合前人的研究成果和相关的研究理论，研究设计出基层公职人员腐败犯罪影响因素模型。该模型的基础在于预调研、前人研究以及相关理论。前期解释模型的提出、量具的编制和检验，具有重要的价值，事实上其也具有重要的工具价值，即实现本研究的核心目的，验证我国基层公职人员腐败犯罪影响因素的解释模型。模型的提出可视为研究假设的开始，而测量问卷的编制和验证则是本研究顺利进行的保障，验证基层公职人员腐败犯罪的影响因素的解释模型则是本研究的核心目的。研究的核心便是提出一套经过一定量实践样本检验和验证过的并且具有一定解释力的结构模型。为实现上述目的，综合考虑样本的代表性和可操作性，拟在全国不低于5个省份，不少于50所监狱开展调查研究，验证解释模型的样本数量不少于300人。

（三）提出基层公职人员腐败犯罪治理对策

结合对基层公职人员腐败犯罪影响因素的分析，归纳腐败犯罪的主要发生方式和作用机理，并基于经过验证的基层公职人员腐败犯罪解释模型，提出一整套具有针对性的对策建议。围绕解释模型和相关的研究结果与结论，进一步拓展研究深度，提出基层公职人员腐败犯罪多位一体的对策建议体系，从而实现对基层公职人员腐败犯罪的有效治理。该对策建议将作为本研究的拓展目的。

对于基层公职人员腐败犯罪问题的对策，既要将其视为一种重要的犯罪行为，又不能将其仅简单视为一种犯罪行为。从犯罪社会学研究视角出发，犯罪行为的发生与行为人所处的社会环境密不可分，正如普兰特（Plant）所言："这些人犯罪只是'正常人对非正常的环境所作出的正常反应'。"① 因而，从犯罪本身而言，结合解释模型和犯罪学相关理论成果，提出对基层公职人员腐败犯罪行为的犯罪打击对策和犯罪预防对策，而从更加宏观的社会学视角而言，则尝试提出一系列的基层公职人员腐败犯罪治理对策，从长期效果来看，腐败犯罪治理更具有全局性效果。

---

① Plant J. S., *Personality and the Cultural Pattern*, New York: Commonwealth fund, 1937.

三、文献综述

在腐败犯罪研究领域的学者强调①，除了在其他国家观察到的共性之外②，还应该在其独特的背景下理解中国的腐败问题，考虑儒家传统，裙带关系文化，临时市场体系以及中国中央政府与地方政府之间的机构能力差距。中国的腐败有其独特的特点，这是很自然的，③ 因此，在文献综述时，需要考虑区分国内和国外研究。此外，我们应当进一步区分出腐败研究与专门的腐败测量研究。

（一）国内外关于腐败影响因素研究

1. 国内关于腐败影响因素研究

改革开放之后，国内对腐败现象的研究，首先发端于政治学领域。从 20 世纪 90 年代初，中国的反腐研究群体开始发育④，1990 年也被认为是中国反腐败研究的初始。⑤ 2000 年 10 月，清华大学廉政与治理研究中心（2022 年更名为清华大学纪检监察研究院）成立，这是中国高校第一个专门的廉政研究学术机构。⑥ 反腐败研究群体有系统内和系统外两块。系统内主要包括中纪委研究室和各地方纪委研究室。纪检监察系统主要是进行具体对策的研究，诸如各种规范官员的“几不准”。因为工作性质要求，他们很少以个人身份发声。系统外包括高校的廉政研究中心、中国社科院、中央党校、中央编译局等机构，而像湖南，以王明高为代表的，包括很多一线官员的课题组可谓罕见。高校中以清华大学和北京大学的廉政研究中心为代表，清华大学廉政与治理研究中心被认为是“和纪委检察系统走得最近的机构”。他们关注纪委系

---

① Y. Guo, *Corruption in Transitional China: An Empirical Analysis*, The China Quarterly, Vol. 194, p. 349 – 364 (2008).

② Wedeman A. Win, *Lose, or Draw? China's Quarter Century War on Corruption*, Crime, Law and Social Change, Vol. 49, p. 7 – 26 (2008).

③ See Kilkon Ko & Cuifen Weng, *Critical Review of Conceptual Definitions of Chinese Corruption: A Formal – legal Perspective*, Journal of Contemporary China, Vol. 20: 70, p. 359 – 378 (2011).

④ 马昌博：《鲜为人知的反腐研究者》，载《北方人》2006 年第 9 期。

⑤ 马昌博：《鲜为人知的反腐研究者》，载《北方人》2006 年第 9 期。

⑥ 马昌博：《鲜为人知的反腐研究者》，载《北方人》2006 年第 9 期。

统的需要，与实际操作联系得很紧密。目前，在研究腐败犯罪领域，较为活跃的高校和研究机构还有北京师范大学、中国政法大学、浙江工商大学等。

目前，学术界对腐败成因的研究主要集中在宏观和微观两个层面。[①] 在宏观层面，可整体分为政治层面原因、社会层面原因、经济层面原因和文化层面原因。

在政治层面，首先，是将基层腐败归咎于监督体系的不完善。[②] 监督制约机制的匮乏无力是基层干部腐败行为产生的重要因素。[③] 基层干部由于在同一区域或单位工作多年，对市场、政府、企业等主体关系和运作机制较为熟悉，善于钻各级政府部门、审计、财务、法律的空子[④]，在人情干扰下权力监管松散乏力的问题不同程度存在着[⑤]，这使监督难以有效进行，尤其是在基层腐败问题高发的城乡接合部，监督制约机制更加弱化。[⑥] 其次，是将基层腐败归咎于压力型体制。[⑦] 面对政绩考核、晋升压力、组织资源匮乏等条件的约束，基层干部与上级容易形成紧密的纵向利益共同体，因而出于利益共同体需求，上级与基层干部之间形成一种默契合作策略性行为。[⑧] 尤其是对于乡镇干部，他们要完成上级交办的公务、传达政策精神、开展经济社会发展工作等，不得不通过村干部、居委会干部落实，因此，乡镇干部往往不会去制造与村（居）干部的“过节”，避免为日后工作埋下隐患。[⑨] 这就为基层公职人员的腐败行为创造了可贪腐的机会与空间。再次，是保障机制不健全。在大多数地区，特别是在很多贫困地区，基层干部的工作经费、薪酬等保障较低，这

---

① 吕永祥、王立峰：《健全问责机制：推进我国腐败治理现代化的有效路径》，载《求实》2017年第10期。

② 何家弘：《中国腐败犯罪的原因分析》，载《法学评论》2015年第33期。

③ 参见郑明怀：《村干部腐败行为的体现、产生原因及其预防》，载《领导科学》2014年第11期。

④ 萧鸣政、李净：《铲除基层腐败滋生的土壤》，载《人民论坛》2017年第13期。

⑤ 楚向红：《近几年来农村腐败呈现的新态势及其治理对策》，载《中州学刊》2019年第2期。

⑥ 万银锋：《城乡结合部的“村官”腐败问题及其治理》，载《中州学刊》2015年第8期。

⑦ 马华、苏芳：《村官腐败的形成与治理：“四权”同步的视角》，载《江苏行政学院学报》2017年第2期。

⑧ 肖滨、陈伟东：《基层腐败问题的缘起：默契性容忍——基于A市镇街“一把手”的48个案例研究》，载《广东社会科学》2019年第3期。

⑨ 杨守涛：《胁迫性村官腐败及其治理初探》，载《领导科学》2014年第8期。

与他们付出的劳动事实上并不完全匹配[①]，而在政治荣誉、子女入学、医疗保障等方面也没有特殊照顾[②]，保障机制不健全导致基层腐败频发。最后，是信息公开透明制度还不完善。[③] 我国信息公开工作已经有了较为规范的制度安排，但配套约束机制还不完善，公开的随意性较大。基层党务政务、干部选任、财务工作、领导干部个人有关事项等信息公开制度在执行过程中不彻底，这是基层腐败肆意横行的重要因素。[④]

在社会层面，作为一种社会行为，腐败嵌入在特定社会情境下的社会网络中。[⑤] 腐败干部通过各种方式，运用各种“社会资本（血缘、地缘、家族、人际关系、习俗、惯例）”，将自身嵌入多层腐败网络中，形成攻守同盟。[⑥] 村镇社会中稳定的人口构成和较低的流动性导致村镇干部更容易取得行贿的机会，村镇社会中立体式圈层结构导致的低民主化使得基层干部微腐败行为极易发生。[⑦] 另外，社会诱因增多是基层干部腐败行为产生的重要原因。[⑧] 此外，基层社会对腐败的危害认识不足，秉持错误的反腐败认知也是我国基层腐败发生的社会因素。如不少人仍然错误地认为，腐败对提高办事效率和促进经济发展是有益的，甚至错误地认为反腐败会影响经济发展和社会和谐。错误的反腐败认知提高了社会对基层腐败行为的容忍度，默认甚至支持腐败行为的价值认知仍占有一定比例。这对社会价值观念造成了不良影响[⑨]，恶化了基层的社会生态和政治生态。

在经济层面，较低的机会成本和较高的经济收益提升了村镇干部追求权

---

① 沈孝鹏：《精准扶贫领域“村官”腐败的发生诱因与预防机制——基于中部6省168起典型案例的考察》，载《宁夏社会科学》2017年第6期。

② 楚向红：《近几年来农村腐败呈现的新态势及其治理对策》，载《中州学刊》2019年第2期。

③ 何家弘：《中国腐败犯罪的原因分析》，载《法学评论》2015年第33期。

④ 章勇：《利益规制：新时代基层腐败治理的制度逻辑》，载《重庆大学学报（社会科学版）》2019年第25期。

⑤ 许晓、季乃礼：《精准扶贫中村干部集体腐败的形成机理及治理路径》，载《湖北民族大学学报（哲学社会科学版）》2020年第38期。

⑥ 汪波：《当代中国腐败测量与双重嵌入剖析——基于违反中央八项规定精神问题查处的实证分析》，载《社会科学战线》2017年第5期。

⑦ 吴光芸、田雪森：《差序格局下的村镇干部微腐败及其治理》，载《长白学刊》2018年第4期。

⑧ 参见郑明怀：《村干部腐败行为的体现、产生原因及其预防》，载《领导科学》2014年第11期。

⑨ 章勇：《利益规制：新时代基层腐败治理的制度逻辑》，载《重庆大学学报（社会科学版）》2019年第25期。

力寻租的热情，通过腐败行为带来的情感收益在村镇干部的腐败收益中有明显的加成作用。① 我国社会处于转型时期，市场经济的趋利性等异化为负面效应，基层政治生活容易受到腐蚀，这促使一些意志不够坚强的基层干部产生腐败的思想，从而诱发腐败行为。② 近年来，随着国家对农村资源的大量输入以及区域优化和新型城镇化的发展③，农村承接国家大量资源，农村资源也不断资本化，使得农村资源密集度不断提高。④ 国家资源和政策的落实过程中，基层干部获得了支配大量资源的实际权力。基层社会面对突如其来的大量资源，一些地方缺乏承载国家资源的基础和能力，管理漏洞时有出现，这为基层干部腐败提供了空间和机会。⑤ 值得关注的是，随着农村经济产业化和城镇化的快速推进，一些农村集体土地资源（尤其是城乡接合部的土地）增值空间巨大，土地使用权转让机会增多，出卖或转让土地资源过程中离不开基层干部的参与，一些基层干部利用群众信息不对称发生腐败行为的情况时有发生。⑥

在文化层面，一方面是腐败亚文化的存在。腐败亚文化指的是腐败群体内部乃至全社会范围内流行的各类容易引发腐败的潜规则和文化意识。⑦ 腐败亚文化使人们对基层腐败的容忍度提高，使人觉得“行贿是有理的”，微腐败是可以容忍的⑧，继而导致乡、村两级“微腐败”案件频发。⑨ 甚至，在腐败亚文化的影响下，人们还会将基层腐败行为视为有能力的体现，这给他们带来了一定的成就感，并受到更多基层公职人员的羡慕和模仿。⑩ 腐败的潜规则

---

① 吴光芸、田雪森：《差序格局下的村镇干部微腐败及其治理》，载《长白学刊》2018 年第 4 期。
② 参见郑明怀：《村干部腐败行为的体现、产生原因及其预防》，载《领导科学》2014 年第 11 期。
③ 夏德峰、任亚青：《农村基层“微权力”腐败的机理机制与预防对策》，载《领导科学》2018 年第 11 期。
④ 参见吕德文：《小官贪腐发生机理》，载《人民论坛》2014 年第 33 期。
⑤ 参见徐铜柱：《资源与秩序双重维度下的村干部腐败及其治理研究》，载《社会主义研究》2020 年第 1 期。
⑥ 参见徐铜柱：《资源与秩序双重维度下的村干部腐败及其治理研究》，载《社会主义研究》2020 年第 1 期。
⑦ 王向明：《反腐败要铲除“腐败亚文化”》，载《领导科学》2016 年第 13 期。
⑧ 参见李海涛：《微腐败易发难治的原因及治理机制构建》，载《领导科学》2020 年第 10 期。
⑨ 张淑瑛：《基于情境预防理论的农村基层腐败犯罪预防机理与路径选择》，载《理论导刊》2020 年第 5 期。
⑩ 参见李海涛：《微腐败易发难治的原因及治理机制构建》，载《领导科学》2020 年第 10 期。

和文化意识一旦在基层弥散开来，便使基层腐败行为有了生存的土壤和空间。另一方面是带有封建主义残余思想的政治文化，主要包括人情文化①、“面子”文化②、圈子文化、特权思想、宗族观念、家长制传统、“官本位”意识、全能主义思想。在我国基层社会的政治文化中，这种居于次要地位的带有封建主义残余思想的政治文化对基层政治生活的影响仍然十分深刻③，它直接影响着基层政治制度运转的制度绩效，是基层社会“微腐败”滋生与蔓延的文化支柱。④

在微观层面，则将基层公职人员腐败犯罪原因归咎于收入不高、晋升空间有限、外界诱惑⑤、法治意识淡薄等⑥。在收入方面，基层公职人员整体收入较低。研究显示，公职人员的薪酬与腐败之间呈显著负相关，低薪酬促其违法补偿自己微薄的收入。⑦ 尤其是近年来，随着物价、消费水平、群众收入不断提高，再与周围逐渐富裕起来的群众相比，基层干部心理上就会产生某种不平衡感。繁重的工作任务、巨大的工作压力与微薄的经济收入形成强烈的反差。⑧ 为了平衡自己的心理落差，获取与自身社会地位相符合的经济地位，⑨ 腐败行为便是他们的重要选择之一。在晋升方面，基层干部提拔晋级的空间非常有限，⑩ 晋升无望，不贪心理不平衡，这是基层干部腐败犯罪的重要

① 许晓、季乃礼：《精准扶贫中村干部集体腐败的形成机理及治理路径》，载《湖北民族大学学报（哲学社会科学版）》2020 年第 38 期。

② 岳磊：《“面子”视角下我国腐败现象的文化透视》，载《中国社会科学院研究生院学报》2015 年第 2 期。

③ 参见陈文权、余雅洁：《关于治理“小官”腐败的实证探析——基于重庆市基层干部的问卷调查》，载《中国党政干部论坛》2018 年第 5 期。

④ 参见卜万红：《“微腐败”滋生的政治文化根源及治理对策》，载《河南社会科学》2017 年第 25 期。

⑤ 萧鸣政、李净：《铲除基层腐败滋生的土壤》，载《人民论坛》2017 年第 13 期。

⑥ 张淑瑛：《基于情境预防理论的农村基层腐败犯罪预防机理与路径选择》，载《理论导刊》2020 年第 5 期。

⑦ Van Rijckeghem C. & B. Weder, *Corruption and the Rate of Temptation: Do Low Wages in the Civil Service Cause Corruption?*, Journal of Development Economics, SSRN (Jun, 1997).

⑧ 楚向红：《近几年来农村腐败呈现的新态势及其治理对策》，载《中州学刊》2019 年第 2 期。

⑨ 沈孝鹏：《精准扶贫领域“村官”腐败的发生诱因与预防机制——基于中部 6 省 168 起典型案例的考察》，载《宁夏社会科学》2017 年第 6 期。

⑩ 楚向红：《近几年来农村腐败呈现的新态势及其治理对策》，载《中州学刊》2019 年第 2 期。

动机和心态。[①] 此外，农村基层“微权力”公职人员也会面对社会不良习气影响和权力利益诱惑，在经手、管理大量资金的过程中，若不能够强化监管，防患于未然，极易产生腐败。[②] 在法治意识方面，基层工作人员队伍中，干部素质参差不齐，规矩意识不强、法治观念淡薄是一种普遍现象[③]，具体体现在对法律无知、漠视法律、不尊重法律、想方设法规避法律、法律风险认知不足等方面。有的基层干部把收受村民或者老板的好处当成正常的人情往来，甚至错误地认为自己辛辛苦苦替人家办事得点好处也应该。[④] 有的农村基层干部把挪用公款认为只是临时借用，村里没有损失，及时还回去就好，并不把这种情况认为是犯罪。[⑤]

事实上，前人的研究从各个学科不同维度对腐败犯罪的发生给出了自己的答案，但是有一个基本的问题常常被忽略，即腐败犯罪率与腐败犯罪行为的问题。大量的研究其实主要回答的是腐败犯罪率的问题，即从宏观上，一个地区、一个行业、一个领域为何腐败犯罪率高发，而且学者更多的是给出假设性的答案，验证性的答案凤毛麟角。研究腐败犯罪率本身并无不妥，但事实上，腐败犯罪是一种个人的犯罪行为，脱离个人的因素去谈腐败犯罪难以触及问题本身，因而从个体角度研究腐败犯罪行为是对于腐败问题乃至腐败治理的基础而又关键的维度。腐败犯罪行为是个体、复杂、持续性的问题，而并非宏观的若干观点可以直接回答的。政治学、法学对腐败犯罪问题的探究比较宏观，而经济学、心理学的研究则比较微观。[⑥]

2. 国外关于腐败影响因素研究

经过对369篇WOS英文核心刊物文献的逐篇研究，笔者发现对中国腐败

---

① 栾大鹏：《小官贪腐，哪些心态在作祟？——基于9634份公众样本的调查分析》，载《人民论坛》2014年第33期。

② 张淑瑛：《基于情境预防理论的农村基层腐败犯罪预防机理与路径选择》，载《理论导刊》2020年第5期。

③ 张淑瑛：《基于情境预防理论的农村基层腐败犯罪预防机理与路径选择》，载《理论导刊》2020年第5期。

④ 参见唐金培：《近年来村干部腐败现象透析》，载《中州学刊》2013年第11期。

⑤ 夏德峰、任亚青：《农村基层“微权力”腐败的机理机制与预防对策》，载《领导科学》2018年第11期。

⑥ 孙恒山：《腐败犯罪控制论》，吉林大学2006年博士学位论文。

原因的研究整体上可以划分为经济因素、政治因素、文化因素、社会因素等。

（1）经济因素。中国的腐败问题看似很复杂，但似乎又很简单，往往哪里有大量的经济机会，哪里就有大量的腐败行为。对于大规模的基础设施和公共设施建设与开发的区域，矿产资源丰富、房地产繁荣的地方等，腐败官员的数量则会持续增加。

自然资源开发。自然资源与腐败之间的关系，早已被学界证实，莱特（Leite）和魏德曼（Weidman）在一个跨国样本中发现，与燃料和矿产相关的自然资源会提高一个国家的腐败程度[①]，自然资源的开发为腐败创造了机会，成为腐败的重要根源。他们通过数据证明了自然资源和腐败之间存在关系。而这项工作也被认为是在中国经济改革背景下对中国政府官员腐败的高度相关研究。此外，在对98个发展中国家的样本研究中，在保持政治制度和经济发展等其他因素的稳定时，该研究发现了包括石油、天然气、煤炭、矿产和森林在内的自然资源对腐败的积极影响，自然资源的总租金加重了腐败的程度。矿山等自然资源开发的企业要获得采矿权、许可证等，必须经过行政审批程序。由于企业与政府官员之间存在着利益链，所以当企业管理人员向政府官员申请行政审批时，很难防止腐败。自然资源与腐败的关系，卡塞利（Caselli）通过实证研究尝试给出证据：自然资源带来的好处比工业部门更容易获得，自然资源的丰富引发权力斗争，这使得对手之间存在竞争关系，[②] 权力寻租行为更容易发生。霍德勒（Hodler）的研究中也得出了类似的结论。中国的政治结构具有稳定性和连续性，利益输送对象明确，利益转移过程可操控，这在一定程度上降低了寻租交易的成本，从而滋生个人和实体单位的寻租和腐败。还有研究以中国省份为例，通过对中国独特的腐败率数据集进行跨地区和纵向统计分析，发现自然资源依赖显著增加了国家工作人员的腐

---

① Leite M. C. & Weidmann J., *Does Mother Mature Corrupt: Natural Resources, Corruption, and Economic Growth*, International Monetary Fund, 1999.

② Caselli F., *Power Struggles and the Natural Resource Curse*, LSE (Jun, 2008), http://eprints.lse.ac.uk/4926.

败倾向。[1] 托维克（Torvik）[2] 等的研究也得出了类似的结论。

房地产开发。改革开放以来，随着中国经济腾飞，房地产行业在中国得到迅猛的发展。房地产行业也一度被认为是中国经济的重要支柱产业。究其原因，在经济结构中，房地产是相关多个行业的重要驱动力，带动钢铁、交通、电信、银行等各个领域经济发展。然而，房地产行业在土地出让、公开招标、拍卖和挂牌等过程中，涉及认证、许可、审批等各个流程环节，而这些环节中房地产商与当地各层级公职人员发生着千丝万缕的联系。房地产开发商之间存在激烈的商业竞争关系，而中国的分权改革给地方政府官员提供了很大的自由裁量权。[3] 房地产开发商基于成本收益的考量，为实现自身利益最大化，有可能通过手中各种财物与利益输送手段换取公职人员手中价格优惠、迅速审批、时间宽限等权益。

郊区土地征用。研究者认为中国郊区土地征用的过程是寻租利益相关者非法攫取利益的过程，也是当代中国社会动荡的主要根源。[4] 该研究以中国山东省郊区的一个村庄为例，追踪一个土地征用案例中利润扩散和分配的流动，在巨大的土地收购压力和金额利润下，当地政府允许村党支部书记的腐败行为，村党支部书记利用自己的职位积累了巨额个人财富，而村党支部书记的腐败行为也引发了村民的抗议。[5]

经济发展与改革转型。在腐败的跨国研究中，在保持其他因素不变的情况下，经济增长和腐败之间呈正相关关系得到实证研究的支持。德雷尔

---

① Zhan J. V., *Do Natural Resources Breed Corruption? Evidence from China*, Environmental & Resource Economics, Vol. 66: 2, p. 237 – 259 (2017).

② Torvik R., *Natural Resources, Rent Seeking and Welfare*, Journal of development economics, Vol. 67: 2, p. 455 – 470 (2002).

③ Zhu J., *The Shadow of the Skyscrapers: Real Estate Corruption in China*, Journal of Contemporary China, Vol. 21: 74, p. 243 – 260 (2012).

④ See Yanan Song, Yaolin Wang & Xiaoting Lei, *Following the Money: Corruption, Conflict, and the Winners and Losers of Suburban Land Acquisition in China*, Geographical Research, Vol. 54: 1, p. 86 – 102 (2016).

⑤ See Yanan Song, Yaolin Wang & Xiaoting Lei, *Following the Money: Corruption, Conflict, and the Winners and Losers of Suburban Land Acquisition in China*, Geographical Research, Vol. 54: 1, p. 86 – 102 (2016).

（Dreher）等研究发现，腐败对 GDP 增长有负面影响。① 恩祖（N'Zue）等对 1996—2001 年 18 个非洲国家组成的小组的经济增长和腐败之间的关系进行了分析，研究发现腐败不会导致经济增长，而是经济增长导致腐败。② 艾德（Aidt）也在研究中论证腐败对可持续发展的负面影响作用。③ 还有学者依据中国公共采购的证据研究发现，随着中国市场化改革的推进，腐败是在增长的。④

（2）政治因素。主要涉及政治制度、打击与监督、透明度、政府干预、法律体系等。

打击力度与监督监管。有学者强调，中国腐败的主要原因是监管体系存在缺陷。⑤ 而根据裴（Pei）和考夫曼（Kaufmann）的研究⑥，腐败官员被抓住的概率只有 3%，因此，一些官员会选择腐败，因为回报高，惩罚风险低。缺乏对政府官员的有效监督和打击是腐败发生的重要原因。虽然在党的十八大之后腐败成本效益比在发生变化，但腐败受罚的风险与巨大的利益之间依然存在差距。此外，由于中国幅员辽阔，地理距离给中央政府在偏远地区实施政策和监督地方官员的行为带来了困难，因此，在其他因素不变的情况下，距离政治中心越远的地方，腐败行为越容易发生。既有实证研究表明，在中国，省会城市到首都北京的距离与腐败具有一定关系。⑦ 研究结果还表明，有

---

① Dreher A, & Herzfeld T., *The Economic Costs of Corruption: A Survey and New Evidence*, Available at SSRN 734184, 2005.

② N'Zue F. F. & N'Guessan C. J. F., *Causality between Corruption, Poverty and Growth: A Panel Data Analysis*, Cahiers Du SISERA/Secrétariat D'appui Institutionnel Pour La Recherche Economique en Afrique, 2006/1, 2005.

③ Aidt T. S., *Corruption and Sustainable Development*, International Handbook on the Economics of Corruption, Vol. 2, p. 3 - 51 (2011).

④ Gong T. & Zhou N., *Corruption and Marketization: Formal and Informal Rules in Chinese Public Procurement*, Regulation & Governance, Vol. 9: 1, p. 63 - 76 (2015).

⑤ Le Y., Shan M. et al., *Investigating the Causal Relationships between Causes of and Vulnerabilities to Corruption in the Chinese public Construction Sector*, Journal of Construction Engineering and Management, Vol. 140: 9, p. 1 - 46 (2014).

⑥ Pei M. & Kaufmann D., *Corruption in China: How bad is it*, Carnegie Endowment for International Peace (January, 2007), 2017.

⑦ See Yi Feng, Zhijun Gao & Honglei Zhang, *What Leads to Official Corruption in China? A Politico - economic Analysis of Economic Opportunities and Government Corruption across China's Provinces*, Post - Communist Economies, Vol. 30: 3, p. 273 - 289 (2018).

缺陷的监管体系比缺乏积极的产业环境对腐败脆弱性的影响更大。在存在缺陷的监管体系中，最具影响力的因素是消极的领导角色，其次是不充分的制裁、缺乏严格的监管和五花八门的许可证。① 类似的研究者还有张斌等②。

透明度。实证研究发现，信息透明度与腐败之间存在显著的负相关关系。③ 考夫曼（Kaufmann）强调腐败与反腐败中透明度的重要作用，大量文献证明，不透明是腐败的沃土，因为它阻碍了公众获取利益相关信息，不允许对腐败行为进行监控。④ 在中国，市场信息不对称是透明度问题的一个重要体现。冯怡等认为政府腐败的一个重要原因是市场上的信息不对称。拥有更多信息的人会利用这些信息获得更多的利益。在中国，这些人往往是政府官员或与他们关系密切的人。⑤ 例如，一个大型公共项目可能会被腐败的政府官员或客户员工秘密地分成几个小项目，然后直接与他们喜欢的公司签约，这种不端行为在中国建筑行业中经常出现，甚至在一些重要的公共项目中也会存在。此外，不透明也是投标评估过程中的一个重要问题。在中国，通常并非所有投标人都可以做到这一点。⑥ 因此，投标评估小组中腐败的成员可能会提供偏颇的评估，而有利于贿赂他们的人。

法律体系不健全与程序性违法。对于缺乏成熟法律体系的社会转型期发展中国家来说，制度体系缺陷或法律惩罚不足可能导致腐败。⑦ 程序性违法是

---

① Le Y. , Shan M. et al. , *Investigating the Causal Relationships between Causes of and Vulnerabilities to Corruption in the Chinese Public Construction Sector*, Journal of Construction Engineering and Management, Vol. 140: 9, p. 12 (2014).

② Zhang B. , Le Y. et al. , *Causes of Business - to - government Corruption in the Tendering Process in China*, Journal of Management in Engineering, Vol. 33: 2, p. 1 - 10 (2017).

③ Svensson J. , *Eight Questions about Corruption*, Journal of Economic Perspectives, Vol. 19: 3, p. 19 - 42 (2005).

④ Tabish S. Z. S. & Jha K. N. , *Analyses and Evaluation of Irregularities in Public Procurement in India*, Construction Management and Economics, Vol. 29: 3, p. 261 - 274 (2011).

⑤ See Yi Feng, Zhijun Gao & Honglei Zhang, *What Leads to Official Corruption in China? A Politico - economic Analysis of Economic Opportunities and Government Corruption across China's Provinces*, Post - Communist Economies, Vol. 30: 3, p. 273 - 289 (2018).

⑥ Tabish S. Z. S. & Jha K. N. , *Analyses and Evaluation of Irregularities in Public Procurement in India*, Construction Management and Economics, Vol. 29: 3, p. 261 - 274 (2011).

⑦ Bologna R. & Del Nord R. , *Effects of the Law Reforming Public Works Contracts on the Italian Building Process*, Building Research & Information, Vol. 28: 2, p. 109 - 118 (2000).

中国腐败问题漏洞中的一个重要组成部分。这与其他国家的腐败研究结果是一致的，如土耳其[①]、尼日利亚[②]、印度[③]，南非[④]等。程序性违规主要是指不符合日常工作原则和程序的不端行为。例如，在中国某地，一个项目未经当地建设行政管理部门的行政批准而进行，腐败官员贪污项目资金，[⑤] 以及一个最初设计和批准为公用事业的项目，最终被建设用于商业公用事业。[⑥] 在类似的研究中，研究者也发现缺乏竞争和公平的投标实践和程序是中国腐败的重要原因。[⑦]

（3）文化因素。文化对包括中国在内的世界各国官员腐败的影响是一致的。[⑧] 在中国腐败的研究背景下，主要涉及不道德、宗教信仰、关系等。

不道德。不道德被认为是腐败最具影响的潜在因素。[⑨] 不道德可以被解释为一种行为，这种行为与一套被认为是好的和正确的标准或原则背道而驰。[⑩] 腐败意味着违反道德法律、规范、标准、美德和社会价值。[⑪] 缺乏职业道德和

---

① Gunduz M. & Önder O. , *Corruption and Internal Fraud in the Turkish Construction Industry*, Science and Engineering Ethics, Vol: 19: 2, p. 505 – 528 (2013).

② Alutu O. E. & Udhawuve M. L. , *Unethical Practices in Nigerian Engineering Industries: Complications for Project Management*, Journal of Management in Engineering, Vol. 25: 1, p. 40 – 43 (2009).

③ Tabish S. Z. S. & Jha K. N. , *The Impact of Anti – corruption Strategies on Corruption Free Performance in Public Construction Projects*, Construction Management and Economics, Vol. 30: 1, p. 21 – 35 (2012).

④ Bowen P. A. , Edwards P. J. & Cattell K. , *Corruption in the South African Construction Industry: A Thematic Analysis of Verbatim Comments from Survey Participants*, Construction Management and Economics, Vol. 30: 10, p. 885 – 901 (2012).

⑤ Deng X. , Tian Q. et al. , *Transparency in the Procurement of Public Works*, Public Money and Management, Vol. 23: 3, p. 155 – 162 (2003).

⑥ Shan M. , Le Y. et al. , *Investigating the Underlying Factors of Corruption in the Public Construction Sector: Evidence from China*, Science and Engineering Ethics, Vol: 23: 6, p. 1643 – 1666 (2017).

⑦ Zhang B. , Le Y. , et al. , *Causes of Business – to – government Corruption in the Tendering Process in China*, Journal of Management in Engineering, Vol. 33: 2, p. 1 – 10 (2017).

⑧ See Yi Feng, Zhijun Gao & Honglei Zhang, *What Leads to Official Corruption in China? A Politico – economic Analysis of Economic Opportunities and Government Corruption across China's Provinces*, Post – Communist Economies, Vol. 30: 3, p. 273 – 289 (2018).

⑨ Shan M. , Le Y. et al. , *Investigating the Underlying Factors of Corruption in the Public Construction Sector: Evidence from China*, Science and Engineering Ethics, Vol. 23: 6, p. 1643 – 1666 (2017).

⑩ Letki N. , *Investigating the Roots of Civic Morality: Trust, Social Capital, and Institutional Performance*, Political Behavior, Vol. 28: 4, p. 305 – 325 (2006).

⑪ Besio C. & Pronzini A. , *Morality, Ethics, and Values Outside and Inside Organizations: An Example of the Discourse on Climate Change*, Journal of Business Ethics, Vol. 119: 3, p. 287 – 300 (2014).

行为准则是企业对政府（B2G）腐败的重要原因。[①] 不道德是大多数腐败行为的重要影响因素。

关系。在分析中国的腐败问题时，中国的“关系”一直是一个不可回避的话题。“关系”在中国社会生活中经久不衰，其深层根源在于儒家思想。[②] 在一些分析人士看来，“关系”是一种容易滋生腐败的传统，它存在于人事招聘、执法和权力转移等所有机构职能中。[③] 在他们看来，个人关系往往是获得优惠待遇或获得有价值的商品、信息和政府职位的基础。在中国调查研究中发现，“关系”是企业对政府（B2G）腐败的重要原因。[④]

（4）社会因素。社会因素包括信息通信技术、腐败容忍度、社会控制力、薪酬收入与责任失衡等。

信息通信技术。既有研究利用2004—2010年的中国省级面板数据和动态面板数据模型进行了实证检验。研究结果表明，信息通信技术对中国省级政府治理具有积极的影响。具体而言，信息通信技术可以帮助腐败案件曝光，并最终帮助减少腐败。[⑤]

腐败容忍度。不同的社会对腐败的容忍度可能不同。[⑥] 与不容忍不诚实行为占主导地位的社会相比，对腐败越加宽容的社会，参与腐败的人越多。[⑦]

社会控制的弱化。学者研究认为，改革开放前低发的腐败问题源于良好而稳定的社会控制，而随着改革开放的到来，社会的重心由阶级斗争转向经

---

① Zhang B.，Le Y. et al.，*Causes of Business – to – government Corruption in the Tendering Process in China*，Journal of Management in Engineering，Vol. 33：2，p. 05016022（2017）.

② See Olivia Yu，*Corruption in China's Economic Reform：A Review of Recent Observations and Explanations*，Crime Law and Social Change，Vol. 50：3，p. 161 – 176（2008）.

③ Zhang L.，*White – collar Crime：Bribery and Corruption*，in Liu J. H.，Zhang L.，& Messner S. H.，Crime and social control in a changing China，CT：Greenwood，2001.

④ Zhang B.，Le Y. et al.，*Causes of Business – to – government Corruption in the Tendering Process in China*，Journal of Management in Engineering，Vol. 33：2，p. 1 – 10（2017）.

⑤ Lee M. H. & Lio M. C.，*The Impact of Information and Communication Technology on Public Governance and Corruption in China*，Information Development，Vol. 32：2，p. 127 – 141（2016）.

⑥ Cameron L.，Chaudhuri A. et al.，*Propensities to Engage in and Punish Corrupt Behavior：Experimental Evidence from Australia，India，Indonesia and Singapore*，Journal of Public Economics，Vol. 93：7 – 8，p. 843 – 851（2009）.

⑦ Liu Q. J. & Peng Y. P.，*Corruption in College Admissions Examinations in China*，International Journal of Educational Development，Vol. 41，p. 104 – 111（2015）.

济现代化建设，新的文化思潮不断冲击着社会价值观和主流意识形态，社会控制的弱化导致基层腐败的盛行。[①]

薪酬收入与责任失衡。与其他地方的政府官员相比，中国的公职人员，尤其是基层公职人员，工资相对较低，但是在做出影响普通公民商业机会的决定时却具有很大的自主权。此外，中国国企高管收入仅为其他国家国企高管收入的一小部分，尽管前者管理的企业规模是后者的数百倍。在其他因素保持不变的情况下，这种责任与报酬之间的“不平衡”增强了中国官员腐败的可能性。[②] 此外，还涉及人性贪婪、补偿自我形象和尊严、工作压力大、职业自豪感不强等。

3. 国内外关于腐败影响因素研究的述评

综上所述，国内外不同的学者从不同的角度对腐败犯罪原因做出了解释，归纳起来，比较有代表性的观点主要有：一是人性恶论，该观点认为人性的贪婪是造成腐败犯罪的原因，人的缺陷是潜伏着等待机会，当人的自然属性和社会属性发生冲突时，人性恶便会爆发出来，腐败犯罪行为便成为人性恶发泄的缺口；二是剥削论，该观点认为，剥削制度和剥削阶级是腐败犯罪产生的根本原因；三是文化论，该观点认为不同文化中的人情伦理是腐败犯罪产生的根基，尤其是在亚洲国家，比如在中国，人们遇到棘手的问题倾向于求助各种关系网络，托人情、找关系，这成为较为普遍的思维方式和习惯行为，一旦关系网中有人获取公权力，那么“讨人情”中“人情”大于原则的事情便屡见不鲜；四是现代化论，该观点认为，现代化使社会的基本观念发生变化，新集团的兴起和政治体系的强化管制造成腐败犯罪；五是权力寻租论，该观点认为，政府运用权力对经济活动进行干预和管制，政府的这种行为妨碍了市场的资源配置作用，为少数以特权进行不平等竞争创造机会，从而滋生腐败犯罪；六是制度论，该观点认为，人的决定性因素是制度，而制

---

① See Olivia Yu, *Corruption in China's Economic Reform: A Review of Recent Observations and Explanations*, Crime Law and Social Change, Vol. 50: 3, p. 161 – 176 (2008).

② See Yi Feng, Zhijun Gao & Honglei Zhang, *What Leads to Official Corruption in China? A Politico – economic Analysis of Economic Opportunities and Government Corruption across China's Provinces*, Post – Communist Economies, Vol. 30: 3, p. 273 – 289 (2018).

度是约束和激励人们行为的规则，制度的缺陷则为腐败犯罪行为提供了条件；七是权力论，该观点认为任何权力都有作恶和滥用的自然属性，权力会导致腐败，绝对的权力则导致绝对的腐败。但是无论何种观点，单独考量该原因的时候，便会难以回答一个问题：为什么在同样的情况下，有的人会从事腐败犯罪，而有的人不会？由此，任何一个单独的因素似乎都无法完整回答腐败犯罪的原因。而多原因交叉起来解释腐败犯罪依然较为宏观。

综观中外学者关于腐败犯罪产生根源的理论，可概括为五种不同的研究路径，即从行为科学、新制度经济学的角度来揭示腐败犯罪产生的根源；从人的主观和外在的政治、经济和文化的结合上来揭示腐败犯罪产生的根源；从经济学的假设出发来揭示腐败犯罪产生的根源；从历史和现实的角度分析腐败犯罪的规律进而来揭示腐败犯罪产生的根源；从复杂科学的研究方法来揭示腐败犯罪产生的根源。从学者们不同的研究视角可以看出，对于腐败犯罪成因的认识是一个不断深化的过程，也就是说，用什么样的思维方法分析腐败犯罪本身并不是已经解决的问题。随着人类社会的不断探索，在新的“范式”下会有新的视野。另外，对腐败犯罪产生原因的深刻剖析，有利于科学把握腐败犯罪的规律，为控制腐败犯罪提供有效的对策方案。[1]

因而对于既往腐败犯罪研究，从横向的学科角度而言主要是从政治学、法学、历史学、经济学、社会学角度研究，较少有从犯罪学视角、从政治学角度研究腐败犯罪；从纵向的发展历程而言，主要关注的是腐败犯罪现象和腐败犯罪的规制、打击、抑制和预防，较少从个人角度关注犯罪原因；从关注层次而言，更多关注的是大要案件，较少从数量庞大、更为普遍和具有代表性的基层公职人员的角度研究腐败犯罪问题；从研究视角而言，主要关注的是国家、社会、大众等整体层面，而非犯罪者个人层面；从研究方法而言，主要采用的是文献法、比较研究法和浅层次的案例研究法，较少采用实证研究方法，尤其是量化研究方法；在逻辑方法上，重演绎逻辑，轻归纳逻辑。

事实上，对腐败问题研究的文献大多是理论性的或分析性的，缺乏系统的定量分析。腐败数据的一个普遍问题是，如果有，由于犯罪的可察觉性较

---

① 孙恒山：《腐败犯罪控制论》，吉林大学2006年博士学位论文。

低，这些数据对现实的反映不足。腐败涉及隐藏在官僚程序和合法权力下的秘密活动，其所造成的伤害往往是扩散的，不会立即呈现给特定的受害者。因此，在不了解受害者的情况下无法对犯罪的阴暗形象进行评估。① 此外，腐败犯罪侦查机制的有效性会随着犯法者权力的增加而减弱。可以预料，与有权力的公职人员相比，较低级别的公职人员的腐败犯罪更容易被揭发，因此更有可能进入腐败统计数字和公众视野。

概括起来，先前研究形成了以宏观原因论为主体的基层腐败犯罪解释的路径，而在宏观原因中则涉及政治、经济、文化、社会四大领域。客观而言，从不同分析视角形成的不同分析路径，对基层公职人员的腐败犯罪问题都具有一定的解释力，都对推进惩治和预防腐败体系建设具有重要作用。遗憾之处在于：一是既有研究以理论研究为主，主要从逻辑演绎路径进行推理，实证研究较少，虽然其研究中辅助以基层腐败的少数案例，但是这些个案的代表性有待商榷；二是缺乏一个整合的视角，② 研究中所使用的理论过于零散，缺乏整合，不利于对基层腐败成因进行整体把握；三是既有研究主要是从宏观的视角解读基层公职人员腐败犯罪问题，弱化了对宏观因素背后的微观动因的进一步聚焦和追问。而宏观原因往往只能解释宏观现象，不能解释微观现象，否则可能出现"区位谬误"。因此，用宏观原因解释微观行为存在巨大的鸿沟，宏观原因也很难为减少基层腐败问题提供具体的政策建议。

在经过综合分析之后，笔者认为艾格纽的一般紧张理论（GST）③ 为我国基层公职人员腐败犯罪提供了一种可能的解释，尤其是在微观层面。一般紧张理论指出，当个人经历一种结构化的压力时，会产生负面情绪，而犯罪或越轨行为是个人应对压力的策略之一。④ 对于腐败而言，公职人员也可能像其

---

① See Olivia Yu, *Corruption in China's Economic Reform: A Review of Recent Observations and Explanations*, Crime Law and Social Change, Vol. 50: 3, p. 161 – 176 (2008).

② 参见余雅洁、陈文权：《治理"微腐败"的理论逻辑、现实困境与有效路径》，载《中国行政管理》2018 年第 9 期。

③ See Agnew R., *Foundation for a General Strain Theory of Crime and Delinquency*, Criminology, Vol. 30: 1, p. 47 – 88 (1992).

④ See Agnew R., *When Criminal Coping is Likely: An Extension of General Strain Theory*, Deviant Behavior, Vol. 34: 8, p. 653 – 670 (2013).

他普通人一样遭受压力，因而腐败行为是其应对压力的解决路径之一。但是，并非所有压力都对腐败产生相同的影响。艾格纽指出，某些类型的压力可能更容易导致腐败，包括经济压力，与地位相关的压力以及与工作相关的压力。① 实证研究也表明，上述提及的压力类型与腐败行为显著相关。② 尽管一般紧张理论为寻找导致腐败的压力类型提供了指导，但由于社会、结构和文化方面的根本差异，东西方社会之间的压力事件仍可能存在很大差异。③ 例如，中文文献指出的一些人情压力④，虽然类似于艾格纽所说的人际关系压力，但是其表现形式却大相径庭。因此，艾格纽所描述的三种类型的压力可能无法勾画出我国基层腐败公职人员的压力全貌。

本研究在质化研究和探索性研究的基础上，力求通过扎根理论（Grounded Theory）的研究路径整理基层公职人员腐败犯罪的主要压力源类型，包括办事资源压力、不良亚文化压力、经济刺激压力、工作冲突压力、政治前途压力和人情世故压力。⑤ 这些压力不仅丰富了一般紧张理论的理论内涵，而且能够对先前文献指出的若干腐败成因进行整合，即先前文献指出的政治、经济、社会和文化四个方面的成因，很可能转化为上述提及的一个或者多个压力类型，从而促使个体实施腐败行为。⑥ 因此，修正后的一般紧张理论可以有机整合先前文献提出的各个方面的腐败成因，从而在微观层面为腐败行为提供解释。不仅如此，探索性研究的结果也表明，不同类型的压力与腐败行为

---

① See Agnew R. , Piquero Nicole & Cullen Frances, *General Strain Theory and White - collar Crime*, in S. Simpson, D. Weisburd D, The Criminology of White - collar Crime, New York: Springer, 2009.

② See Lynn Langton & Nicole Piquero, *Can General Strain Theory Explain White - collar Crime? A Preliminary Investigation of the Relationship between Strain and Select White - collar Offenses*, Journal of Criminal Justice, Vol. 35: 1, p. 1 - 15 (2007).

③ See Agnew R. , *Using General Strain Theory to Explain Crime in Asian Societies*, Asian Journal of Criminology, Vol. 10: 2, p. 131 - 147 (2015).

④ See Dorothy A. Yen, Ibrahim Abosag et al. , *Guanxi GRX (Ganqing, Renqing, Xinren) and Conflict Management in Sino - US Business Relationships*, Industrial Marketing Management, Vol. 66, p. 103 - 114 (2017).

⑤ 王康庆、王大为、张玉琢：《压力源视角下基层公职人员腐败犯罪归因分析——基于对 J 省 A 监狱 23 名在押服刑人员的访谈》，载《领导科学》2019 年第 24 期。

⑥ See Kangqing Wang, Zhihao Ma & Yiwei Xia, *General Strain Theory and Corruption among Grassroot Chinese Public Officials: A Mixed - method Study*, Deviant Behavior, Vol. 43: 4, p. 472 - 489 (2022).

之间存在显著的正相关关系。[①] 根据前期数据整理的材料，我们使用更为严格的心理测量学分析并开发了中国公职人员压力量表（Chinese Public Official Strain Scale，CPOSS）。[②] 这些研究都为本研究的深入开展奠定了理论基础和实证基础。

而本研究的另一个重要目标，则是在先前研究的基础上，进一步探究压力与腐败犯罪的内部机制。先前研究虽然表明了压力与腐败行为之间存在显著关系，但是这一关系背后是否存在中介机制？事实上，一般紧张理论已经表明，负面情绪可以中介压力与腐败行为之间的关系。而先前的文献表明犯罪信念、价值观等因素也能成为压力与负面情绪之间潜在的中介效应。这些因素是否都可以被整合至一般紧张理论的理论框架？为了回答这些问题，本研究在先前研究的基础上，通过问卷调查的方式获得60所监狱中的493例基层腐败公职人员的调查数据，采用结构方程模型（SEM）进一步探究压力与腐败犯罪的内部机制。本研究不仅能进一步延伸和丰富一般紧张理论，而且能依据党和国家有关反腐败的政策文件规定提出切实可行的基层腐败犯罪治理建议。

（二）有关腐败测量的相关研究

关于腐败犯罪的实证研究中，主要的测量方法包括客观测量和主观测量两种。所谓客观测量主要是通过对社会中现有腐败犯罪案件的统计分析来评价腐败犯罪状况；主观测量则主要是通过问卷调查、实地访谈等方法来考察社会民众对腐败犯罪的评价。[③] 在对腐败的客观测量中，有一种被经常使用的腐败测量方法是腐败感知测量。[④]

国外早期测量腐败犯罪的方法以客观测量为主，意大利刑法学家菲利早

---

① See Kangqing Wang, Yiwei Xia & Zhihao Ma, *Development and Validation of the Chinese Public Official Strain Scale*, Journal of Criminal Justice, Vol. 73, p. 1 – 13 (2021).

② See Kangqing Wang, Yiwei Xia & Zhihao Ma, *Development and Validation of the Chinese Public Official Strain Scale*, Journal of Criminal Justice, Vol. 73, p. 1 – 13 (2021).

③ 梅锦、徐玉生：《中国腐败犯罪状况的实证研究——以新型客观测量模式的引入为研究视角》，载《北京理工大学学报（社会科学版）》2018 年第 1 期。

④ Tanzi V. , *Governance, Corruption, and Public Finance: An Overview*, Governance, Corruption, and Public Financial Management. , Manila, Philippines: Asian Development Bank, 1999, p. 1 – 20.

在19世纪中后期在其《犯罪社会学》一书中就大量采用客观测量的方法对法国、意大利等多个欧洲国家的腐败犯罪、侵犯人身权犯罪、政治犯罪等多种犯罪类型进行了不同时期、不同国别的比较。近年来，西方社会对腐败犯罪的研究已经转向以印象测量为主，包括透明国际组织（Transparency International，TI）和世界银行（World Bank，WB）在内，至少有6家机构在收集有关腐败印象的数据，其中以透明国际组织为代表。作为一个监察贪污腐败的非政府间国际组织，透明国际组织以清廉指数（Corruption Perceptions Index，CPI）为主、行贿指数（Bribe Payers Index，BPI）为辅，对各国的腐败状况进行一定的统计分析并最终得出排名。国际透明组织的数据来源于两大类，一是涉外人士或海外移民对一国腐败状况的评估，这部分数据主要采用政治经济风险咨询公司（Political & Economic Risk Consultancy Limited，PERC）、哥伦比亚大学（Columbia University）等机构所做的调查；二是当地居民对本国腐败状况的自我评价数据，主要采用洛桑国际管理发展学院（International Institute for Management Development，IMD）、世界经济论坛（World Economic Forum，WEF）等机构所做的调查。透明国际组织发布的各国清廉状况排名，对于在一定程度上了解各国的腐败状况具有积极意义，但这种研究方法和廉洁排名对于了解中国真实的腐败状况并不合适。[①] 首先，中西方关于腐败的认识和定义相差较大，在不同文化背景下，在一些国家和地区认为是腐败犯罪行为的，在另一些国家可能并不被认为是腐败犯罪行为，反之亦然。其次，其对于腐败的测量主要关注的是腐败感知而并非腐败犯罪行为本身，更谈不上是公职人员腐败犯罪原因分析。

此外，学者德布罗伊（Debroy）列出了最常用的关于腐败的调查[②]：（1）非洲晴雨表调查，涵盖了非洲国家公众对民主、市场和公民社会的态度；（2）透明国际组织全球行贿指数；（3）透明国际组织全球清廉指数；（4）欧洲复兴开发银行和世界银行的商业环境和企业业绩调查，试图衡量企业所处

---

① 梅锦、徐玉生：《中国腐败犯罪状况的实证研究——以新型客观测量模式的引入为研究视角》，载《北京理工大学学报（社会科学版）》2018年第1期。

② Debroy B.，*Goals and Barometers. Measuring Governance and Economic Development*，The Telegraph，p. 3（2005）.

的投资环境和竞争环境；（5）由国家科学基金会和世界银行出版的辛格纳利－理查德（Cingranelli－Richards，CIRI）人权数据库；（6）全球发展中心对发展指数的报告，重点放在捐助者政策上；（7）东亚晴雨表，涵盖东亚政治、改革、民主和公民行动；（8）国际民主和选举援助研究所的妇女选举配额数据库，重点放在妇女在公共选举中获得的配额和实际席位；（9）选举进程信息收集数据库；（10）欧洲委员会的欧洲晴雨表，强调对欧洲一体化、欧盟机构和政策的态度；（11）国际劳工组织的 GAPS 工人权利；（12）共同世界信托的全球责任报告；（13）斯特拉斯克莱德大学全球晴雨表调查，强调对民主的态度；（14）世界银行研究所的治理事项指标体系；（15）世界经济论坛的增长竞争力指数，基于经济的三个组成部分；（16）丹麦人权中心的人权指标；（17）《华尔街日报》的经济自由指数，基于经济自由的十大因素；（18）库兹曼集团（Kurtzman Group）的不透明指数，试图通过减少外国直接投资来衡量各国的成本；（19）宾夕法尼亚大学的政治约束指数；（20）普渡大学（Purdue University）的政治恐怖量表；（21）全球诚信公共诚信指数；（22）加利福尼亚大学韦伯国家比较数据项目，以获取官僚结构对经济绩效的影响；（23）联合国大学世界管理评估；（24）《世界新闻自由评级》，记者无国界制作；（25）密歇根大学的世界价值观调查。[①]

长期以来，学者们一直试图理解为什么腐败在某些国家比其他国家更严重。[②] 由于国家之间的制度和文化存在巨大的无法观察或无法衡量的差异，以及各国腐败行为的程度和种类的不同，使用标准化指数来比较腐败的总体水平似乎难以实现。这使得一些学者逐渐放弃测量不同国家的腐败差异，而转向研究单个国家内腐败发生的原因。[③] 党的十八大以来，随着中国反腐力度的加大，关于中国腐败原因和测量的研究大幅增加，这也引起了学界广泛的关

---

① De Maria W. , *Measurements and Markets: Deconstructing the Corruption Perception Index*, International Journal of Public Sector Management, Vol. 21: 7, p. 777－797 (2008).

② Treisman D. , *What Have We Learned about the Causes of Corruption from Ten Years of Cross－national Empirical Research?*, Annu. Rev. Polit. Sci. , Vol. 10, p. 211－244 (2007).

③ Glaeser E. L & Saks R. E. , *Corruption in America*, Journal of Public Economics, Vol. 90: 6－7, p. 1053－1072 (2006).

注。然而，对于如何在地方一级衡量腐败，学界却没有达成共识。① 特别是，对于衡量腐败的最恰当方式尚未达成共识，使用一种衡量标准而不是其他衡量标准的理由也未被讨论。② 国外学者已经开始了对不同来源、不同方法、不同层次、不同时间点的腐败措施进行评估和比较的重要任务。③ 一般的建议是对腐败进行三角测量：（1）从上而下和从下而上的工具；（2）反映主观和客观的数据；（3）尽可能提供对问题的整体看法。④ 研究中国基层腐败问题的学者也应该考虑同样的建议。

关于中国地方腐败的测量与国际上的测量方法具有一定的差异。由于腐败交易是不透明的，因此直接衡量腐败几乎是不可能的，这一点早已被确立。对中国地方腐败问题进行实证研究的研究者提出了使用间接的方法来测量腐败。这些方法可以大致分为三组：基于感知的测量方法、基于需求方的测量方法和基于供给方的测量方法。⑤

基于感知的测量方法。基于感知的测量方法通常来源于对商人和普通公民的观点和经验的调查。也许在跨国研究中最著名的基于感知的腐败测量方法是世界银行善政指数（World Bank Good Governance Indices，WBGGIs）和透明国际组织的 CPI。WBGGIs 是根据世界银行的世界商业环境调查（World Business Environment Survey，WBES）中与腐败有关的问题创建的。虽然这些调查中调查表的确切措辞和设计各不相同，但它们都利用了调查对象关于腐败在其母国有多普遍或有多重要的主观评价和个人经验。⑥ 以中国为例，我们可以利用来自亚洲晴雨表调查（Asian Barometer Survey，ABS）的数据，在

---

① See Xiaojun Li, *Measuring Local Corruption in China: A Cautionary Tale*, Journal of Chinese Political Science, Vol. 21: 1, p. 21 – 38 (2016).

② Zhu B., *Economic Integration and Corruption: The Case of China*, in Annual Conference of International Political Economy Society in College Station, 2009.

③ Treisman D., *What Have We Learned About the Causes of Corruption from Ten Years of Cross – National Empirical Research?*, Annual Review of Political Ence, Vol. 10: 1, p. 211 – 244 (2007).

④ Sampford C., Shacklock A. et al., *Measuring Corruption*, Hampshire: Ashgate, 2006.

⑤ Méon P. G. & Weill L., *Is Corruption An Efficient Grease*, World Development, Vol. 38: 3, p. 244 – 259 (2010).

⑥ See Xiaojun Li, *Measuring Local Corruption in China: A Cautionary Tale*, Journal of Chinese Political Science, Vol. 21: 1, p. 21 – 38 (2016).

地方层面创建一个类似的衡量标准。① ABS 是一个应用研究项目，旨在评估亚洲各国在政治价值观、民主和治理等问题上的公众意见。到目前为止，它已经在亚洲国家实施了三次调查，中国被包括在其中的两次调查之中。ABS 中有三个问题与构建基层腐败测度有关。第一个问题是："与 1978 年改革开放前的中国相比，你觉得当今中国的政治和政府中的腐败怎样？"答项是五点量表，回答是从"比以前好得多"一直到"比以前差得多"。第二个问题是："你认为腐败和受贿在你们当地/地方政府有多普遍？"答项是四点量表，回答是从"几乎没有人参与"一直到"几乎所有人都腐败"。第三个问题是："在过去的一年中，你或你认识的人目睹过政客或政府官员的贪污受贿行为吗？"回答分为三大类："亲眼见过的""我个人从未见过的""我认识的人没有亲眼见过的"。② 但是 ABS 的数据显示，人们的腐败感知似乎与他们的经历不匹配，系统性偏见出现在 ABS 的调查中，受访者不能如实回答。③ 关于感知的调查尤其出现问题的是：被调查者对主题的熟悉程度或其他人（如媒体）的感知可能会导致他们的偏见，从而影响调查结果。同样，答案基于个人经验的受访者可引入社会赞许性偏见，特别是如果他们曾直接参与贪污交易。此外，调查的设计、抽样、实施等方面可能会造成调查的偏差。④ 类似的基于感知的衡量方法，如 CPI 和 WBGGIs 等，已被批评为有偏见和内生性问题。⑤

基于需求方的测量方法。需求方的测量方法关注的是腐败中利益输送的对象，通常基于腐败交易的目标，使用较模糊的指标来探索腐败。相比基于感知的测量方法，需求方的测量方法所使用的犯罪数据似乎比使用调查更为

---

① Chang E. C. C. & Chu Y., *Corruption and Trust: Exceptionalism in Asian Democracies?*, The Journal of Politics, Vol. 68: 2, p. 259 – 271 (2006).

② *Core Questionnaire*, Hu Fu Center for East Asia Democratic Studies (Jun. 7, 2001), http://www.asianbarometer.org/data/core – questionnaire.

③ Bertrand M. & Mullainathan S., *Do People Mean What They Say? Implications for Subjective Survey Data*, American Economic Review, Vol. 91: 2, p. 67 – 72 (2001).

④ Park D. K., Gelman A. & Bafumi J., *State – level Opinions from National Surveys: Poststratification Using Multilevel Logistic Regression*, Public Opinion in State Politics, p. 209 – 228 (2006).

⑤ Treisman D., *What Have We Learned About the Causes of Corruption from Ten Years of Cross – National Empirical Research?*, Annual Review of Political Science, Vol. 10: 1, p. 211 – 244 (2007).

客观、覆盖范围更加广泛。① 此类典型研究是菲斯曼（Fisman）等的研究。菲斯曼使用州司法部门被判犯有腐败行为的政府官员的数量，来衡量美国50个州的腐败程度。② 在中国也有类似的基于需求方的测量方法，如最高人民法院的年度报告、全国各地法院的裁判文书、最高人民检察院及地方检察部门的统计报告、中央纪委国家监委的报告和相关统计数据等。其中，各地方的腐败案件的数量、涉案人数、定罪次数、涉案金额、官员级别、追缴资金等信息均可尝试作为腐败的测量指标，典型研究有郭勇③、朱伯良④等的研究。与基于感知的测量方法相比，基于犯罪数据的需求方面的测量方法在腐败指标方面具有一定的优势，然而，基于需求方的测量方法存在一些问题使该方法的有效性受到质疑：案件和定罪可能不是测量腐败本身，而是真实腐败和执法效率的混合反映⑤，中国各个省份的反腐败努力存在客观上的差异等问题。

基于供给方的测量方法。与基于需求方的方法相比，基于供给方的测量方法着眼于腐败中的另一端：私营商人和公司等为绕过官僚主义的繁复程序或从政府官员那里获得优惠待遇等而必须支付的非正式的费用、礼物和贿赂。⑥ 在有关中国腐败的研究中，中国的公司在会计账簿中将实质用于腐败的费用支出事项作为日常支出的一部分予以披露。这些数据可以被用作供给方腐败测量的指标，因为中国的经理们通常会提交虚假或虚高的收据，以掩盖用来贿赂政府官员、招待客户和供应商或容纳管理超支的非法支出。公司经理可以简单地用现金行贿，然后用一张价值过高的收据来报账。⑦ 从2011年

---

① Glaeser E. L. & Saks R. E., *Corruption in America*, Journal of Public Economics, Vol. 90: 6 – 7, p. 1053 – 1072 (2006).

② Fisman R. & Gatti R., *Decentralization and Corruption: Evidence from US Federal Transfer Programs*, Public Choice, Vol. 113: 1 – 2, p. 25 – 35 (2002).

③ Guo Y., *Corruption in Transitional China: An Empirical Analysis*, China Quarterly, Vol. 194, p. 349 – 364 (2008).

④ Zhu B., *Economic Integration and Corruption: The Case of China*, in Annual Conference of International Political Economy Society in College Station, 2009.

⑤ Sampford C., Shacklock A. & Connors C. Fredrik Galtung, eds., *Measuring Corruption*, Hampshire: Ashgate, 2006.

⑥ See Xiaojun Li, *Measuring Local Corruption in China: A Cautionary Tale*, Journal of Chinese Political Science, Vol. 21: 1, p. 21 – 38 (2016).

⑦ Wang Y., *Institutions and Bribery in An Authoritarian State*, Studies in Comparative International Development, Vol. 49: 2, p. 217 – 241 (2014).

11 月到 2013 年 3 月，世界银行等组织对 2700 个公司的企业主和高层管理人员进行了采访调查。企业调查的标准主题包括公司特征、性别参与、腐败、犯罪等各类信息，这些调查数据中涉及公司在“有望获得政府合同的礼物价值”“期望‘完成任务’向公职人员赠送礼物”“期望赠送礼物以获得经营许可证”等。[①] 基于供给方的测量方法比之前两种测量方法似乎更为客观，但是所报告的费用中包括了一些正常的和必要的商务与日常开支。

现有关于中国基层腐败的研究中采用的测量方法各有利弊，在实证分析中使用基层腐败作为关键变量的学者应该探索替代的腐败措施。中国地方腐败是一个重要的研究领域，可以通过使用多种类型的证据来改进测量方法。未来研究中国基层腐败的原因时可以通过深入的案例研究收集更多的质化研究证据或者在量化研究设计中使用新的识别策略。

（三）艾格纽的一般紧张理论与相关实证研究

默顿关于压力和犯罪的理论经受了半个世纪的理论争论，尤其是 20 世纪 70 年代，紧张理论遭受了严重的打击[②]，一些犯罪学家甚至建议放弃紧张理论。[③] 尤其是一些实证研究检验，使许多人拒绝了它作为犯罪的可行解释。一度有学者怀疑，紧张理论已被证据证伪，理由是概念上的重新解释与默顿的原始陈述有所不同。虽然紧张理论在学术“攻击”中勉强幸存下来，但是其影响力在 20 世纪却大大减弱[④]，特别是从紧张理论中得出的变量在解释犯罪行为中起着非常有限的作用[⑤]，而在实证检验的因果模型中，要么完全排除了

---

① *Enterprise Survey*, World Bank (2012), https://www.enterprisesurveys.org/en/data/exploreeconomies/2012/china#corruption.

② Bernard, T. J., *Control Criticisms of Strain Theories: An Assessment of Theoretical and Empirical Adequacy*, Journal of Research in Crime and Delinquency, Vol. 21: 4, p. 353 - 372 (1984).

③ Eve R. A. & Kornhauser R. R., *Social Sources of Delinquency: An Appraisal of Analytic Models*, Children & Youth Services Review, Vol. 1: 1, p. 117 - 119 (1979).

④ Farnworth M. & Leiber M. J., *Strain Theory Revisited: Economic Goals, Educational Means, and Delinquency*, American Sociological Review, Vol. 54: 2, p. 263 - 274 (1989).

⑤ See Robert Agnew, *Foundation for a General Strain Theory of Crime and Delinquency*, Criminology, Vol. 30: 1, p. 47 - 88 (1992).

紧张理论中的压力变量，要么将其赋予很小的作用。[①] 我们研究了压力的重新概念化在经验上和理论上的含义，这种压力在当前的可操作性中隐含了。[②] 作为默顿失范或者紧张理论的重要继承者，埃默里大学的罗伯特·艾格纽提出了著名的一般紧张理论（GST）。艾格纽的一般紧张理论是20世纪90年代犯罪学理论中最重要的进步之一。[③] 艾格纽认为，紧张理论在解释犯罪/越轨方面起着核心作用，但必须对该理论进行实质性修改以发挥这种作用。关于紧张理论的实证研究较多，默顿（Merton）[④]、科恩（Cohen）[⑤]、克洛沃德（Cloward）[⑥] 等的研究较具代表性。艾格纽同时指出，在多个领域的大量研究对这些理论所基于的某些假设提出的质疑为紧张理论的发展指明了新的方向，在这一领域最值得注意的是医学社会学和心理学中的压力研究，社会心理学中的公平/正义研究以及心理学中的侵略性研究，特别是挫折—攻击性和社会性的最新版本。[⑦] 梅斯纳和罗森菲尔德提出的制度失范理论极大地提升了默顿失范理论的影响力，而且在前人的基础上大大拓宽了失范理论的范畴，从而使得失范理论拓展到紧张理论。上述改变的核心便是对于“压力”的拓展。默顿的失范理论集中于压力之上，并将其主要局限在人们对于财富追求过程中的挫折感。默顿对于压力的认知与其所处的环境密不可分，默顿的失范理论的提出和应用主要是基于美国社会的犯罪问题，因而其对于压力的解释便有着深刻的时代烙印。艾格纽则将“压力”拓展抽象为“紧张”，其内涵包括令人沮丧的所有事件或条件。具体而言，该理论成为当前最流行且最具竞争力的犯罪学理论。与传统的紧张理论不同，一般紧张理论从一个微观的和

---

① Tonry M. H., Farrington D. P. & Ohlin L. E., *Human Development and Criminal Behavior: New Ways of Advancing Knowledge*, New York: Springer - Verlag, 1991.

② Farnworth M. & Leiber M J., *Strain Theory Revisited: Economic Goals, Educational Means, and Delinquency*, American Sociological Review, p. 263 - 274 (1989).

③ See Paul Mazerolle & Jeff Maahs, *General Strain and Delinquency: An Alternative Examination of Conditioning Influences*, Justice Quarterly, Vol. 17: 4, p. 753 - 778 (2000).

④ Robert K. Merton., *Social Structure and Anomie*, Mid - American Review of Sociology, p. 3 (1937).

⑤ Cohen A. K., *Delinquent Boys: The Culture of the Gang*, New York: Free Press, 1955.

⑥ See Richard A. Cloward & Lloyd E. Ohlin, *Delinquency and Opportunity: A Study of Delinquent Gangs*, Routledge, 2013.

⑦ See Agnew R., *Foundation for a General Strain Theory of Crime and Delinquency*, Criminology, Vol. 30: 1, p. 47 - 88 (1992).

社会—心理的视角，来解释个体犯罪行为的发生机制，认为人们实施犯罪是因为他们经历了某种紧张和压力。当负面情绪产生时，个体必须设法调适，降低心理负荷，有时就会采取社会不能接受的方式，即越轨和犯罪，来缓解这些负面情绪或紧张。[①] 总之，艾格纽一般紧张理论自 1992 年提出之后，一直是犯罪学的主要理论之一，[②] 经过近 20 年的逐步发展，现在已经较为成熟（见图 1.1）。

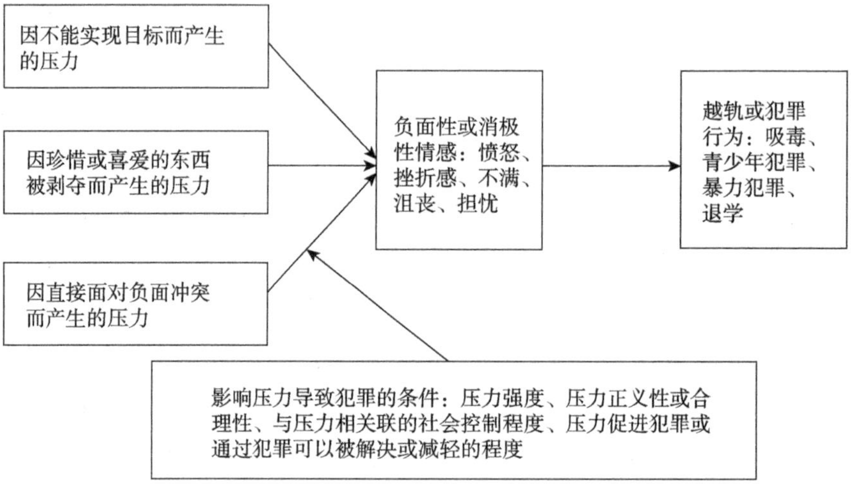

图 1.1　艾格纽一般紧张理论模型

资料来源：江山河：《犯罪学理论》，上海人民出版社 2007 年版，第 101 页。

1992 年 2 月，艾格纽发表了《犯罪和失范行为的一般紧张理论基础》（*Foundation for a general strain theory of crime and delinquency*）。文中，艾格纽介绍了犯罪和违法行为的一般紧张理论，该理论能够克服对先前紧张理论的批评。在第一部分中，紧张理论与社会控制和差异接触/社会学习理论有所不同。在第二部分中，艾格纽描述了三种主要类型的紧张：（1）紧张是达到正值目标的实际或预期失败；（2）紧张是正值的刺激的实际或预期消除；（3）紧张是负值刺激的实际或预期表现。在第三部分中，艾格纽介绍了紧张

① 参见曹立群、周愫娴主编：《犯罪学理论与实证》，群众出版社 2007 年版，第 189 页。

② See Agnew R., *Pressured into Crime: An Overview of General Strain Theory*, Oxford University Press, 2007.

测量的准则。在第四部分中，艾格纽描述了对紧张的主要适应，并讨论了影响不良适应和非不良适应选择的因素。① 特别强调的是，艾格纽将一般紧张理论与控制和学习理论区分开来，并指出一般紧张理论强调的是消极关系，关注消极的生活环境或与他人的消极联系。艾格纽还在文章中明确指出：一般紧张理论有可能解释广泛的犯罪行为②。艾格纽在本研究中的另一个重要理论贡献是，历经1985年③、1989年④等研究成果，其最终确立了一般紧张理论的核心假设：违法犯罪行为是人们基于对有害环境和情况下的反应。

2000年，昆士兰大学保罗·马泽勒（Paul Mazerolle）和明尼苏达大学杰夫·马斯（Jeff Maahs）发表了《一般紧张和犯罪：条件作用影响的另一种考察》（*General strain and delinquency: An alternative examination of conditioning influences*）。艾格纽的一般紧张理论（GST）的关键假设之一是，各种因素制约了压力对违法行为的影响。但是，过去研究此问题的研究并未显示出对该假设的一致支持。关于条件假设的越来越多的负面证据表明，该理论可能需要修改，或者，由于所采用的分析方法的不同，过去的研究根本无法发现有效的关系。在当前的检验中，我们使用来自全国青年调查和意外事件表分析的数据来检验压力—犯罪关系是否受到各种风险因素的制约，例如暴露于犯罪同龄人，持有偏差信念以及对犯罪的行为倾向。结果揭示了来自GST的条件假设的横截面和纵向支撑，讨论了对GST未来研究的意义。马泽勒的研究证实了价值观和信念对青少年应对压力的影响。⑤

2006年德国波恩大学（Universität Bonn）的格哈德·比利克勒（Gerhard Blickle）等学者发表了题为《商业白领犯罪的某些人格关联》（*Some Personality Correlates of Business White - Collar Crime*）的文章，该文介绍了德国乃

① See Agnew R., *Foundation for a General Strain Theory of Crime and Delinquency*, Criminology, Vol. 30: 1, p. 47 - 88 (1992).

② See Agnew R., *Foundation for a General Strain Theory of Crime and Delinquency*, Criminology, Vol. 30: 1, p. 47 - 88 (1992).

③ Agnew R., *A Revised Strain Theory of Delinquency*, Social Forces, Vol. 64: 1, p. 151 - 167 (1985).

④ Agnew R., *A Longitudinal Test of the Revised Strain Theory*, Journal of Quantitative Criminology, Vol. 5: 4, p. 373 - 387 (1989).

⑤ See Paul Mazerolle & Jeff Maahs, *General Strain and Delinquency: An Alternative Examination of Conditioning Influences*, Justice Quarterly, Vol. 17: 4, p. 753 - 778 (2000).

至欧洲首次对商业白领犯罪人格关联进行横断面研究的结果。[①] 比利克勒等学者研究了企业中白领犯罪的人格相关性。这项研究是阿肯色大学柯林斯等对美国白领犯罪研究的扩展。数据来自目前活跃在德国公司中的 150 名经理和曾担任过此类职位的 76 名白领犯罪分子。参与者填写纸质问卷，用于测量享乐主义（SVS）、尽职调查（NEO－FFI）、自恋（DSM－Ⅲ－R）、社会责任感[②]以及行为自我控制。逻辑回归分析占两组差异的 69％。商业白领犯罪可以通过下述变量进行预测：性别（男性比女性的比例更高）、行为自我控制能力低、享乐主义高、自恋高以及在统计上控制社会期望后的高度尽责。然而，关于社会责任的结果与柯林斯等的研究发现相矛盾。但是，比利克勒争论的是，在业务中高级白领犯罪分子将诚信度低和尽职尽责结合在一起。[③] 在此，值得重点讨论的是，艾格纽在提出一般紧张理论时，就已经论述到压力与个人价值观的作用关系，而且艾格纽指出，如果客观压力影响绝对或相对重要程度高的价值观，压力更有可能导致犯罪行为的发生。而且如果行为人所秉持的价值观得到强有力的文化和社会支持时，上述的影响将更为明显。[④] 艾格纽还指出，社会环境可能会通过影响对价值的重视程度来影响压力应对。

2007 年美国佛罗里达大学林恩·兰顿（Lynn Langton）和妮可·皮克罗（Nicole Piquero）在《刑事司法杂志》（*Journal of Criminal Justice*）上发表了《一般紧张理论可以解释白领犯罪吗？压力与部分白领犯罪之间关系的初步调查》（*Can General Strain Theory Explain White－Collar Crime? A Preliminary Investigation of the Relationship between Strain and Select White－Collar Offenses*）。兰顿认为艾格纽的一般紧张理论（GST）已在广泛的人群中以及在许多犯罪和类似行为上进行了测试，一般紧张理论预测白领犯罪的能力尚待探索。兰

① See Gerhard Blickle, Alexander Schlegel et al., *Some Personality Correlates of Business White－collar Crime*, Applied Psychology, Vol. 55：2, p. 220－233 (2006).

② Crowne D. P. & Marlowe D., *A New Scale of Social Desirability Independent of Psychopathology*, Journal of Consulting Psychology, Vol. 24：4, p. 349 (1960).

③ See Gerhard Blickle, Alexander Schlege et al., *Some Personality Correlates of Business White－collar Crime*, Applied Psychology, Vol. 55：2, p. 220－233 (2006).

④ See Agnew R., *Foundation for a General Strain Theory of Crime and Delinquency*, Criminology, Vol. 30：1, p. 47－88 (1992).

顿使用已定罪的白领罪犯的数据，探讨了一般紧张理论解释白领犯罪的能力。结果表明，一般紧张理论可用于预测一组特定的白领犯罪，但可能无法推广到实施公司类犯罪的个人。此外，研究结果表明，白领罪犯在工作中产生的压力和负面情绪的类型可能与其他犯罪人群中发现的不同。兰顿还讨论了对白领犯罪研究的影响，并提出了未来研究的思路。[①] 艾格纽和其他学者认为一般紧张理论应当适用于白领犯罪，然而，该理论从未在白领犯罪研究中验证过。兰顿等是第一次将一般紧张理论运用在白领犯罪的研究之中。

2009 年，辛普森等学者出版了《白领犯罪学》（*The Criminology of White - Collar Crime*）一书，该书在第 35 页到第 60 页详细介绍了埃默里大学罗伯特·艾格纽、妮可·皮克罗、弗朗西斯·库伦等的《一般紧张理论与白领犯罪》（*General Strain Theory and White - Collar Crime*）一文。文中将一般紧张理论（GST）应用于对白领犯罪的解释，包括：（1）高级别人物所犯的职务犯罪；（2）高级别人士和低级别人士所犯的经济犯罪，例如欺诈和贪污犯罪；（3）公司犯罪。据说有几种压力或压力源与对此类犯罪的解释特别相关，包括经济目标的封锁等一系列其他经济问题的经历，无法实现地位目标以及与工作有关的各种压力源。但是，这些压力是否会导致白领犯罪，受到以下几方面的影响：应对技能和资源，社会支持，白领犯罪的机会，社会控制，白领犯罪的可感知成本和收益等。[②]

2013 年，艾格纽在《越轨行为》（*Deviant Behavior*）中发表了《犯罪应对何时可能：一般紧张理论的延伸》（*When Criminal Coping is Likely: An Extension of General Strain Theory*）。艾格纽认为一般紧张理论预测白领犯罪，有几个变量会影响或限制紧张对犯罪的影响。然而，对这种作用的研究充其量只能得出混杂的结果。大量的压力和压力应对的文献表明了为什么会这样：给定的条件变量对应对策略的选择影响从很小到中等之间，因为有数百种策

---

① See Lynn Langton & Nicole Piquero, *Can General Strain Theory Explain White - collar Crime? A Preliminary Investigation of the Relationship between Strain and Select White - collar Offenses*, Journal of Criminal Justice, Vol. 35: 1, p. 1 - 15 (2007).

② See Agnew R., Piquero N. & Cullen F., *General Strain Theory and White - collar Crime*, in S. Simpson & D. Weisburd, The Criminology of White - collar Crime, New York: Springer, 2009.

略可供选择，并且策略选择受多个因素影响。利用这一见解和一些文献，有人认为在犯罪应对之前可能必须融合某些因素。个人必须：（1）具有一系列特征，共同构成强烈的犯罪应对倾向；（2）遭受可致犯罪的压力，被认为是不公正的，而且程度很高；（3）在有利于刑事应对的情况下。质化研究为这一论点提供了支持，并提供了量化测试的指南。① 艾格纽也在文章中使用一个较为重要的名词——“犯罪信念”（beliefs regarding crime），并指出犯罪信念会影响或制约压力对犯罪的作用。艾格纽还在分析犯罪作用机制时特别强调主观评价功能。纵观全文，艾格纽所强调的犯罪信念，事实上是一种对犯罪行为的主观评价和认识。此外，艾格纽在论述压力与犯罪作用机制时，使用了“整体犯罪倾向”（overall propensity for criminal coping）一词。艾格纽对整体犯罪倾向的想法与保罗·马泽勒（Paul Mazerolle）和杰夫·马斯（Jeff Maahs）② 的研究成果保持一致，其想表达的是行为人对于犯罪的主观倾向性的评价。根据艾格纽等的观点，犯罪倾向是由于压力造成的，并对犯罪行为产生影响，同时也会影响到压力对于犯罪行为作用效果。事实上关于犯罪信念和犯罪倾向的研究，艾格纽早在 1992 年就已经较为关注。艾格纽在其研究中专门论述犯罪倾向的重要影响因素之一即犯罪信念。③ 艾格纽认为，人们的犯罪信念对于人的犯罪倾向抑或犯罪行为的发生具有重要的影响作用。在某些情况下，逆境的经历可能会导致有利于犯罪的信念，从而进一步导致犯罪行为的发生。

2015 年，艾格纽发表重要论文《用一般紧张理论解释亚洲社会的犯罪》（*Using General Strain Theory to Explain Crime in Asian Societies*）。艾格纽的文章概述了一般紧张理论（GST），并认为该理论可以为亚洲社会的犯罪起因提供很多启示。该文分为五个部分，分别描述了 5 项内容：（1）最可能造成犯罪的压力；（2）为什么这些压力会导致犯罪；（3）影响紧张人群是否能应对

① See Agnew R., *When Criminal Coping is Likely: An Extension of General Strain Theory*, Deviant Behavior, Vol. 34: 8, p. 653 – 670 (2013).

② See Paul Mazerolle & Jeff Maahs, *General Strain and Delinquency: An Alternative Examination of Conditioning Influences*, Justice Quarterly, Vol. 17: 4, p. 753 – 778 (2000).

③ See Agnew R., *Foundation for a General Strain Theory of Crime and Delinquency*, Criminology, Vol. 30: 1, p. 47 – 88 (1992).

犯罪的因素；（4）GST 如何解释犯罪的群体差异，例如男性的犯罪率更高；（5）GST 如何解释犯罪随着时间的变化，例如最近某些亚洲社会犯罪率的上升。每个部分都从描述 GST 的关键论点和对这些论点的研究开始，随后讨论这些论点在多大程度上适用于亚洲社会。据称 GST 非常适用于亚洲社会。例如，大多数导致西方社会犯罪的压力也会导致亚洲社会犯罪。同时，有人认为应该对 GST 进行一些修订，以便最好地解释亚洲社会中的犯罪。例如，研究人员应该考虑到许多亚洲社会对集体主义价值观的更大重视，包括对社会和谐与自我约束的价值观的更大重视。这些价值观影响压力和压力反应的事件和条件。在提出这些论点时，本文大量借鉴了将 GST 应用于亚洲社会（最常见于中国和韩国社区）的研究。值得注意的是，艾格纽的一般紧张理论对亚洲地区的研究有以下五点重要的启示：（1）艾格纽在其研究中特别强调不同国家存在压力上的差异，在美国暴力和种族歧视的压力较为普遍，而在亚洲国家则需重点关注腐败、传统价值观威胁、城乡移民歧视问题；（2）艾格纽认为将 GST 应用于亚洲社会的研究时需要注意愤怒的经历和敌对表达可能不那么普遍；（3）艾格纽指出代表亚洲社会重要特征的集体倾向价值在减少压力对犯罪行为的影响中扮演重要角色；（4）GST 适应性很强，可以轻松适应关于亚洲社会研究中出现的修订和扩展，艾格纽在文章中列举了布雷斯威特（Braithwaite）等运用 GST 解释亚洲犯罪的成功例证[①]；⑤关于将 GST 运用到亚洲社会的研究，艾格纽鼓励研究者在压力上发挥创造力，充分利用研究者所在社会的专业知识。

艾格纽的 GST 为中国的基层公职人员腐败犯罪提供了一种可能的解释，特别是在微观层面。GST 指出，当个人经历压力时，负面情绪会作为一种反应出现，犯罪或不正当行为是个人应对压力的策略之一。[②] 关于腐败，公职人员也可能像其他任何人一样遭受压力，并通过腐败犯罪来应对。但是，并非所有压力都对腐败产生相同的影响。艾格纽指出，某些类型的压力可能更容

---

① Braithwaite J.，*Anomie and Violence in Indonesia and Timor - Leste*，1997—2009，Asian Journal of Criminology，Vol. 6：1，p. 51 -68（2011）.

② See Agnew R.，*When Criminal Coping is Likely：An Extension of General Strain Theory*，Deviant Behavior，Vol. 34：8，p. 653 -670（2013）.

易导致腐败，包括经济压力、与地位相关的压力以及与工作相关的压力。[①] 实证研究虽然很少，但普遍发现对 GST 的预测是有支持的，并表明上述压力与贪污和贿赂行为显著相关。[②] 尽管 GST 为寻找导致腐败的压力类型提供了指导，但由于社会结构和文化方面的根本差异，亚洲和西方社会之间的紧张事件仍可能存在很大差异。[③] 例如，人情产生的压力经常被中国的腐败罪犯所提及[④]，这似乎类似于艾格纽所说的人际关系压力[⑤]；但是，它们的形式却大不相同。此外，艾格纽所描述的三种类型的压力可能无法捕捉中国背景下导致腐败的压力的全面性。[⑥] 此外，关于压力与腐败之间关系的实证检验仍然值得进一步研究。

作为旨在解释所有社会阶层犯罪根源的传统犯罪学理论之一，紧张理论指出，当个人追求货币目标的合法渠道受到阻碍时，就会产生犯罪或越轨行为。[⑦] 特别是由于低阶层人士的合法渠道经常被封锁，因此经典的紧张理论家，例如克洛沃德（Cloward）和奥林（Ohlin）以及科恩（Cohen）等学者运用这些理论来解释低收入人士所犯的“街头”犯罪。尽管如此，该理论仍可用于解释高收入人群中的犯罪或白领犯罪，因为研究已经表明，拥有财富或

---

① See Agnew R. Piquero N. & Cullen F. , *General Strain Theory and White - collar Crime*, in S. Simpson & D. Weisburd, The Criminology of White - collar Crime, New York: Springer, 2009.

② See Lynn Langton & Nicole Piquero, *Can General Strain Theory Explain White - collar Crime? A Preliminary Investigation of the Relationship between Strain and Select White - collar Offenses*, Journal of Criminal Justice, Vol. 35: 1, p. 1 - 15 (2007).

③ See Agnew R. , *Using General Strain Theory to Explain Crime in Asian Societies*, Asian Journal of Criminology, Vol. 10: 2, p. 131 - 147 (2015).

④ See Dorothy A. Yen, Ibrahim Abosag et al. , *Guanxi GRX (Ganqing, Renqing, Xinren) and Conflict Management in Sino - US Business Relationships*, Industrial Marketing Management, Vol. 66, p. 103 - 114 (2017).

⑤ See Agnew R. , Piquero N. & Cullen F. , *General Strain Theory and White - collar Crime*, in S. Simpson & D. Weisburd, The Criminology of White - collar Crime, New York: Springer, 2009.

⑥ See Agnew R. , Piquero N. & Cullen F. , *General Strain Theory and White - collar Crime*, in S. Simpson & D. Weisburd, The Criminology of White - collar Crime, New York: Springer, 2009.

⑦ See Richard A. Cloward & Lloyd E. Ohlin, *Delinquency and Opportunity: A Study of Delinquent Gangs*, Routledge, 2013.

社会地位的个人在追求超出其目标的货币目标时也可能面临经济压力。[①]

经典的紧张理论强调个人所面临的经济压力，这可能只反映了导致犯罪或越轨行为的一小部分压力。GST 是艾格纽对经典紧张理论的完善，已将压力的社会心理来源纳入了该理论，并认为，更广泛的压力还可能导致犯罪或越轨行为，包括未能实现正值目标，消除正向刺激和存在负向刺激。[②] 关于白领犯罪，一方面，艾格纽承认经济压力无疑是一种可能导致白领犯罪，尤其是贪污的主要压力类型；另一方面，艾格纽指出，未能实现地位目标和与工作相关的压力也是提高白领犯罪率的可能压力。[③]

腐败通常被定义为公职人员为谋取私利而进行的不当行为[④]，是白领犯罪的一个典型例子[⑤]，也可以由 GST 来解释。考虑到某些类型的压力会增大某些类型的犯罪的可能性[⑥]，导致腐败的压力可能与其他类型的白领犯罪有所不同。例如，艾格纽解释说，挪用公款的人尤其是下层阶级的犯人[⑦]，更可能将其归因于经济问题[⑧]，而他们的收入不能满足其基本生活水平需求[⑨]，无法购买所需商品，无法解决其财务问题或无法支付账单。[⑩] 此外，当白领阶层的地

---

① See Simpson S. Sally & Koper S. Christopher, The Changing of the Guard: Top Management Characteristics, Organizational Strain, and Antitrust Offending, Journal of Quantitative Criminology, Vol. 13: 4, p. 373 - 404 (1997).

② See Agnew R., *Foundation for a General Strain Theory of Crime and Delinquency*, Criminology, Vol. 30: 1, p. 47 - 88 (1992).

③ See Agnew R., Piquero N. & Cullen F., *General Strain Theory and White - collar Crime*, in S. Simpson, D. Weisburd, The Criminology of White - collar Crime, New York: Springer, 2009.

④ See Kilkon Ko & Cuifen Weng, *Critical Review of Conceptual Definitions of Chinese Corruption: A Formal - legal Perspective*, Journal of Contemporary China, Vol. 20: 70, p. 359 - 378 (2011).

⑤ See Olivia Yu, *Corruption in China's Economic Reform: A Review of Recent Observations and Explanations*, Crime Law and Social Change, Vol. 50: 3, p. 161 - 176 (2008).

⑥ See Agnew R., *Pressured into Crime: An Overview of General Strain Theory*, Oxford University Press, 2007.

⑦ See Agnew R., Piquero N. & Cullen F., *General Strain Theory and White - collar Crime*, in S. Simpson, D. Weisburd, The Criminology of White - collar Crime, New York: Springer, 2009.

⑧ See Lynn Langton & Nicole Piquero, *Can General Strain Theory Explain White - collar Crime? A Preliminary Investigation of the Relationship between Strain and Select White - collar Offenses*, Journal of Criminal Justice, Vol. 35: 1, p. 1 - 15 (2007).

⑨ See David Weisburd, Ellen F. Chayet & Elin J. Waring, *White - collar Crime and Criminal Careers: Some Preliminary Findings*, Crime & Delinquency, Vol. 36: 3, p. 342 - 355 (1990).

⑩ See Robert Agnew, Shelley Keith Matthews et al., *Socioeconomic Status, Economic Problems, and Delinquency*. Youth & Society, Vol. 40: 2, p. 159 - 181 (2008).

位受到威胁[①]或升迁渠道受到阻碍[②]时，他们可能会转向犯罪。最后，与工作有关的各种压力也可能导致腐败，例如工作期望模棱两可，角色冲突，超负荷工作，广泛的工作需求，奖励不足，不安全感和不愉快的工作条件以及工作场所的人际关系问题等。[③]

经验证据为 GST 的预测提供了支持。例如，兰顿（Langton）和皮克罗（Piquero）分析了 7 个联邦司法区的 1910 名白领犯罪者的法院文件，发现各种各样的压力极大地增加了白领犯罪的可能性，尤其是在贪污、税收犯罪和信用欺诈方面。[④] 恩达尔（Engdahl）使用质性方法探讨了白领犯罪的发生，并总结说该犯罪最初是由金融危机引发的。[⑤] 犯罪行为继而继续威胁着犯罪者的身份和前途，并使他们对社会支持的接受陷入瘫痪，这两者都进一步提高了犯罪水平。

先前的研究为理解 GST 框架下的腐败根源铺平了道路。恩达尔的研究虽然对白领犯罪的发生提供了有用的见解，但在很大程度上受到被选为研究对象的受访者人数所限制。兰顿等的研究尽管涉及相对较大的样本量，但在收集数据（官方法律文件）的方式以及选择因变量的方法（白领犯罪类型的二分变量）方面也受到限制。而且，这两项研究都是在西方社会进行的，无法捕捉导致亚洲背景下腐败犯罪的独特因素。因此，迫切需要设计和文化敏感性更高的实证研究。

根据艾格纽 1992 年的研究以及最新研究成果，GST 对白领犯罪的解释理

---

① See Agnew R. , Piquero N. & Cullen F. , *General Strain Theory and White - collar Crime*, in S. Simpson & D. Weisburd, The Criminology of White - collar Crime, New York: Springer, 2009.

② See Timotliy Biezina, Robert Agnew et al. , *The Code of the Street: A Quantitative Assessment of Elijah Anderson's Subculture of Violence Thesis and Its Contribution to Youth Violence Research*, Youth Violence and Juvenile Justice, Vol. 2: 4, p. 303 - 328 (2004).

③ See Agnew R. , Piquero N. & Cullen F. , *General Strain Theory and White - collar Crime*, in S. Simpson & D. Weisburd, The Criminology of White - collar Crime, New York: Springer, 2009.

④ See Lynn Langton & Nicole Piquero, *Can General Strain Theory Explain White - collar Crime? A Preliminary Investigation of the Relationship between Strain and Select White - collar Offenses*, Journal of Criminal Justice, Vol. 35: 1, p. 1 - 15 (2007).

⑤ See Oskar Engdahl, *White - collar Crime and First - time Adult - onset Offending: Explorations in the Concept of Negative Life Events as Turning Points*, International Journal of Law, Crime and Justice, Vol. 43: 1, p. 1 - 16 (2015).

论框架如图 1.2 所示。详细的研究假设与研究框架见下文所述。

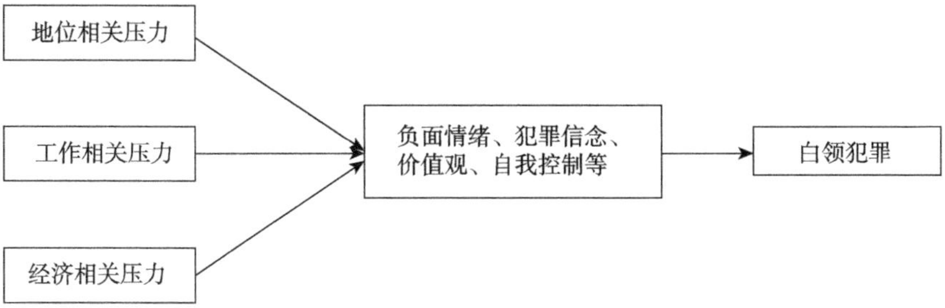

图 1.2 一般紧张理论解释白领犯罪理论框架

基于上述分析，我们认为有以下三点理由使用 GST 检验中国基层腐败犯罪：(1) GST 是在对经典紧张理论的众多批评的回应中修正的更具一般犯罪解释意义的理论成果，其隐含的假设是 GST 可以解释所有类型的越轨行为。[①] 艾格纽还特别指出，将不同类型的压力和影响犯罪的因素包括在内，使得"该理论适用于所有社会阶层的个人"。[②] 因此有必要检验 GST 是否能解释基层公职人员的腐败犯罪。(2) 兰顿、恩达尔等关于白领犯罪的早期研究，为我们继续在该领域深入拓宽做了很好的铺垫，早期的研究在给我们指明研究方向的同时，也让人们意识到他们的研究受制于数据等问题而没能更深入地检验 GST。(3) 艾格纽曾承认，对影响压力和犯罪之间关系的因素的了解相对较少，并认为负面情绪和低约束等人格特征可能也有影响。[③] 很遗憾的是，关于压力与犯罪之间的影响因素在白领犯罪方面的实证检验较少，而在此方面对亚洲社会的研究更少。对白领犯罪中中介因素的探讨，尤其是在非西方社会环境下的实证研究，是艾格纽所期望见到的，也是 GST 自身发展和修正的理论需要。

---

① See Lynn Langton & Nicole Piquero, *Can General Strain Theory Explain White – collar Crime? A Preliminary Investigation of the Relationship between Strain and Select White – collar Offenses*, Journal of Criminal Justice, Vol. 35: 1, p. 1 – 15 (2007).

② Agnew R., *The Contribution of Social – psychological Strain Theory to the Explanation of Crime and Delinquency*, in F. Adler & W. Laufer, The Legacy of Anomie Theory: Advances in Criminological Theory, New Brunswick: Transaction Books, Vol. 6, p. 113 – 138 (1995).

③ Agnew R., Brezina T. et al., *Strain, Personality Traits, and Delinquency: Extending General Strain Theory*, Criminology, Vol. 40: 1, p. 43 – 72 (2002).

四、混合研究设计与研究路径

本部分在总体上对本研究做出介绍。在经过前文对本研究基本范围的确定、基本研究目的的明确后，详尽地对前人相关成果展开综述，并在本部分对本研究的整体研究设计、研究思路、研究可行性等问题进行阐述。

（一）混合方法研究设计

混合方法研究设计作为一种新的研究取向，能够为不能通过其他研究途径解决的问题提供答案。通过质化与量化研究结果的互相佐证，形成强有力的推论，从而获得对研究问题更丰富完整的认识。而研究方法的多元化整合，能够对研究结果提供多元解释。因此，这种研究范式也引起了学者的足够重视。

1. 混合方法研究的内涵与设计类型

人们根据研究中采用的数据收集和分析方法的侧重点不同，将研究区分为量化研究和质化研究两大类。[①] 量化研究侧重于对研究现象的测量与计算，立足于收集客观事实，重视测量步骤的信度和效度，强调研究结果的可推广性与可重复性。而质化研究使用的则是有计划地采集到的大量的经验性资料，包括个体体验、反思、生活故事、访谈、观察、历史事件的描述以及交互的视听觉文本等，强调描述个体生活中的日常行为、问题情境及其意义。[②] 虽然量化研究与质化研究各有其优势与特点，但也不可避免地存在一些弱点。混合方法研究是指混合了质性和量化两类研究方法、手段或概念的研究。[③] 混合方法研究在研究实施过程中，混合采用并集中体现了质性与量化两种方法各自的观点、数据收集、分析、推理等技术，从而获得对研究问题更为深入和

---

① 徐建平、张雪岩、胡潼：《量化和质性研究的超越：混合方法研究类型及应用》，载《苏州大学学报（教育科学版）》2019 年第 1 期。

② 周明洁、张建新：《心理学研究方法中“质”与“量”的整合》，载《心理科学进展》2008 年第 1 期。

③ Koskey K. L. K., Sondergeld T. A. et al., *Applying the Mixed Methods Instrument Development and Construct Validation Process: The Transformative Experience Questionnaire*, Journal of Mixed Methods Research, Vol. 12: 1, p. 95 – 122 (2016).

广泛的理解与佐证。[①] 混合研究方法又被称为继量化研究范式和质化研究范式之后的"第三波方法论运动"[②] 或"第三种范式"。

混合方法研究的设计类型具有不同的分类方法，有学者通过对大量文献统计发现，混合方法研究的分类设计有 40 余种[③]，其中具有较大影响力的是克雷斯韦尔（Creswell）的分类方法。克雷斯韦尔提出了逻辑较为完整、流程较为固定的四种混合研究设计类型：（1）三角校正设计（Triangulation Mixed Method Design）。三角校正设计是一种单一阶段设计。研究者在同一时间内，对同一研究问题，采用相等比重的质化与量化方法开展研究。[④] 三角校正设计适用于需要直接比较与对照量化统计结果与质性发现，或者使用两种不同的方式对结果进行证实、交叉效度分析或确证时的研究情境。[⑤]（2）嵌入式设计（Embedded Mixed Method Design）。嵌入式设计是指在混合设计中，某一类型的资料扮演主要角色，另一类型的资料则提供支持型、次要角色的设计。[⑥]（3）解释式设计（Explanatory Mixed Method Design）。解释式设计是一种两阶段的混合方法设计，一般流程是先收集并分析量化资料，然后收集并分析质化资料，第二阶段质化研究的设计依据或拓展第一阶段的量化研究结果，质化资料用于解释或扩展前一阶段的量化结果。[⑦]（4）探索式设计（Exploratory Mixed Method Design）。当缺乏测量工具、变量难以确认，或者缺乏

---

① Onwuegbuzie A. J., Bustamante R. M. & Nelson J. A., *Mixed Research as a Tool for Developing Quantitative Instruments*, Journal of Mixed Methods Research, Vol. 4: 1, p. 56 – 78 (2010).

② Tashakkori A. & Teddlie C., *Mixed Methodology: Combining Qualitative and Quantitative Approaches*, Washington DC: SAGE Publications Inc., 1998.

③ 邹宏美：《混合研究方法：定量与定性方法外的第三条道路》，载《东方企业文化》2014 年第 22 期。

④ Hussein A., *The Use of Triangulation in Social Sciences Research: Can Qualitative and Quantitative Methods be Combined?*, Journal of Comparative Social Work, Vol. 4: 1, p. 106 – 117 (2009).

⑤ 徐建平、张雪岩、胡潼：《量化和质性研究的超越：混合方法研究类型及应用》，载《苏州大学学报（教育科学版）》2019 年第 1 期。

⑥ Creswell J. W. & Clark V. P. L., *Designing and Conducting Mixed Methods Research (2nd ed)*, Washington DC: SAGE Publications Inc., 2010.

⑦ Creswell J. W., Gutmann M. & Plano Clark V. L., *Advanced Mixed Methods Research Designs*, in Tashakkori A., Teddlie C., Handbook of Mixed Methods in Social and Behavioral Research, California: SAGE Publications Inc., 2003, p. 209 – 240.

指引的架构或理论时，最适合采用探索式设计。[①]

2. 采用混合方法研究设计的主要目的

本研究采用混合方法研究设计的主要目的有以下四点：第一，定位研究目标人群。通过混合方法研究设计能够准确定位研究目标人群，优化调查被试群体。研究中可以通过无结构化访谈确定被试者是否符合调查要求，或者是否乐于配合调查，从而优化调查被试群体，在本研究中，基层公职人员的范围就是在最开始与监狱在押犯人的探讨中锁定的。此外，在无结构化的访谈中，本研究也发现基层的公职人员比中层和高层的公职人员的配合程度更好。后期的量化研究的调查也印证了基层公职人员的配合程度较高。第二，开发和检验测量工具。质化访谈数据和量化研究数据能够分别为测量工具效度提供不同的证据[②]，并在测量工具开发和检验阶段发挥不同作用。[③] 混合研究方法可以较好地应用于本研究的量表开发、修订以及效度检验等。[④] 第三，评定研究逻辑。应用定量数据能够直观比较相关程序对调查对象的影响，通过质化方法进行无结构化访谈、半结构化访谈、焦点小组访谈或观察，能够对研究程序的有效性进行逻辑评定，并帮助改进研究程序。第四，交叉验证。研究中首先应用质化数据促进统计分析，随后应用量化数据加强质化分析，最后再使用典型案例数据验证量化分析结构，两种分析方式相结合，能够对数据进行更深入的挖掘，从而进行有效的交叉验证。

3. 本研究的总体设计

混合方法研究强调逻辑假设对数据采集和分析的引导，注重质化数据与量化数据的结合。数据采集可以同时或循序进行，在研究过程的某一阶段或

---

① Creswell J. W. , Gutmann M. & Plano Clark V. L. , *Advanced Mixed Methods Research Designs*, in Tashakkori A. & Teddlie C. , Handbook of Mixed Methods in Social and Behavioral Research, California: SAGE Publications Inc. , 2003, p. 209 – 240.

② Koskey K. L. K. , Sondergeld T. A. et al. , *Applying the Mixed Methods Instrument Development and Construct Validation Process: The Transformative Experience Questionnaire*, Journal of Mixed Methods Research, Vol. 12: 1, p. 95 – 122 (2016).

③ Onwuegbuzie A. J. , Bustamante R. M. & Nelson J. A. , *Mixed Research as a Tool for Developing Quantitative Instruments*, Journal of Mixed Methods Research, Vol. 4: 1, p. 56 – 78 (2010).

④ Luyt R. , *A Framework for Mixing Methods in Quantitative Measurement Development, Validation, and Revision: A Case Study*, Journal of Mixed Methods Research, Vol. 6: 4, p. 294 – 316 (2012).

更多阶段，对不同的质性数据都可以进行整合。[1] 而且如果质化研究与量化研究的结果方向一致，那么混合方法研究能够为特定结论提供更令人信服的论据。尤其是在量化研究中，可能出现结果矛盾或不一致的情况；而质化数据则能够解释更为深层和细微的差异，帮助我们对不一致的结果进行更为深层的分析和解读，因此本研究采用混合方法研究设计具有重要意义。

本研究基于顺序探索型混合研究设计方法，先采用质化研究，再使用量化研究，最后使用访谈中的案例进行交叉验证，质化数据收集和分析可以解释和扩大定量研究的结果。具体而言，主要分为以下六个步骤（见图 1. 3）。

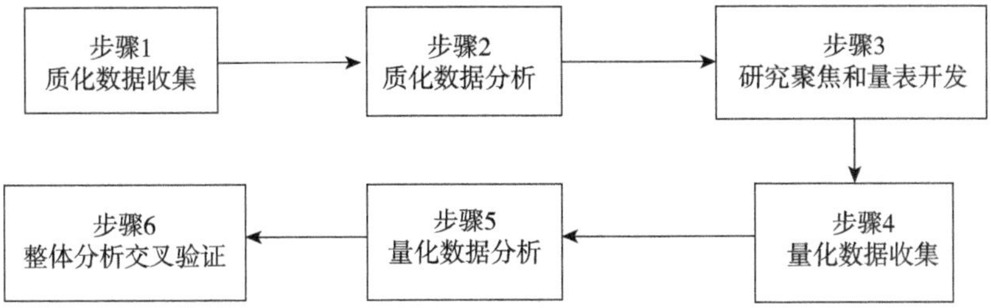

图 1. 3　混合方法研究顺序探索型设计

资料来源：根据克雷斯韦尔（Creswell）2003 年文献制作，2020 年。

步骤 1：质化数据收集。主要是在我国南方一所监狱开展无结构化访谈，通过前期的预调研，明确和缩小研究的对象和范围，确定访谈的主要对象是被判有腐败罪名的原基层公职人员，经监狱和其本人同意后，对访谈内容录音并对相关信息严格保密。

步骤 2：质化数据分析。对获取的访谈数据，基于扎根理论，使用 Nvivo 软件进行质化分析，通过三级编码构建原始的理论框架，同时为量表开发提供基础信息和项目池。

步骤 3：研究聚焦和量表开发。聚集于本研究的核心目的，即探讨基层公职人员腐败原因，基于质化研究数据结果开发和检验相关量表并完善调查问卷。

---

① Creswell J. W. & Clark V. P. L. , *Designing and Conducting Mixed Methods Research* (*2nd ed*), Washington DC: SAGE Publications Inc. , 2010.

步骤4：量化数据收集。在全国60所监狱展开大规模的调查。60所监狱分别分布在我国东北地区、西北地区、华北地区、华中地区、华东地区以及华南地区，在每个地区的每所监狱均展开全样本数据收集。每所监狱样本筛选按照两个条件：一是被法院依法宣判的罪名中含有贪污罪、受贿罪、挪用公款罪中的至少一个；二是曾在基层乡镇及其直属机构或者村委会、居委会工作。只要符合上述两个条件且本人自愿并身体条件等各方面允许的情况下，向其发出调查邀请，并择机展开调查。

步骤5：量化数据分析。对收集到的全国样本数据，首先，开始调查问卷的再次检查，将其中可能存在的不符合条件要求或者大面积空缺、雷同等问卷舍弃；其次，进行数据的录入与存储工作；再次，进行录入数据的核查与清洗工作；最后，根据本研究的目的和量化研究的范式进行数据的分析工作，数据分析包括基本的描述性统计、相关性分析、模型测量与结构方程模型的构建等。

步骤6：对质化和量化研究进行整体分析和交叉验证。

依据整体的混合方法研究设计和研究目的构建本研究整体的结构框架。概述部分主要系统回答本研究的基本范围、基本目的、相关研究成果、本研究设计与思路。质化研究部分详细展示质化数据收集与分析过程。量化研究部分按照犯罪学经典的研究路径展开：理论基础、研究假设、研究方法和研究结果。最后讨论与对策部分进行质化和量化研究的交叉验证讨论、对策建议的提出以及最终结论的总结。

（二）研究路径

本研究的研究方案主要按照研究路线图展开，如图1.4所示。

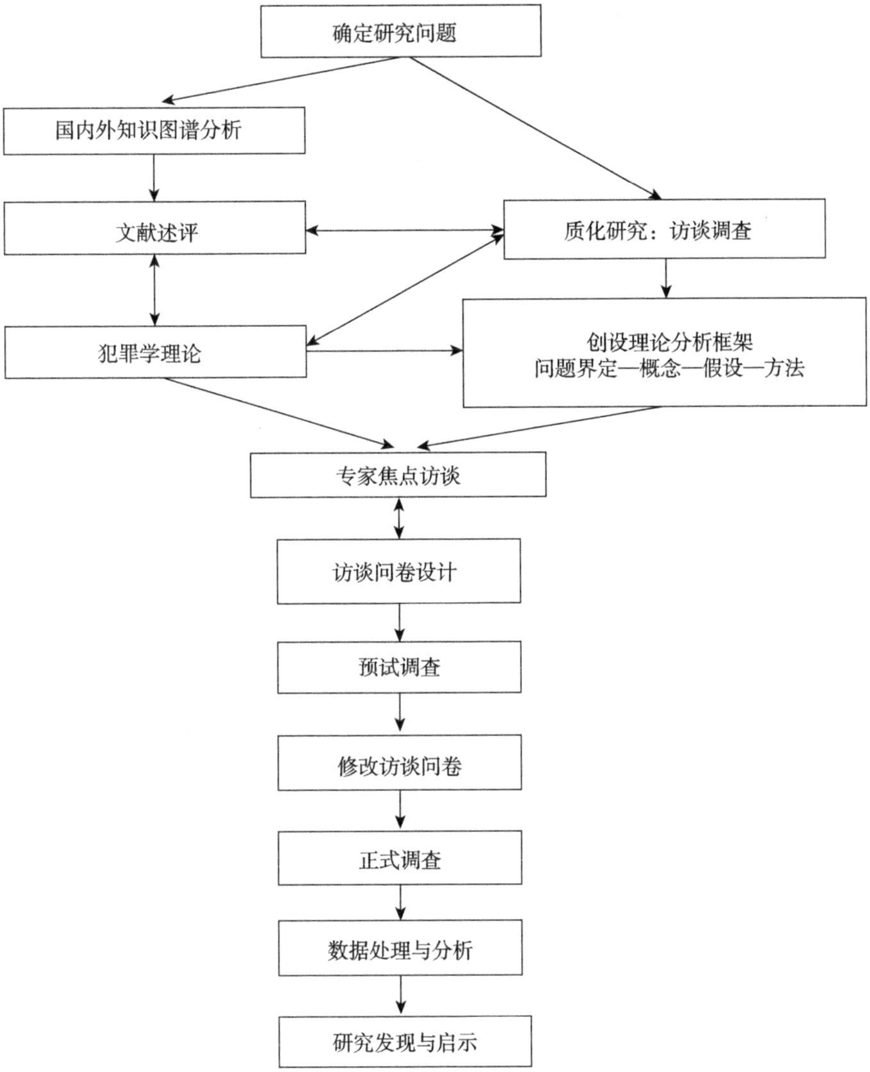

图 1.4　研究总体路线

资料来源：根据风笑天《社会研究方法》等文献制作，2019 年。

除了相关的文献研究和理论研究外，主要是各地的实地调研。实地调研主要分为三大部分：一是无结构化访谈，在一所监狱开展，质性的研究结果为整个研究设计奠定基础，为创设理论分析框架提供参考依据，并在此基础上初步编制一套测量问卷，随后对理论分析框架、量具等开展焦点专家访谈，征求该领域学者的意见和建议；二是初步调查阶段，主要采用探索性的结构化访谈，在前期的研究基础上，依据测量指标和研究设计开展影响因素的探索性分析调研，重点是预试调查，检验量具的信效度，并在此基础上修改和优化量具；三是正式调查阶段，主要采用结构化访谈和调查问卷，在对样本的数据处理与分析的基础上，验证前期设计和探索的基层公职人员腐败犯罪影响因素的解释模型，从而得出具有一定说服力的结论，并在此基础上提出具有针对性的对策建议。

（三）研究可行性

本研究具有较强的可行性。具体而言，研究可行性从理论方面的可行性、技术方面的可行性以及数据保障方面的可行性三个角度展开论述。

1. 理论方面的可行性

本研究所设计的结构模型，在以往解释我国基层公职人员腐败犯罪中尚且没有，但是与该模型相类似的有关模型在解释其他类型的犯罪中已经存在。在本研究中，作者对相关模型做出调整，尤其是对于具体的测量指标重新设计。还有一个理论上的问题是理论的选取与使用，犯罪学中的理论较多，尤其是很多犯罪学理论适合作为量化研究的理论框架，也经过世界各地的犯罪学家所广泛检验。本研究中，经过理论筛选，考虑使用以微观理论为主、兼具宏观背景的艾格纽的一般紧张理论（GST）。GST 是在全球各地享有盛誉，并经过世界各地众多不同犯罪类型实证检验而广泛使用的犯罪学理论。前人已经做过相关的实证研究，为本研究的量化研究部分的开展提供了一定的参考价值。因此，有前人相关的实证研究的基础以及犯罪学成熟的理论作为支撑，该研究理论可行性较高。

2. 技术方面的可行性

本研究在技术问题上涉及的内容较多。首先，本研究拟采用顺序探索型的混合方法研究设计，质化研究部分、量化研究部分等都需要很好的衔接。质化研究部分除了为本研究整体思路提供预调研数据资料和支持外，还要为量化研究中的量表开发部分提供优质的开发材料。而在本研究正式开始之前，笔者不仅已经熟练掌握质化研究的方法要领和访谈技巧，而且已经在我国南方某监狱开展了两个半月的长期实地调研，共访谈 73 位监狱在押的因腐败罪入狱的原公职人员，其中69位有访谈录音。经过考虑后，选取其中优质的23位原基层公职人员的访谈内容进行质化研究，依赖的处理工具是笔者熟悉的Nvivo软件，因此混合研究中的质化研究部分整体技术上的问题得到解决。其次，量化研究部分需要突破的核心问题是结构方程模型的检验与解释，其中技术上要考虑到采用路径分析和结构方程模型分析的差异。路径分析对于整体认识基层公职人员腐败犯罪问题较为简洁明了，但失去了各个测量指标的权重，因而应采用较为复杂一些的结构方程模型。结构方程模型较为成熟，研究中可使用SPSS和STATA软件进行数据分析。再次，心理测量指标。这也是一个较为重要的技术问题，因为本研究测量的内容主要围绕被调查人以前工作时的状态，涉及被调查人的心理问题。该指标比较关键，但是该指标又较为复杂，因为人的认知和情绪本身较为复杂易变，工作情绪和生活上的情绪往往难以分开。而人所感受到的外部的压力和人的生理反应以及心理变化涉及社会—生物—心理的问题，该过程也是不容易区分的，即人所感受到的压力、生理反应和心理失衡是密切关联的，因而本研究在技术设计上考虑对各种心理测量和价值观念等的指标采用较为成熟和普适的量表。最后，还涉及因变量和自变量的选取问题。有相关的理论和前人的研究作为支撑，但是因变量的选择比较关键，因为要涉及该调查对象的“越轨程度”，所以必须选择较为贴近的指标。在研究中，有使用腐败犯罪行为潜伏时长，腐败犯罪行为的次数，所判处刑期等问题。首先，潜伏时长并不合适，因为腐败犯罪情况较为复杂，时间长短并不能刻画行为人的主观恶意，而且腐败犯罪行为人的年龄又存有一定的差异。其次，腐败犯罪行为的次数并不合适，并非次数多就意味着腐败犯罪问题严重。最后，原判刑期长短，对于一般犯罪测量，原判刑期是不错的测量指标，但是2015年11月1日《刑法修正案（九）》（以下简称刑九）正式生效后，刑九前后对于腐败犯罪行为的判刑差异较大。据在监狱的调查发现，刑九之前基本上是1万元判1年，超过10万元，如无特殊情况，基本上是10年以上有期徒刑，而刑九之后完全不是按照该数额判刑，各地差异较大，有些地方采用超过300万元涉案金额即判处10年以上有期徒刑的惯例。本研究中为解决该问题，考虑借鉴和改编前人既有研究中关于犯罪行为的测量方法。此外，对研究中重点涉及的软件应用，包括SPSS、

NVivo、STATA 等软件，笔者已经具备基本使用能力，为调研过程中的数据分析打下基础。

3. 数据保障方面的可行性

本研究在正式开始之前，已经顺利在 A 监狱调研了两个半月。其中，第一阶段预调研顺利完成，不仅为本研究的正式开展奠定了坚实的研究基础，也为前往其他监狱调研开辟了可行的路径。第二阶段调研，凭借已经顺利进入监狱调研的各类实务操作上的经验，充分动员和发挥各类资源的作用，数据采集的可行性较强，可顺利支撑本研究所需的主要数据。此外，在调研和数据汇总过程中涉及的数据存储、数据保存、数据清洗和数据分析方面，笔者在前期的量化研究中积累了一定的经验，具备相关的数据能力。因此，虽然调研监狱在押的犯人困难较大，尤其是直接调查监狱在押的原公职人员更为敏感，但是笔者进行了充分的准备，且具备数据顺利采集的保障能力，可如期顺利完成本研究所需要的基本数据调查。

第二章　质化研究

本章是一个较为独立的部分。本部分首先给我们认识基层公职人员腐败犯罪提供了直观的案例体验，让我们对基层公职人员的腐败犯罪产生初步的印象与了解；其次，本部分为之后的量化研究部分的理论选择提供了一定的依据和支持，为量化研究的充分展开奠定了基础；最后，本部分所构建起来的概念体系为开发相关的量表提供了直接的依据。本章主要从研究视角、研究方法、编码分析与理论建立、研究结果与讨论展开。

一、研究视角

压力对人的行为举止等各方面有重要的影响。有研究表明，压力与抑郁、轻生、各类疾病有密切联系。压力源研究的理论模式伴随着对“压力”概念的认识不断深化而产生，经过多年发展主要形成了生理学理论模式、社会学理论模式、心理学理论模式以及生理—社会—心理理论模式。不同理论取向的压力研究，是从不同角度对压力现象的透视，关注的是压力现象的不同侧面①，这些研究都从不同的侧面揭示了压力现象的本质及内在规律。

霍姆斯（Holmes）和拉厄（Rahe）在其研究中引入“生活事件（life events）”这一新概念，并将其作为压力源的操作定义，即把生活变化中对人的精神产生影响的事情统称为生活事件。② 在研究中，其将生活事件所带来的压力以及其他观测变量进行了量化处理，为该领域的研究提供了全新的视角。

---

① 王道阳：《压力源研究的理论模式》，华中师范大学2011年创意教育会议论文。

② Holmes T. H. & Rahe R. H., *The Social Readjustment Rating Scale*, Journal of Psychosomatic Research, 1967.

林春梅在2001年的研究中也明确指出心理压力是机体在内外环境作用下，因客观要求与主体应对能力的不平衡所产生的一种适应环境的紧张。[①] 后续的研究者则认为压力是由在生活适应过程中实际上的或认识上的至关重要的内外环境要求所引起的一种倾向于通过多式多样的生理和心理反应而表现出来的身心紧张状态。[②] 由此可见，在该领域研究的基本逻辑是将生活事件中的压力源进行操作化定义，以压力源的形式展示量化结果。心理压力又会导致一种不平衡的紧张感，而这种紧张感又会导致生理、行为等各方面的异常反应。对该异常反应的研究最开始起源于生理学，生理学领域的学者经过持续的努力提出应激反应通过生理过程从而产生适应性疾病，比较有代表性的学者是谢利（Selye）[③]。然而该流派的学者难以解释压力未必导致疾病的现象，即压力与疾病之间的中介变量被忽视。在社会学领域的研究中，自霍姆斯和拉厄的"生活事件"概念引入之后，社会学理论模式的压力研究更多走入实证的研究范畴。在该领域的研究中，探讨生活中发生重大事件与严重生理、行为反应之间关系的研究被更多地打上"生活事件压力研究"的标签。该领域研究的基本假设是：个体经历的生活事件，无论是正面的还是负面的，均会导致机体内部丧失平衡，从而促使个体不断做出新的自我平衡。如果个体在短时间内经历过多或者过于严重的生活事件[④]，则该个体出现危险性的可能将会大幅提高。该研究假设在后续的研究中得到了较为广泛的证实。[⑤] 然而，对该领域研究的批评声也得到了部分实证研究成果的支持，批评的重点围绕研究中重要中介变量的缺乏。心理学理论模式研究主要关心心理压力问题，探讨从压力来源的作用到身心异常反应之间的心理过程、影响因素以及作用机制。该领域研究的创始人是美国心理学家拉撒路（Lazarus），其提出了著名的

---

① 林春梅：《心理压力与健康》，载《民族教育研究》2001年第4期。

② 梁宝勇：《精神压力、应对与健康——应激与应对临床心理学研究》，教育科学出版社2006年版。

③ Selye H., *Confusion and Controversy in the Stress Field*, Journal of Human Stress, Vol. 1: 2, p. 37 – 44 (1975).

④ Holmes T. H. & Rahe R. H., *The Social Readjustment Rating Scale*, Journal of Psychosomatic Research, 1967.

⑤ 王道阳：《压力源研究的理论模式》，华中师范大学2011年创意教育会议论文。

“压力认知交互作用模型”（Cognitive - Phenomenological - Transactional, CPT）[①]（见图 2.1）。压力认知交互作用理论的提出具有非常重要的意义，其不但给压力研究提供了新思路和新方法，而且引入“认知评价”“应对”等中介概念，从而较大程度上解决了生理学理论模式和社会学理论模式中介变量不足的困惑，也为三个领域的理论整合做出了有益的尝试。后继学者基于生理—社会—心理理论维度开展了大量的理论整合和实证研究。总体而言，该领域学者基于系统理论，提出了更加系统全面的压力模型。该领域模型力图将压力包含在一个多维度变量的系统之中，而压力自潜在系统产生多维效应，其范围覆盖各个方面。

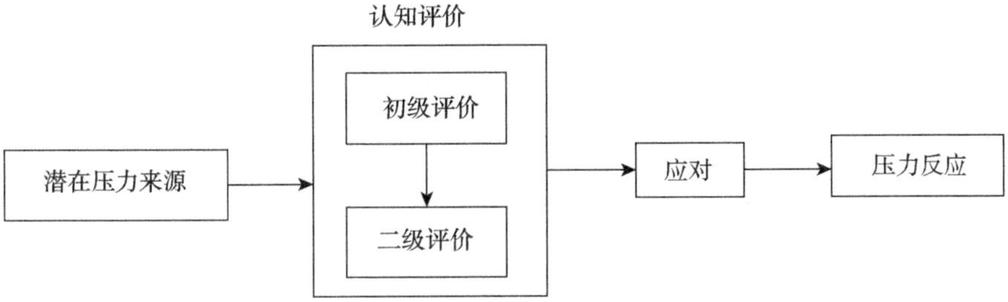

图 2.1 压力认知交互作用模型

资料来源：根据拉撒路（Lazarus）理论制作，2019 年。

二、研究工具与过程

质化研究所采用的研究方法与研究工具等与其他类型的研究方法有所差异。本部分主要从研究工具、样本介绍、研究过程三个方面展开。

（一）研究工具

本研究主要采用质化研究方法，使用扎根理论和 Nvivo11 软件对我国基层公职人员腐败犯罪进行归因分析。格拉泽（Glaser）和施特劳斯（Strauss）

① Lazarus R. S., *Progress on a Cognitive - motivational - relational Theory of Emotion*, American Psychologist, Vol. 46: 8, p. 819 (1991).

提出的扎根理论是质性研究方法体系中较为经典的理论建构方法，[①] 其自下而上的理论建构方法，使得建构于广泛实务资料基础之上的概念模型能够较为有效而准确地反映社会现实，而在此诸多概念的相互关联中构建起来的理论模型则显得更具实践基础，也更有说服力。扎根理论的基本逻辑在于不带研究假设地进入研究环境之中，在一定数量的经验证据的支撑下，从某个合适的研究视角切入，直接从经验事实中抽取概念、建构理论模型。

（二）样本介绍

本研究将 A 监狱在押的服刑人员作为研究被试者，对其进行深度访谈。访谈员进入监狱之后，按照本研究的对象要求逐一筛选符合条件的犯人，随后与犯人进行直接面对面交谈，并要求受访者描述其对于腐败犯罪的感受以及原因，随后将访谈材料借助 Nvivo11 进行原始访谈资料编辑、归纳，并运用扎根理论对我国基层公职人员腐败犯罪进行归因分析。

本研究的访谈时间为 2018 年 6 月 30 日至 2018 年 9 月 15 日，访谈样本全部来源于我国 J 省 A 监狱（男监），共访谈 23 位原基层男性公职人员（见表 2.1）。其主要由两部分组成：一是村委会或者居委会“两委班子”组成人员，共计 10 位，村党支部书记 6 位，村委会主任 3 位，其他人员 1 位；二是我国乡镇公职人员，共计 13 位，其中乡镇党委组成人员 3 位，乡镇各所长级公职人员 6 位，其他公职人员 4 位。23 例样本全部来源于 J 省 A 市，并全部同意本次访谈和访谈录音。每位服刑人员访谈的时间为 1 个小时至 3 个小时，共计 31 小时 45 分钟 30 秒。由于访谈对象长期在基层工作，且 23 位访谈对象的工作区域主要位于我国南部省份山区，所以大多数时候讲的是方言，只能采取人工方式逐字逐句转为文字。在将录音转为文字过程中，为减少工作量，仅将与本研究密切相关的部分转为文字，共计获 26 554 字。

---

① Glaser B. G. , Strauss A. L. , *Discovery of Grounded Theory*: *Strategies for Qualitative Research*, Routledge, 2017.

表 2.1　访谈样本信息

编号	访谈日期	访谈地点	涉及罪名	原单位	原职务	原职级
A02	7. 18	高戒	贪污、挪用公款	某乡镇	无	科员
A06	7. 23	高戒	受贿	某乡镇	书记	副处
A07	7. 24	高戒	受贿	某乡镇派出所	教导员	副科
A12	7. 26	高戒	受贿	某乡镇	无	科员
A15	7. 31	高戒	贪污、受贿	某乡镇	副书记	副科
A17	8. 2	高戒	受贿	某村委会	主任	无
A24	8. 9	高戒	贪污	某乡镇派出所	所长	副科
A29	8. 16	医院	贪污	某乡镇财政所	无	科员
A31	8. 19	医院	贪污、受贿	某村党支部	书记	无
A32	8. 19	医院	贪污	某村党支部	书记	无
A34	8. 21	医院	受贿	某乡镇计生办	主任	科员
A39	8. 24	内管	贪污、受贿	某村委会	主任	无
A40	8. 24	内管	贪污	某村委会	委员	无
A43	8. 25	内管	贪污	某乡镇	无	科员
A45	8. 26	内管	受贿	某乡镇	无	科员
A46	8. 26	内管	贪污、受贿	某乡镇武装部	部长	副科
A48	8. 27	内管	贪污	某村党支部	书记	无
A50	8. 28	内管	受贿	某村委会	主任	无
A52	8. 29	内管	贪污、受贿	某村党支部	书记	无
A56	9. 2	内管	贪污	某村党支部	书记	无
A58	9. 2	病残	贪污、受贿	某乡镇拆迁办	主任	科员
A66	9. 5	病残	贪污	某乡镇综治办	主任	副科
A68	9. 6	病残	贪污	某村党支部	书记	无

资料来源：根据在监狱中的访谈样本信息制作，2018 年。

注：表中访谈时间为首次访谈时间，均在2018 年内；访谈地点为 A 监狱不同监区简称；涉及罪名为贪污、受贿、挪用公款三类，其他罪名不统计；原单位为在押服刑人员发生腐败犯罪行为时所处的单位；原职务为在押服刑人员发生腐败犯罪行为时的职务；原职级为在押服刑人员发生腐败犯罪行为时的职级。

中央纪委国家监委网站 2018 年曝光的 829 起群众身边腐败和作风问题中，经过统计，共涉及人数 1408 人，处级 43 人，乡科级 688 人，村（居）干部 677 人，占比分别为 3. 05%、48. 87%、48. 08%。从通报的数据来看，被通报的乡科级、村（居）干部占比达 96. 95%，[①] 且乡科级干部和村（居）干部数量相当，乡科级干部略多于村（居）干部。因此，本研究样本的选择在层次、类型、数量等方面较为均衡，基本可以反映基层公职人员腐败犯罪的原因，具有一定代表性。

（三）研究过程

通过对 23 位在押服刑人员的深度访谈，获得有效样本，随后将原始样本材料导入 Nvivo11 软件中，并对 23 个样本进行系统全面的逐一梳理，严格遵循质性研究方法的要求，基于扎根理论对材料进行编码分析。将原始材料在 Nvivo11 中转化为编码后，为确保码号的饱和度，又在 N 省 B 监狱对 21 位基层公职人员涉有腐败犯罪的在押服刑进行了为期两个月的深度访谈，研究结果显示并未有新码号出现，因而可以认定本研究码号趋向饱和。

本研究中所有样本的访谈均是面对面访谈，由本书作者在征得监狱方面同意后进入监狱开展访谈。在 A 监狱中的 23 位服刑人员全部同意访谈和录音，依据被访谈对象的特征确定访谈的具体次数和时长。在访谈开始之前，笔者会向被访谈对象介绍说明本研究的目的、意义、基本的研究伦理、谈话范围、谈话内容适用范围等。具体访谈的内容主要包括以下几方面：（1）访谈对象基本情况信息的确认；（2）访谈人及本研究基本情况介绍；（3）访谈对象家乡、家庭情况；（4）访谈对象的职场发展经历；（5）访谈对象基本案情的交谈；（6）访谈对象对于其犯罪原因的初步分析；（7）访谈人及访谈对象对于法律和心理等问题的交流；（8）访谈对象对犯罪原因的深入分析和挖掘；（9）访谈对象对于自己腐败犯罪的基本认识；（10）其他双方感兴趣的话题。

将 23 位访谈对象的访谈录音逐一导入 Nvivo11 "内部材料" 中，利用

---

① 《从具体人具体事着手、维护群众切身利益——对 829 起群众身边腐败和作风问题的分析》，载中央纪委国家监委网站，https：//www. ccdi. gov. cn/yaowen/201901/t20190129 – 71069. html。

Nvivo11 软件录音分析功能，对原始资料进行编码分析。编码分析是扎根理论中的关键一环。扎根理论的研究过程主要分为原始资料收集、编码和建立理论三个阶段，其中编码阶段包括开放式编码、主轴式编码和选择式编码。[①] 在开放式编码过程中，编码者对原始资料进行一句一句反复回放录音，逐字逐句辨认、分析，提炼内容，根据访谈对象的意思表达和情绪反应，逐一命名并创建自由节点，并对该节点的主要内容和意思做出标注。若该节点已经存在，则将其直接编入既有节点之中。对每个参考点的具体内容准确标注其在录音之中的起始时间，并将录音中的内容转化成文本。在完成全部的自由编码之后，利用软件的节点群组功能，发现和建立概念类属之间的关联，并命名范畴。在系统分析后，选择核心类属，标记树节点，完成编码过程，[②] 形成完备的概念类属和核心类属，具体的编码分析和理论建立见后文。

三、编码分析与理论建立

依据质化研究经典编码分析的步骤，将整个编码分析的过程划分成开放式编码、主轴式编码与选择式编码三个部分。

（一）开放式编码

开放式编码阶段主要完成的目标是通过对原始资料的编码分析建立起初步的编码表。基于压力源理论，尤其是压力认知交互作用理论，压力来源，通过认知评价以及应对，产生一系列压力反应，不良的压力会导致不良的压力反应。而在开放式访谈过程中，在押服刑人员将其犯罪原因主要描述为各类不良压力及其所引起的长期不平衡感、紧张感，即其犯罪行为主要是各类压力通过认知评价所产生的不平衡感、紧张感所致。

被访谈人员在日常的工作生活中，面临着各类形形色色的不良事件的冲击，承受着大量的不良压力。通过认知评价后，处于不同岗位的公职人员处于不同的紧张和心理失衡状态中，而在个体内部失衡程度不断加重的过程中，

---

① 韦草原、王健、张贵兰等：《基于扎根理论的科学数据用户感知价值概念模型研究》，载《情报杂志》2018 年第 5 期。

② 韦草原、王健、张贵兰等：《基于扎根理论的科学数据用户感知价值概念模型研究》，载《情报杂志》2018 年第 5 期。

个体也在不断做出新的自我平衡和压力应对。除部分压力正常排解外，大部分通过一些非正常的问题解决方法而得以化解，而该部分压力应对行为从法律角度进行审视即腐败犯罪行为。从 A07 的上述表述可以发现，其压力主要是在工作中迫于工作经费不足而不得不想尽办法“创收”，因此可编码为“被逼创收压力”。以此类推，对全部 23 个访谈样本逐一审视访谈中的不良压力和心理失衡，共从原始材料中甄别归纳出自由节点 150 个，进一步分类、整理、合并后，共得到概念化编码 26 个。

（二）主轴式编码

在经过开放式编码之后，零散的编码并不能形成完整的概念体系乃至理论框架，主轴式编码过程即将零散的代码聚合的过程，通过对概念不断进行比较和分析，寻找现实与概念之间的关系，[①] 从而发现范畴之间潜在的逻辑关系，对概念或范畴进行连接和归类，建立联系。[②] 零散的概念及其相关之间的关联即构建基层公职人员腐败犯罪概念体系及解释框架的基础。通过主轴式编码共形成 26 个主范畴（见表 2.2）。

表 2.2　主轴式编码和选择式编码及其参考节点

序号	主轴式编码	选择式编码
	主范畴（参考节点数）	核心类属
1	被逼创收压力（6）	办事资源压力（40）
2	单位财务运营压力（12）	
3	招待压力（8）	
4	争取上级部门支持压力（4）	
5	争取现管领导支持压力（3）	
6	垫钱贴钱压力（7）	

① 曹蓉、夏德雨、朱序：《基于扎根理论的管理者应急决策模式构建研究》，载《西北大学学报（哲学社会科学版）》2017 年第 3 期。

② 王亚欣、李泽锋、史博鑫等：《扎根理论范式下社区居民对喀什老城区旅游开发的感知研究》，载《青海民族研究》2017 年第 3 期。

续表

序号	主轴式编码	选择式编码
	主范畴（参考节点数）	核心类属
7	腐败惯性压力（3）	不良亚文化压力（20）
8	腐败亚文化压力（8）	
9	潜规则压力（8）	
10	权力寻租文化（1）	
11	生存刺激压力（9）	经济刺激压力（26）
12	发展刺激压力（13）	
13	享受刺激压力（4）	
14	付出大于回报冲突（14）	工作冲突压力（38）
15	任务指标摊派压力（3）	
16	维护稳定压力（12）	
17	遭受威胁骚扰压力（3）	
18	执行冲突压力（6）	
19	保护伞压力（4）	政治前途压力（17）
20	超越职权压力（4）	
21	成绩否定压力（1）	
22	权力压制压力（1）	
23	提拔无望刺激（7）	
24	过节人情往来压力（1）	人情世故压力（9）
25	亲人亲戚等人情压力（5）	
26	朋友感情压力（3）	

资料来源：根据访谈材料制作，2019 年。

（三）选择式编码

选择式编码过程是指选择核心类属，把它系统地与其他类属予以联系，验证其间关系，并把概念化尚未发展完备的类属补充整齐的过程。[①] 选择式编

① 朱凤霞：《基层协商民主中的公众话语权——基于扎根理论对成都 J 镇近年协商议题的分析》，载《河南社会科学》2017 年第 10 期。

码是对开放式编码和主轴式编码的理论加工过程，通过对主轴式编码过程中形成的26个主范畴整合加工，形成办事资源压力、不良亚文化压力、经济刺激压力、工作冲突压力、政治前途压力、人情世故压力6个核心类属（见表2.2）。事实上，6个核心类属的重要程度并非完全相当，从访谈中被提及的次数和范畴的节点数量可知，办事资源压力的重要程度最高，节点占比达26.67%，其次是工作冲突压力，节点占比达25.33%，随后是经济刺激压力，节点占比达17.33%，再次是不良亚文化压力，节点占比达13.33%，紧随其后的是政治前途压力，节点占比达11.33%，最后是人情世故压力，节点占比仅为6%。诚然，上述6个核心类属虽然内容上各有差异、重要程度也不尽相同，但是均反映出被访谈人的内心的失衡和紧张感，也均以压力的形式联系起来，进一步的分析与讨论将在后文展开。

四、研究结果与讨论

由编码阶段的研究可知，基层公职人员腐败犯罪的影响因素主要由办事资源、不良亚文化、经济刺激、工作冲突、政治前途和人情世故6个维度的核心类属构成，不同维度之间相互影响、相互制约，共同通过认知评价与压力应对而对被访谈人行为产生影响。

（一）基层公职人员腐败犯罪影响因素分析

通过前文分析，基层公职人员腐败犯罪影响因素主要分为以下6个维度。

1. 办事资源

基层公职人员在办事资源方面承受着巨大的压力。俗话说“巧妇难为无米之炊”，开展工作，尤其是想将工作做得扎实、优异离不开资源、资金、政策的支持。而目前体制内，大量的资源、资金、政策决定权等归属于单位领导和上级有关部门，因而，基层公职人员期望把工作做得好，很多时候不得不想方设法获得单位内部有限的资源分配指标，也不得不想方设法获得上级有关部门的“青睐”。在访谈中，不止一次听到被访谈人被单位有关领导要求“跑部进厅”“跑部钱进”等，基层公职人员不得不通过各类方法争取单位现管领导和上级有关部门的支持，因此在这两方面承担着大量压力。除了向单位领导和上级有关部门争取外，面对基层紧张的经费和资源，不少基层公职人员不得不通过各类渠道“创收”。在访谈调查中，甚至发现有些基层单位或上级部门的直属单位基本处于“自我养活”的状态，正常拨付的经费连本单位的正常运转都保障不住，这一点在一些地方的基层派出所较为明显。基层乡镇的一些中层领导面对较少的工作经费与单位大量的财务花销承担较大的压力，而一些村（居）“两委”班子干部也在访谈中表示，上级部门所拨的经费每年村里可以支配的部分寥寥无几，且拖欠现象普遍，一些村干部甚至要长期承担着为村里开销而垫钱、贴钱、打欠条的压力和债务纠纷。自中央八项规定出台之后，基层的风气整体上有很大改观，但是一些地方依然存在较重的接待压力，且违规接待的形式更加隐蔽，由以前的“台上”转为“台下”。

2. 不良亚文化

基层公职人员并非生活在“真空”之中，孤立的个体很难与周围的大环境和大氛围较量。一个人的工作生活离不开其所处环境的各种约束、要求、管理，甚至潜规则。基层公职人员承受着腐败亚文化和潜规则的惯性压力，一旦被关注到有过腐败行为，一般都停不下来、收不下来、回不了头。他们也知道这是不应该的行为，或许也曾挣扎过，“名声”一旦传出去，周围各色人等应接而来地“投其所好”，使人身处其中难以拒绝。而在村（居）干部中，以贪污为主，类似的行为依然会有惯性。对访谈人自己及其周围人而言，一旦突破一点底线，就意味着是同一“战线”。

3. 经济刺激

经济刺激分为生存刺激压力、发展刺激压力与享受刺激压力。对于基层公职人员而言，主要是生存刺激压力较大，其次是发展刺激压力，较小的是享受刺激压力。对于一般的基层公职人员而言，基本的生活花销主要是基本家庭生活费、红白事份子钱、供养孩子生活读书费用、房贷、车贷等。基层公职人员无论是乡镇干部还是村（居）干部，主要生活和工作在一个熟人关系环境中，日常生活工作往往直面当地百姓，所以接触的当地人较多，熟人也多，各类人情往来经济压力较大。而根据国家法律政策规定，公务员又不得从事营利性活动，因此以一个普通公职人员一人的正常工资收入供养全家是比较困难的，即使以夫妻双方的工资供养家庭也并非绰绰有余。如果家中有亲人生病急需用钱，对于普通基层公职人员而言，往往经济压力倍增。对于一般村干部而言，虽然可以从事营利性活动，但是当地或者附近农村难以有高收入的工作。

4. 工作冲突

大多数的基层公职人员的工作对象主要是当地群众，群众的利益诉求往往又是多元的、复杂的，有时还存在一些矛盾，这一点基层的公职人员体会得比较深刻。因此，基层公职人员在落实和执行上级政策要求、完成上级的任务指标中，直面群众的切身利益问题，承受着群众和上级的双重压力。对于多数居住和生活在当地的基层公职人员而言，有时得罪群众或者群众有直接的利益诉求没能得到满足，又可能会有被群众找到家中纠缠的情况发生，这一点对于村干部而言尤为明显。对于大多数基层干部而言，“上边千根线、下边一根针”，大多数上边的工作任务、压力、责任都需要基层的公职人员来完成和落实。因此，烦琐的工作任务、较大的工作压力与随时可能出现的追责问责与能够获得的微薄的正常工作收入相比，让部分基层公职人员感到付出大于应有的回报，心理不平衡感日趋强烈。

5. 政治前途

对于大多数基层公职人员而言，提拔基本上是没有多大指望的，有些干部考虑调整到城区一点的地方工作也是费尽周折。A34 作为某乡镇的计生办主任表示：“基层这块的话，提拔还是比较难。基层这条线提拔上来的比较少，比较难。原因一个是身份，还有一个是学历。上边提拔每一年对我们这块的关心是非常非常少的，一个是年龄方面，年龄大了，秘书这块提拔，像我们计生这块很难，有也就提拔个副乡长、副镇长，对我们基层这块真的是非常少关心……像基层这块非常难，想进城里非常非常难。像我这个县，也许待一辈子的也有，一直待，待到你退休。就像我现在一出来事，就有乡镇干部来插手，在基层提拔不到城里来。”基层的干部多，领导职数少，提拔困难。2019 年 3 月 27 日，中共中央办公厅印发《公务员职务与职级并行规定》，对于扩大基层公职人员职级晋升空间带来很大帮助。但是领导职务依然有限，而对于村（居）干部而言，除个别地方外，一般都还是村民（居民）身份。

6. 人情世故

基层的公职人员很大一部分就是当地人，尤其是村（居）干部，大多是本村（居）的人，其主要的亲属、朋友关系都在当地，而他们往往又是基层公职人员工作对象的一部分，其中牵涉的各种利益关系不言而喻。A39 作为村委会主任在当地危房改造项目中，给大量亲属违规操作，触犯法律，其行为罪有应得，但是其工作过程中也一直承受人情压力。

（二）基层公职人员腐败犯罪归因模型构建

基于上述编码与分析，基层公职人员腐败犯罪的主要影响因素有办事资源压力、不良亚文化压力、经济刺激压力、工作冲突压力、政治前途压力与人情世故压力。上述 6 个编码主要提供最初的影响作用，而结合压力源理论，尤其是拉撒路的压力认知交互作用理论，以及霍姆斯和拉厄的社会学取向的压力研究，压力并非直接产生压力应对与压力反应，中间是有中介变量与作用机制的。由理论可知，这样一种中介变量主要是由认知评价导致的心理失衡造成的，而这一点在访谈中亦得到印证。被访谈对象在谈到其所承受的生活事件压力时展现出明显的情绪波动。这种起伏主要体现为一种危机感、心理失衡、心理落差、负面性或消极性情感，例如被访谈人的愤怒、挫折感、不满、沮丧、担忧等。因此，基于相关理论与访谈成果，提出基层公职人员腐败犯罪影响因素及作用机制模型（见图 2. 2）。腐败犯罪行为作为一种基层公职人员压力应对与反应方式，起源于各类生活事件刺激，基于不同人员、不同情境下的认知评价产生比较性心理失衡，这种心理失衡部分乃至全部通过腐败犯罪这样一种行为应对与反应。

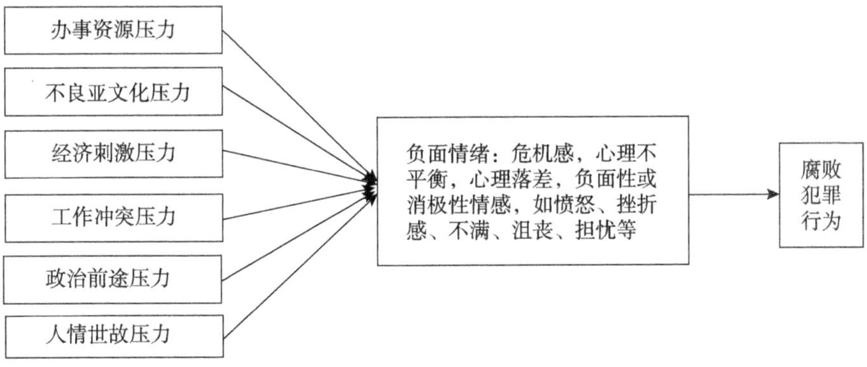

图 2. 2　基层公职人员腐败犯罪影响因素及作用机制模型

资料来源：根据本研究质化分析结果制作，2018 年。

（三）研究局限与发展方向

受时间和研究资源影响，本研究的受访者仅局限于一所监狱，受访者有些集中，研究代表性有所降低。并且受到监狱条件限制，除与受访者谈话和查阅相关的档案资料外，对于受访者之前的工作同事和家人等缺乏访谈，也缺少相关其他材料的支撑。基于质化研究所得的影响因素具有一定的借鉴意义，而在此基础之上提出的作用机制模型的推广性需要更多的研究检验。尤其是量化研究，需要在此研究的基础之上开发具有针对性的测量量表，并通过大量量化研究结果检验该模型。这也是本研究下一步的发展方向。在后续的研究中，在确定自变量、中介变量、因变量的基础上，笔者尝试结合相关理论加入部分调节变量，在更大范围和更大样本量前提下通过数据分析刻画和验证基层公职人员腐败犯罪影响因素及其作用机制的一般规律。①

① 孟凡蓉、王焕、陈子韬：《基于扎根理论的大气治理政策执行影响因素及机制研究》，载《软科学》2017年第6期。

第三章　量化研究假设

根据前文论述，我们在该部分一共提出了三个层面共 6 个研究假设。第一个层面提出压力与腐败行为直接关联（Ha_1）假设，第二个层面是一阶中介关系的假设，包括 Hb_1，Hb_2 和 Hb_3，第三个层面是链式中介关系的研究假设，包括 Hc_1 和 Hc_2。

一、直接关联：压力与腐败行为

艾格纽提出的一般紧张理论（GST）描述了压力如何诱发犯罪。它假设来自外部环境的压力刺激了个人对压力的认识，导致了负面的情绪反应，并最终放大了犯罪活动作为应对压力的可能性。艾特勒（Eitle）的研究也证实，随着时间的流逝，压力的增加与犯罪行为的增加有关。GST 被广泛用来解释外部压力和犯罪行为之间关系的机制，特别是与街头犯罪之间的关系。尽管最近有一项研究扩大了 GST 在白领犯罪方面的范围，但相关的实证研究数量仍然很少。研究缺乏的一种可能解释是缺乏相应的测量，无法对导致白领犯罪的压力进行适当的测量。与行之有效的街头犯罪压力测量不同，由于街头犯罪与白领犯罪之间存在差异，街头犯罪研究中使用的压力测量不能直接用于白领犯罪，这限制了解释压力与白领犯罪之间关系的实证研究的进一步发展。某些犯罪是由某种压力引起的。尽管压力的共同特征既增加了街头犯罪又增加了白领犯罪，例如未能实现正价值目标，消除正向刺激和存在负向刺激，但压力的形式可能相当不同。与街头犯罪相比，白领犯罪更有可能是由于经济目标的封锁，无法实现地位目标以及与工作有关的压力源而被激活的。① 其中，艾格纽及其同事得出结论，个人或家庭财务状况不佳是最关键的压力源。② 因此，以前的研究中使用的方法和规模不能直接应用于白领犯罪③，主要是因为造成街头犯罪的压力与导致白领犯罪的压力存在差异。④ 国内的研究发现，基层公职人员因生活、工作压力而引发的扶贫腐败犯罪频发，当前大多数基层干部薪酬待遇过低，且工作压力较大，工作付出与薪酬待遇反差较大，无法保证其与家人过上较为体面的生活。⑤ 基层公职人员工作苦、任务重、贡献和回报不对等，而且自身养家的压力大，⑥ 这些压力与高发的基层腐败犯罪有着紧密的联系。

既有的研究关于使用GST测量白领人士的压力源具有一定的探索价值和意义，但是局限性也是明显的：（1）缺乏白领犯罪专业测量工具，在使用GST的实证研究中似乎没有专门用于测量白领犯罪压力的量表，也没有关于中国公职人员的专门量表；（2）量表维度不够全面，大多数研究只是对某一方面的压力展开测量，并不能全面准确测量白领犯罪各个方面的压力源；（3）所处的研究阶段主要是前量表开发阶段，有的研究尝试开发测量工具，但是并未进一步检验，有的研究只是尝试将其他领域相关测量工具用于白领犯罪测量，整个研究阶段处于前量表开发阶段；（4）测量范围较窄，大多数研究仅测量以警察为主的部分行业的白领人员，覆盖范围较窄。因此，发展出基于GST的白领犯罪压力源测量量表具有重要的理论意义和现实意义。近

---

① See Grebner S., Semmer N. K. & Elfering A., *Working Conditions and Three Types of Well－being：A Longitudinal Study with Self－report and Rating Data*, Journal of Occupational Health Psychology, Vol. 10：1, p. 31 (2005).

② See Agnew R., Piquero N. & Cullen F., *General Strain Theory and White－collar Crime*, in Simpson S. & Weisburd D., The Criminology of White－collar Crime, New York：Springer, 2009.

③ See Paul Mazerolle & Jeff Maahs, *General Strain and Delinquency：An Alternative Examination of Conditioning Influences*, Justice Quarterly, Vol. 17：4, p. 753－778 (2000).

④ See Stephen W. Baron, *Street Youth, Unemployment, and Crime：Is It that Simple? Using General Strain Theory to Untangle the Relationship*, Canadian Journal of Criminology and Criminal Justice, Vol. 50：4, p. 399－434 (2008).

⑤ 参见刘子平：《村干部“微权力”腐败治理机制创新探究》，载《中州学刊》2018年第7期。

⑥ 栾大鹏：《小官贪腐，哪些心态在作祟？——基于9634份公众样本的调查分析》，载《人民论坛》2014年第33期。

年来，随着中国反腐力度的加大，大量公职人员被捕入狱，这为我们研究中国公职人员的压力源乃至整个白领犯罪的压力源提供重要的研究素材。兰顿（Longton）等的研究是首个将 GST 运用到白领犯罪中的量化研究，给我们运用 GST 研究中国公职人员压力源带来了重要启示：（1）GST 并不太适用于高级别的白领犯罪研究，主要适用中低级别白领犯罪研究，尤其是适用于低级别的白领犯罪研究；（2）不同犯罪类型的压力源可能会存在一定差异①；（3）在该领域量化研究中，数据尽可能采用自我报告。② 根据兰顿的研究启示，我们认为运用 GST 在中国监狱针对在押原基层公职人员开发专门测量白领犯罪压力源量表具有现实可能性，而这样的研究也正是 GST 的提出者艾格纽所期望的。③ 只有压力对基层公职人员腐败犯罪存在可能影响和合适的压力量表同时存在，研究压力对基层公职人员腐败犯罪的影响才具备现实可能性。

据此，提出研究假设 Ha_1：压力会增加基层公职人员的腐败犯罪行为。

二、一阶中介：生活不满对压力和腐败行为的中介作用

在 GST 中，压力指的是个人不喜欢的事件和条件④，这些压力会导致一系列诸如愤怒、沮丧、不满等负面情绪。当没有使用合法的应对策略或未能成功消除这些压力引起的负面情绪时，它们会通过犯罪行为释放和消解负面情绪，因而犯罪行为是对压力源或相关目标进行报复以减轻负面情绪的一种手段。艾格纽指出压力会通过各种因素增加犯罪，其中，GST 最关注的就是负面情绪，且具有负面情绪特征的个人中，压力和犯罪之间的联系似乎尤为强烈。大量的 GST 测试也检验了压力和负面情绪之间的关系，对于消极情绪

---

① See Agnew R. , *Pressured into Crime: An Overview of General Strain Theory*, Oxford University Press, 2007.

② See Lynn Langton & Nicole Piquero, *Can General Strain Theory Explain White - collar Crime? A Preliminary Investigation of the Relationship between Strain and Select White - collar Offenses*, Journal of Criminal Justice, Vol. 35: 1, p. 1 - 15 (2007).

③ See Agnew R. , *Using General Strain Theory to Explain Crime in Asian Societies*, Asian Journal of Criminology, Vol. 10: 2, p. 131 - 147 (2015).

④ Agnew R. , *Building on the Foundation of General Strain Theory: Specifying the Types of Strain Most Likely to Lead to Crime and Delinquency*, Journal of Research in Crime and Delinquency, Vol. 38: 4, p. 319 - 361 (2001).

是否真的能调节压力和犯罪行为之间的关系，或者压力是否与犯罪有更多的直接关系，实证结果喜忧参半。[①] 研究显示，压力诱发的愤怒是对越轨行为产生影响的主要情绪。[②] 然而，愤怒的重要中介作用仅限制于暴力犯罪[③]，而与财产犯罪无关。[④] GST 在白领犯罪中的首个实证研究也证实，白领罪犯在工作中的压力和负面情绪类型与其他犯罪人群有所不同。因此，对于本研究的基层腐败犯罪问题，测量愤怒等较为严重的负面情绪显然并不合适。中国的相关研究显示，在腐败犯罪中大约有 50% 的人是由不平衡心理引起的。他们有的感到自己贡献大，报酬低，吃亏了，遂利用权力搞“堤内损失堤外补”，以满足心理平衡。[⑤] 心理失衡或失落感是心理诱导腐败的一个极其重要的因素，也就是“相对剥夺感”，而“相对剥夺感”实质上是自认为没有得到公平待遇后的不满与积怨的结合。[⑥] 此外，有一些证据表明“压力外溢”，一个领域的压力有时会导致其他领域的压力[⑦]，因此，工作中的低工资等压力可能会导致家庭冲突[⑧]等生活上的矛盾，从而引发基层公职人员对生活的不满。事实上，对于中国的压力型体制[⑨]，基层公职人员的负面情绪很难通过工作不满进行表达，更多体现在生活上的不满。其实，从某种意义上说，基层公职人员

---

① See Lynn Langton & Nicole Piquero, *Can General Strain Theory Explain White - collar Crime? A Preliminary Investigation of the Relationship between Strain and Select White - collar Offenses*, Journal of Criminal Justice, Vol. 35: 1, p. 1 - 15 (2007).

② See Lisa M. Broidy, *A Test of General Strain Theory*, Criminology, Vol 39: 1, p. 9 - 36 (2001).

③ See Aseltine R., Gore S. & Gordon J., *Life Stress, Anger and Anxiety, and Delinquency: An Empirical Test of General Strain Theory*, Journal of Health and Social Behavior, Vol 41: 3, p. 256 - 275 (2000).

④ See Lynn Langton & Nicole Piquero, *Can General Strain Theory Explain White - collar Crime? A Preliminary Investigation of the Relationship between Strain and Select White - collar Offenses*, Journal of Criminal Justice, Vol. 35: 1, p. 1 - 15 (2007).

⑤ 参见李锡海：《权力文化与腐败犯罪》，载《山东社会科学》2007 年第 1 期。

⑥ 参见李靖、李春生：《我国基层官员“微腐败”的生成机理、发展逻辑及其多中心治理》，载《学习论坛》2018 年第 7 期。

⑦ See Stacy D. Coster & Lisa Kort - Butler, *How General is General Strain Theory? Assessing Determinacy and Indeterminacy across Life Domains*, Journal of Research in Crime and Delinquency, Vol 43: 4, p. 297 - 325 (2006).

⑧ See Agnew R., *When Criminal Coping is Likely: An Extension of General Strain Theory*, Deviant Behavior, Vol. 34: 8, p. 653 - 670 (2013).

⑨ 马华、苏芳：《村官腐败的形成与治理：“四权”同步的视角》，载《江苏行政学院学报》2017 年第 2 期。

工作本身就是生活的一部分。

据此，提出研究假设 Hb_1：生活不满会在压力与腐败行为之间起中介作用，即压力增加基层公职人员对现实生活的不满，对生活的不满会促使其实施腐败行为。

三、一阶中介：享乐价值对压力和腐败行为的中介作用

GST 是在对其他相关理论的补充和发展基础之上产生的。GST 明确指出应当探讨该理论与社会控制等理论的关系。压力可能导致低社会控制①，从而影响人们的价值观。艾格纽在其研究中承认，低约束人格特质影响压力对犯罪行为的作用，因为社会控制程度低的个人对传统的他人和机构，如家庭、社区和工作的依恋程度较低，他们对传统社会的承诺很低。② 艾格纽还在其 2013 年的研究中进一步指出，人们所遭受到的压力，一方面通过负面情绪产生犯罪行为，另一方面通过降低社会控制和促进社会学习增加犯罪行为，即社会控制和社会学习等因素也会影响和制约压力对犯罪的作用。③ 社会控制中的一个重要因素是对社会价值是否相信，对社会价值的相信程度的加深或者降低会影响个人违法犯罪行为。④ 艾格纽还指出涉及个人价值观方面的压力比其他方面的压力更容易导致犯罪行为发生⑤，高强度的压力更容易形成负面情绪和低控制，从而增加犯罪行为。压力的主观影响程度取决于压力与个人核心目标、价值观等相关程度，即根据 GST 压力能否有效地转为犯罪行为，受到个人价值观的直接影响。⑥ 因此，压力会导致个人价值取向发生变化，这种

---

① See Agnew R. , *Foundation for a General Strain Theory of Crime and Delinquency*, Criminology, Vol. 30: 1, p. 47 – 88 (1992).

② See Agnew R. , Piquero Nicole & Cullen Frances, *General Strain Theory and White – collar Crime*, in Simpson S. & Weisburd D. , The Criminology of White – collar Crime, New York: Springer, 2009.

③ See Agnew R. , *When Criminal Coping is Likely: An Extension of General Strain Theory*, Deviant Behavior, Vol. 34: 8, p. 653 – 670 (2013).

④ 参见曹立群、周愫娴主编：《犯罪学理论与实证》，群众出版社 2007 年版，第 189 页。

⑤ See Agnew R. , *When Criminal Coping is Likely: An Extension of General Strain Theory*, Deviant Behavior, Vol. 34: 8, p. 653 – 670 (2013).

⑥ See Agnew R. , *Foundation for a General Strain Theory of Crime and Delinquency*, Criminology, Vol. 30: 1, p. 47 – 88 (1992).

价值观可以最大限度地减少对他人的关注，并优先考虑自己的自身利益。[①]

继承柯林斯（Collins）和施密特（Schmidt）对美国白领犯罪的研究，布利克勒（Blickle）使用欧洲数据首次对商业白领犯罪人格关联进行了横断面研究。布利克勒使用纸质问卷采集来自目前活跃在德国企业的150名经理和76名曾担任过此类职位的白领罪犯的相关信息。参与者填写了测量享乐主义、责任心、自恋、社会吸引力和行为自控的调查问卷。布利克勒等的研究结果显示白领犯罪的预测因素包括性别（男性比女性高）、低行为自控、高享乐主义、高自恋和高责任心。然而，关于责任心的结果与柯林斯报告的结果相矛盾。关于享乐主义价值观的测量具有不同的方式，布利克勒等对于享乐主义价值观的研究继承了施瓦茨（Schwartz）价值观的研究。[②] 布利克勒等研究的启示在于通过实证数据验证施瓦茨价值观中的享乐主义与白领犯罪呈现正向影响关系。国内学者的研究中也关注到享乐主义价值观对基层公职人员腐败犯罪的影响。研究显示，多元价值观的冲击是基层腐败的重要原因[③]，不正确的价值观是腐败动机潜滋暗长的基础[④]。40多年的改革开放使我国的综合国力得到了飞跃发展，但与此同时，享乐主义思潮也伴随着经济转轨影响着人们的价值观念。[⑤] 西方享乐主义、拜金主义等腐朽思想意识乘虚而入，扭曲了一些基层干部的人生观、金钱观和权力观[⑥]，使一些基层干部腐化堕落[⑦]。由于文化价值观念的错位和混乱，基层腐败现象的发生便难以避免。一些基层干部法律意识淡薄，拜金主义、享乐主义、极端个人主义思想滋长，腐败心

---

① See Timothy Brezina, *Recognition Denial, Need for Autonomy, and Youth Violence*, New Directions for Youth Development, Vol. 119, p. 111 - 128 (2008).

② See Gerhard Blickle, Alexander Schlegel, et al., *Some Personality Correlates of Business White - collar Crime*, Applied Psychology, Vol. 55: 2, p. 220 - 233 (2006).

③ 参见胡一凡：《我国基层扶贫领域微腐败的成因及治理——基于政治生态理论框架的解释》，载《河南社会科学》2020年第28期。

④ 参见赵亚男：《论党员干部思想政治教育预防腐败的功能》，载《思想政治教育研究》2015年第31期。

⑤ 张淑瑛：《基于情境预防理论的农村基层腐败犯罪预防机理与路径选择》，载《理论导刊》2020年第5期。

⑥ 参见唐金培：《近年来村干部腐败现象透析》，载《中州学刊》2013年第11期。

⑦ 参见陈朋：《村干部腐败新特征及民主治理路径》，载《理论探索》2018年第6期。

理随之形成并外化为腐败行为。[①] 尤其是在农村地区，随着农村物质生活水平的不断提高，生活腐化、贪图享乐等成为近年来村干部腐败的一个新趋势。有的借口为集体争取资金，需要疏通上下关系，不惜动用公款请客送礼，大吃大喝。[②] 大量事实证明，现代社会出现的不断升温的高消费，刺激某些基层公职人员贪得无厌地追求物质享受，一再唤起他们新的需求，从而导致把自己交给了“商品拜物教”。[③]

据此，提出研究假设 Hb_2：享乐主义价值观在压力和腐败行为之间起中介作用，即压力会促使享乐主义形成，而享乐主义价值观会促使腐败行为发生。

四、一阶中介：腐败信念对压力与腐败行为的中介作用

在犯罪学的研究中，“信念”是一个重要的测量概念。艾格纽的研究中，非常重视不良行为同龄人接触和不正常信念对于犯罪行为的影响。艾格纽以及其他紧张理论学派的学者广泛使用“信念”这一概念。事实上关于犯罪信念和犯罪倾向的研究，艾格纽早在 1992 年时就已经较为关注。艾格纽在其研究中专门论述犯罪倾向的重要影响因素之一即犯罪信念。艾格纽认为，人们的犯罪信念对于人的犯罪倾向抑或犯罪行为的发生具有重要的影响作用。艾格纽还认为，在某些情况下，逆境的经历可能会导致有利于犯罪的信念，从而进一步导致犯罪行为的发生。接受犯罪和违法行为是可以接受的观点的个人不会反对接受这些行为，腐败信念会影响腐败行为的发生。

艾格纽在其早期的研究中曾明确指出，反对犯罪的道德信念可能抑制犯罪压力的作用，而支持犯罪的道德信念可能增强这种作用。艾格纽在近些年的研究中也明确表示，犯罪信念在压力与违法犯罪行为之间起着重要的影响作用，与持有犯罪信念人的接触会增加行为人违法犯罪行为的发生，而以各种方式抑制犯罪信念则有利于抑制犯罪行为的发生。另外，在美国司法部司法计划办公室国家司法研究所资助下，克里斯・梅尔德（Chris Melde）等研

① 参见郑明怀：《村干部腐败行为的体现、产生原因及其预防》，载《领导科学》2014 年第 11 期。
② 参见唐金培：《近年来村干部腐败现象透析》，载《中州学刊》2013 年第 11 期。
③ 参见贺曙敏、李锡海：《人性恶视角下我国腐败犯罪的再分析及其有效治理》，载《山东大学学报（哲学社会科学版）》2013 年第 1 期。

究了帮派犯罪，其在研究中证实培养证明或赞同抑制犯罪信念的行为有利于降低帮派成员的社会控制能力。[①] GST 指出犯罪信念等因素影响和制约着压力对犯罪的影响。与犯罪同伴的联系，以及对犯罪有利的信仰都会影响到压力对犯罪行为的作用。从艾格纽的理论中衍生出的另一种说法是关于压力与犯罪关系是如何受到若干因素制约的，如持有不正常的信念更有可能使压力对犯罪行为做出反应。[②] 事实上，研究压力与犯罪关系的制约因素对 GST 的未来发展具有重要的意义。个人信念会影响其对特定压力的敏感性[③]，而接受违法犯罪信念的个人是不会反对接受违法犯罪行为的。[④] 由此可见，某些压力会牵涉模仿犯罪、强化犯罪并表现出有利于犯罪的信念，压力可能会促使人们相信犯罪是可取的、合理的或可辩解的。[⑤] 因而，犯罪信念在压力与犯罪行为之间具有重要的中介作用。马泽勒（Mazerolle）等的实证研究中证实，价值观和犯罪信念在压力与违法犯罪行为之间确实存在影响。国内的众多研究中也得出结论，理想信念不坚定是腐败动机潜滋暗长的基础。信念不坚定，就会迷失方向，甚至误入歧途、陷入泥潭腐化。[⑥]

关于犯罪信念的相关研究，在犯罪学实证研究领域并不是非常普遍，较早的研究是 1981 年迈克尔·D. 维特罗夫斯基（Michael D. Wiatrowski）等对于犯罪信念的测量，维特罗夫斯基分为两个方面，一是采用诚实指数，二是采用罪恶感指数。[⑦] 1986 年阿纳斯塔西奥斯·马克斯（Anastasios C. Marcos）等在研究中采用路径模型，将父母的依恋、宗教的依恋、教育的依恋、信念

---

① See Chris Melde & Finn A. Esbensen, *Gang Membership as a Turning Point in the Life Course*, Criminology, Vol 49: 2, p. 513 – 552 (2011).

② See Paul Mazerolle & Jeff Maahs, *General Strain and Delinquency: An Alternative Examination of Conditioning Influences*, Justice Quarterly, Vol. 17: 4, p. 753 – 778 (2000).

③ See Agnew R., *Foundation for a General Strain Theory of Crime and Delinquency*, Criminology, Vol. 30: 1, p. 47 – 88 (1992).

④ See Paul Mazerolle & Jeff Maahs, *General Strain and Delinquency: An Alternative Examination of Conditioning Influences*, Justice Quarterly, Vol. 17: 4, p. 753 – 778 (2000).

⑤ Agnew R. & Brezina T., *General Strain Theory*, in Krohn M. D., Hendrix N., Hall G. P., Lizotte A. J., Handbook on Crime and Deviance, Cham: Springer, 2019, p. 145 – 160.

⑥ 参见赵亚男：《论党员干部思想政治教育预防腐败的功能》，载《思想政治教育研究》2015 年第 31 期。

⑦ Wiatrowski M. D., Griswold D. B. & Roberts M. K., *Social Control Theory and Delinquency*, American Sociological Review, p. 525 – 541 (1981).

等全部纳入。[①] 1989 年罗斯·L. 松枝（Ross L. Matsueda）在研究中对于犯罪信念的测量采用三道题目，并以此框架为基础，建立了信念和偏差的相互因果结构的动态模型。[②] 1989 年查尔斯·蒂特尔（Charles Tittle）在其研究中使用一道题目测量犯罪信念。[③] 艾格纽在 1991 年的研究中使用四道题目测量犯罪信念，分别是"和你年龄相仿的人，如果恶意损坏他人的物品，你觉得很错误吗？""和你年龄相仿的人，如果偷窃价值 5 美元以下的物品，你觉得很错误吗？""和你年龄相仿的人，如果无缘无故殴打或威胁要打别人，你觉得很错误吗？""和你年龄相仿的人，如果偷窃价值 50 美元以上的物品，你觉得很错误吗？"[④] 1999 年芭芭拉·J. 科斯特洛（Barbara J. Costello）等在前人研究的基础上，使用赫希等于 1965 年在美国加州里士满市（Richmond）的调查数据进行了二次分析和处理，当然科斯特洛采用了更加复杂的统计方法进行数据处理。[⑤] 最后，在犯罪学中测量"信念"尤其是使用一般紧张理论展开测量的研究中，具有较大影响的是马泽勒等的研究。马泽勒等使用来自全国青年调查和意外事件表分析的数据来检验压力—犯罪关系是否受到信念等各种风险因素的制约。[⑥]

据此，提出研究假设 Hb_3：腐败信念在压力和腐败行为之间起中介作用，即压力会促使腐败信念的形成，而腐败信念会促使腐败行为的发生。

---

① Marcos A. C. , Bahr S. J. & Johnson R. E. , *Test of a Bonding/Association Theory of Adolescent Drug Use*, Social Forces, Vol. 65: 1, p. 135 - 161 (1986).

② Matsueda R. L. , *The Dynamics of Moral Beliefs and Minor Deviance*, Social Forces, Vol. 68: 2, p. 428 - 457 (1989).

③ Tittle C. R. , *Urbanness and Unconventional Behavior: A Partial Test of Claude Fischer's Subcultural Theory*, Criminology, Vol. 27: 2, p. 273 (1989).

④ Agnew R. , *A Longitudinal Test of Social Control Theory and Delinquency*, Journal of Research in Crime and Delinquency, , Vol. 28: 2, p. 126 - 156 (1991).

⑤ Costello B. J. & Vowell P. R. , *Testing Control Theory and Differential Association: A Reanalysis of the Richmond Youth Project Data*, Criminology, Vol. 37: 4, p. 815 - 842 (1999).

⑥ See Paul Mazerolle & Jeff Maahs, *General Strain and Delinquency: An Alternative Examination of Conditioning Influences*, Justice Quarterly, Vol. 17: 4, p. 753 - 778 (2000).

五、链式中介：生活不满、腐败信念对压力与腐败行为的链式中介作用

在之前 Hb_1 研究假设的基础上，我们认为腐败信念还存在生活不满与腐败行为之间的中介作用。个人生活上的不满意，会使持有相同犯罪信念的人们更加赞同对方的观念，当个人面临诸如未能实现其地位或金钱目标而不满时，会形成或者加入犯罪的团体，社会控制会进一步下降，社会学习会进一步强化，证明或赞同犯罪信念会进一步被助长。[①] 因而，压力导致的生活不满会逐渐影响人们的信念，导致其对腐败信念逐渐坚定，并在持有相同生活不满的公职人员的影响下相互学习，进一步认同腐败信念，继而距离最终的腐败行为的发生更近一步。关于 GST 的实证研究也证实，许多个人特征，包括负面情绪、低自我控制和有利于犯罪的信念等[②]，都会对犯罪行为产生影响，而生活不满与腐败信念在压力和腐败行为之间会具有一定的影响作用。值得关注的是，衍生于弗洛伊德心理分析防御机制的中立化理论也从另一个角度揭示了腐败信念的这种中介作用。根据中立化理论，犯罪人常用中立化技巧来暂时摆脱社会规范对自己的约束，其中包括否认自己的责任（我不是故意的，我只是忍不住）、责备掌权者（大家都只盯着我，其实人人都在犯罪）、诉诸更高情操或权威（我这样做，不是为了自己）等。[③] 因此，白领犯罪者会用许多中立化技巧为自己的犯罪行为辩护[④]，比较流行的学界观点是白领犯罪来源于中立化的价值和技巧降低了实施犯罪行为时的负罪感。[⑤] 各种主观压力而导致的生活上的不满，容易给基层公职人员以腐败犯罪的借口以减轻内心的罪恶感。他们否认腐败行为是自己的责任，反而将其归咎于生活上的不

---

① See Agnew R., *When Criminal Coping is Likely: An Extension of General Strain Theory*, Deviant Behavior, Vol. 34: 8, p. 653 – 670 (2013).

② See Agnew R., *When Criminal Coping is Likely: An Extension of General Strain Theory*, Deviant Behavior, Vol. 34: 8, p. 653 – 670 (2013).

③ 参见曹立群、周愫娴主编：《犯罪学理论与实证》，群众出版社 2007 年版，第 189 页。

④ See James W. Coleman, *Toward an Integrated Theory of White – collar Crime*, American Journal of Sociology, Vol 93: 2, p. 406 – 439 (1987).

⑤ See Steven E. Barkan, *Criminology: A sociological understanding*, Prentice – Hall, 2001.

满。他们责备掌权者，认为人人都在犯罪，而自己不腐败反而导致生活上各种不满。他们甚至否认自己的腐败行为是为了自己，而归咎于体制和他人。这些犯罪中立化技巧，为基层公职人员从对生活不满到产生腐败信念做好了心理准备。

据此，提出研究假设 Hc_1：生活不满与腐败信念会在压力与腐败行为之间起链式中介作用，即压力会增加生活不满，生活不满会加重腐败信念，而腐败信念增强会进一步促进腐败行为的发生。

六、链式中介：享乐价值、腐败信念对压力与腐败行为的链式中介作用

GST 指出了价值观和信念在压力导致犯罪行为中的影响①：良好价值观的薄弱会增加犯罪的可能性，价值观薄弱的个体更有可能使压力形成犯罪信念，而信念是控制犯罪行为发生与否的重要因素。GST 所确定的价值观与犯罪信念，与社会控制理论和社会学习理论具有重要的关联作用。② 价值观关注的是在压力影响下的自我控制，而犯罪信念则是模仿犯罪行为并接受对犯罪行为的支持和强化，两者皆会对犯罪行为产生影响。只不过 GST 更注重在压力对犯罪行为影响的大环境下，探讨价值观与犯罪信念的影响作用。国内的研究显示，随着改革开放的深入和农村经济社会的发展，一些拥有一定实权的基层干部滋长爱慕虚荣的心理，一心追求个人享乐，思想上逐渐放松警惕，由此产生了腐败行为。③ 一些基层公职人员受到享乐主义等错误思想的影响，价值取向出现偏差，思想防线垮塌，④ 抵挡不住“享乐主义”诱惑的侵蚀，导致价值观错位，把握不住方向，从而走上犯罪道路。⑤ 由于教育缺失和市场经济的冲击，有的农村干部一味追求物质利益和物质享受，不仅动摇甚至丧失

① See Paul Mazerolle & Jeff Maahs, *General Strain and Delinquency*: *An Alternative Examination of Conditioning Influences*, Justice Quarterly, Vol. 17: 4, p. 753 – 778 (2000).

② See Paul Mazerolle & Jeff Maahs, *General Strain and Delinquency*: *An Alternative Examination of Conditioning Influences*, Justice Quarterly, Vol. 17: 4, p. 753 – 778 (2000).

③ 参见郑明怀：《村干部腐败行为的体现、产生原因及其预防》，载《领导科学》2014 年第 11 期。

④ 楚向红：《近几年来农村腐败呈现的新态势及其治理对策》，载《中州学刊》2019 年第 2 期。

⑤ 参见段小力：《城郊村官腐败的特点及预防对策》，载《农业经济》2008 年第 12 期。

了理想信念和信仰，缺乏信心，淡化了为人民服务的观念和意识，不能自觉地严格要求自己的思想行为，不能正确处理个人与国家、集体和他人之间的利益关系，在各种诱惑面前一不小心就会坠落到腐败的深渊。①

从班杜拉的社会认知理论出发，人的行为既不是由内部力量驱动的，也不是由外部刺激自动塑造和控制的，而是行为、认知和其他人的因素以及环境因素共同决定人的能动性。与以往研究相比，班杜拉更强调人的信念对行为和思想的作用。② 此外，史天健还对价值观与信念之间的关系做过系统的论述：价值观与信念应该在概念上加以区分。首先，他们具有不同的心理倾向，执行不同的功能，其次，这些概念的来源和形成过程是不同的，价值观是通过早期社会化获得的，但信念是由一生中早期获得的价值观和规范与政治和（或）社会行为者的行为之间的相互作用形成的。对此，胡安宁也曾指出社会学经验研究经常需要处理诸如态度、感受、偏好这样的主观变量，无论是从理论上还是从方法上，对特定主观变量的理解往往会涉及另外一个主观变量。③

据此，提出研究假设 Hc_2：享乐主义价值观与腐败信念在压力与腐败行为之间起链式中介作用，即压力会增强享乐主义价值观，享乐主义价值观增强会加重腐败信念，腐败信念的增强会促使腐败行为发生。

根据前文的论述，我们一共提出了 6 个研究假设，分别从压力与腐败行为的直接关系（Ha_1）、一阶中介关系（Hb_1，Hb_2 和 Hb_3）和链式中介关系（Hc_1 和 Hc_2）描述了两者之间的机制。为了方便读者进一步识别若干假设之间的关系，我们将 6 个假设整合为逻辑假设图（见图 3.1）：

① 参见唐金培：《近年来村干部腐败现象透析》，载《中州学刊》2013 年第 11 期。

② 参见［英］班杜拉：《思想和行动的社会基础：社会认知论》，林颖等译，华东师范大学出版社 2001 年版，第 25 页。

③ 参见胡安宁：《主观变量解释主观变量：方法论辨析》，载《社会》2019 年第 39 期。

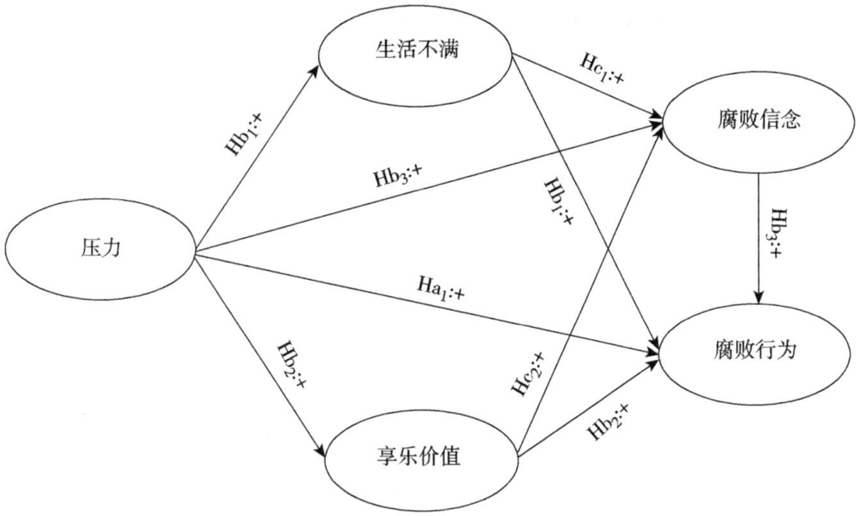

图 3.1　假设逻辑图

资料来源：根据艾格纽一般紧张理论、前人相关研究文献及预调研情况综合整理制作，2019 年。

第四章　量化研究方法与过程

研究方法部分汇报了量化研究部分的核心研究路径与过程。本部分的研究方法涉及内容较多，包括研究设计与样本选取、问卷的编制与来源、CPOSS 的开发与检验、测量、数据分析方法等。

一、量化研究设计与样本选取

本研究的研究对象是基层公职人员。为了筛选这一群体，本研究制定了如下标准：首先，被调查者在定罪前必须为基层公职人员，包括村委会、居委会“两委班子”组成人员和乡镇公职人员。其次，被调查者必须被定罪为以下三种犯罪中的至少一种，包括贪污罪、受贿罪和挪用公款罪。

本研究的研究设计分为几个阶段。首先，研究者对南部地区某监狱在押的全部 23 名原基层公职人员进行了深入访谈。具体而言，访谈员进入监狱之后，按照本研究的筛选标准逐一选取符合条件的罪犯，与之进行直接面对面交谈，并要求受访者描述其对于腐败犯罪的感受和归因，尤其是对可能触发腐败犯罪的压力源的归因。研究者将访谈材料整理之后借助 Nvivo11 进行编辑、归纳，并运用扎根理论对我国基层公职人员腐败犯罪进行总结。根据访谈的结果，研究者开发出了中国公职人员压力量表（CPOSS），对小规模腐败公职人员进行施测，根据收集的数据并对 CPOSS 问卷进行了严格的心理测量学的检验。结果表明，CPOSS 具有良好的信度和效度。

其次，根据开发的 CPOSS 量表，本研究进一步收集更大规模的数据，从而探索本次研究的核心目的。实际施测的问卷除了包含 CPOSS 量表外，还包含被访者的人口学信息、生活满意程度、享乐主义价值观、腐败信念和腐败行为的频率，从而对一般紧张理论的若干元素进行测量。就样本选取而言，本次调查收集了全国60所监狱中的在押原基层公职人员。每所监狱中只要符合本研究筛选标准的犯人，在自愿参与和现实条件允许的情况下均纳入抽样框。所有的调查工作在监狱有关方面的配合和支持下开展。依据各个监狱具体工作安排、调查员的情况、被调查者时间和精力，本研究采取了不同的调查方式，包括结构化面谈、集中填写问卷、分散填写问卷等。数据收集时间约为12个月，从2019年1月到2020年1月。整体而言，回收687名犯人调查问卷，按照问卷筛选标准，剔除掉无效、填写不全、个人信息不全、选项大范围连续一致等问卷后，获得有效样本493例。每位调查者填写时间从70分钟至150分钟不等，在每一次问卷调查开始之前，我们都会向参与者解释研究的目的，并保证他们的回答绝对保密，同时会详细询问他们是否有听力障碍、语言障碍，是否识字、是否会写字等。对于存在上述障碍的被访者，我们安排了专门的调查人员进行了一对一访谈，从而最终确保我们所调查的每一所监狱的每一位有条件且自愿参加的被调查者能够顺利完成此次调查。

此次调查的对象是各地监狱在押的犯有腐败罪名的原基层公职人员。在抽样方法方面，本研究采用非概率抽样方法代替概率抽样方法。这是因为难以获取中国所有监狱的情况。在常用的非概率抽样方法中，如便利抽样、判断抽样、配额抽样和滚雪球抽样法[①]，本研究选择了便利抽样和滚雪球抽样方法。之所以选择便利抽样，是因为它是一种选择研究对象的方法，因为可以方便地接近研究对象。这是获得一个方便的接近事实的方法。[②] 选择滚雪球抽样是因为它是研究者能够从他现有的熟人中招募被试者的一种重要方法，尤其是在研究样本特征罕见的时候，滚雪球抽样方法经常被使用，[③] 而本研究的

---

① Jessen R. J. , *Some Methods of Probability Non - replacement Sampling*, Journal of the American Statistical Association,, Vol. 64：325, p. 175 - 193 (1969).

② Hultsch D. F. , MacDonald S. W. S. et al. , *Sampling and Generalisability in Developmental Research：Comparison of Random and Convenience Samples of Older Adults*, International Journal of Behavioral Development, Vol. 26：4, p. 345 - 359 (2002).

③ Noy C. , *Sampling Knowledge：The Hermeneutics of Snowball Sampling in Qualitative Research*, International Journal of Social Research Methodology, Vol. 11：4, p. 327 - 344 (2008).

研究群体均非常特殊，数量又极其有限，且分散在全国各地监狱之中。这两种非随机抽样方法特别适用于本研究，因为调查主题比较敏感，调查的群体也很特殊，而且他们均处于羁押状态。这两种抽样方法是调查收集尽可能多的样本的最合适的方法。关于样本的选取与分布的详细情况可以参见附录。

二、问卷的编制与来源

问卷的编制与来源部分主要根据整个问卷的结构脉络展开，分为基本信息模块的编制、主模块的编制、分量表的选取与编制和附加模块的编制。

（一）基本信息模块的编制

基本信息模块纳入性别、年龄、婚姻状态、政治面貌、文化程度、职务、职级、履历、社会阶层、涉及主要问题和发案位置、主要犯罪事实等。

（1）性别。本研究的主要调查对象是监狱在押的原基层公职人员，主要研究内容是其腐败犯罪的情况，而基层公职人员从事腐败犯罪行为的并非仅为男性，因此，研究对象应当把女性基层公职人员纳入其中，而性别对犯罪的影响也在不同的犯罪类型中得到不同程度的检验。① 为了使性别能够尽量不出现偏颇，在具体的调查研究中，一方面，女监是必须要调查的；另一方面，调查的男监的数量和女监的数量在各自总的监狱数量中的占比尽量相当。此外，无论是男监还是女监，符合样本的条件的对象均应争取调查。

（2）年龄。年龄是犯罪学研究中常用的一个人口特征变量。本研究跨越的时间较长，因此考虑让被调查对象填写的是具体的出生年月日。在前期的预调研中，笔者发现一些农村的基层干部在谈到出生日期的时候会有“阳历”“阴历”的区分。为统一标准，在调查问卷中“出生日期”部分备注“阳历”。对于年龄的调查，一方面可以对于样本的年龄分布情况有一个整体认识，另一方面在后期的研究中可以考虑年龄与其他相关变量的关系。

---

① Broidy L. & Agnew R., *Gender and Crime: A General Strain Theory Perspective*, Journal of Research in Crime and Delinquency, Vol. 34: 3, p. 275 – 306 (1997).

（3）婚姻状态。关于婚姻状态的测量主要来源于中国综合社会调查（CGSS）2015年度调查问卷家户问卷。[①] 根据在押犯人的具体情况，考虑到主要犯罪行为发生前其婚姻状态可能有较大变化，此题修改为询问被调查对象犯罪行为发生前合法婚姻的数量，分为未婚、一次、两次、三次及以上。

（4）政治面貌。本研究关注的是基层公职人员的腐败犯罪问题，对于该领域，无论是公开的社会调查还是监狱系统的内部调查，一般均会考虑将该变量作为基本信息。经过前期的预调研，将该题项设置为选择题，因为入狱前多数党员已被明确告知开除党籍，因此本题题项设置为"入狱前政治面貌"，选项分为"A. 共产党员""B. 群众""C. 民主党派"。

（5）文化程度是被调查对象一个基本而又重要的社会特征变量，是其受教育水平的重要指标，更是了解基层公职人员文化素质的维度。对该变量的统计可以让人们清楚地认识到基层公职队伍的整体文化状态。本题采用填空的方式询问，在统计的时候，根据具体情况，将基层公职人员的文化程度分为五个等级，第一是"小学毕业及以下"，包括最高学历为小学毕业、小学肄业、半文盲、文盲等情况；第二是"初中毕业"，包括最高学历为初中毕业、初中肄业；第三是高中或中专毕业，包括最高学历为高中毕业或者中专毕业、高中或者中专肄业；第四是大专毕业，包括最高学历为大专毕业、大专肄业；第五是本科毕业及以上，包括本科毕业及其以上的各类情况。

（6）职务、职级与履历是公职人员的重要社会特征，不同的职务与不同的职级意味着基层公职人员要从事不同的工作内容和承受不同的工作压力与职责。对于职务主要采用的是填空题，询问的是其"被捕前的职务"。因基层公职人员职务会有发生调整的情况，此题只需要填写被捕前的职务即可，通过该题可以对其公职身份有直观的认识。职级根据实际情况，要包括乡镇干部和村（居）委会干部，共划分为六个选项，分别是"无职级""科员""副科""正科""副处""正处及以上"。无职级主要对应的是村（居）委会的干部和乡镇政府中一些工人编制、企业编制等的公职人员。一般乡镇党委书记

① 《中国综合社会调查（2015）》，载中国国家调查数据库2015年，http：//www. cnsda. org/index. php？ r = site/article&id = 164。

为正科级干部，但是在实际调研和相关文献中发现，许多地方在不断尝试基层政权探索式改革，偶尔可能出现一些副处级或者以上级别乡镇干部的情况，因此该题设置了上述六个选项。至于履历，主要是让其填写“被捕前十年的履历（年份、所在单位、所任职务）”。该题也是根据相关专家的建议设置的，主要原因是：一是能够对其是否是基层干部的身份有较为准确的判断，二是能够对其工作环境与实际情况有一个认识的依据。

（7）社会阶层。关于社会阶层的内涵和外延，学界有一定的争议。经过比较不同学术观点，笔者比较倾向于娄世艳在综合众多观点中给出的定义：社会阶层是根据不同评价指标划分出的具有相同或相似社会地位的一群人组成的社会群体或社会集团。[①] 具有相同或相似地位的人的想法和价值观更易趋近，因此也可以更清楚地认识该群体在社会中的位置以及其可能会有的观念。社会阶层的测量由两道题目组成，第一道采用的是中国综合社会调查（CGSS）2012 年度调查问卷（居民问卷）[②] B 卷中的第 A64 题，原题是：“你家的家庭经济状况在所在地属于哪一档？远低于平均水平……1；低于平均水平……2；平均水平……3；高于平均水平……4；远高于平均水平……5。”在本研究中，结合罪犯的具体情况和前期预调研的基础，将题目改编为犯人经常表达的词语，即“被捕前在单位或村（居）中的富裕程度：A. 上层 B. 中上层 C. 中层 D. 中下层 E. 下层”。该题主要关注的是被调查者的经济地位。第二道题采用的是中国综合社会调查（CGSS）2015 家户问卷[③]中的第 A43 题第 2 小题，原题为“在我们的社会里，有些人处在社会的上层，有些人处在社会的下层。这张卡片【出示示卡 4】的梯子要从上往下看。最高‘10 分’代表最顶层，最低‘1 分’代表最底层。2. 你认为你 10 年前在哪个等级上？”由于无法出示卡片，且主要的调查对象是在押犯人，所以将该题调整为“在我们的社会里，有些人处在社会的上层，有些人处在社会的下层，最高‘10

① 娄世艳、芦嘉迪：《社会阶层评价指标研究的演进、成就与困境》，载《贵州财经大学学报》2020 年第 1 期。

② 《中国综合社会调查（2012）》，载中国国家调查数据库 2012 年，http：//www. cnsda. org/index. php？ r = projects/view&id = 85111874。

③ 《中国综合社会调查（2015）》，载中国国家调查数据库 2015 年，http：//www. cnsda. org/index. php？ r = site/article&id = 164。

分’代表最顶层，最低‘1 分’代表最底层，你认为你犯罪前在哪个等级上？”

（8）涉及主要问题和发案位置。该问题的设置是基于前期预调研过程中的发现，即通过与调查对象的访谈，发现其涉及的问题具有一定程度的集中趋势。从目前的初步调研情况来看，具有一定比例的腐败犯罪涉及征地拆迁款，即当地因各种发展的需要，例如建开发区、修高铁、修高速、修收费站等而涉及各种征地拆迁的补偿款。补偿款包括的内容较多，主要涉及的是地皮和地上附着物。此外，较为集中的是涉及插手各类施工项目，比较常见的是插手各类基础设施建设。除上述两种之外，还可能涉及扶贫资金、退耕还林款、移民搬迁款、修路补贴款等。因此，设置该题主要是想对于基层腐败涉及的主要问题进行一般性的描述统计，从而期望发现集中趋势上的规律。其实，在认识到涉及的主要问题可能会有一定的集中趋势的过程中，也会发现一定的区域规律，即上述问题的发生具有比较强的地域规律性。从前期的调研情况来看，在基层的地域分布上，初步呈现出三种基本的类型：一是较为明显的城乡接合地区，其实上述涉及的许多问题，均和城乡接合部这一大背景有密切的关系，该类型在数量和占比上较为突出，与涉及的主要问题密不可分；二是广大的普通农村地区，该地区的问题较多，但是一个明显的特征是农村地区面积较为广泛，成熟的城区化地区面积并不如广大的农村地区，因而仅从数量上看，农村地区应当较多，但事实上，如果数量能够除以面积换算成相对值，可能农村地区并不一定那么突出；三是完全的城区地区，该地区的问题会存在，但是整体感觉数量和严重程度并不十分突出，这可能与城区的基层公职人员的职权大小有一定关系，但是在城区地区值得注意的地方是城中村地区。除上述三种主要地区类型外，还发现一些比较有特色的区域位置，包括自然资源丰富地区、牧区、山区或者半山区等。因此，对于涉及的问题和发案的位置会给我们认识基层腐败犯罪的问题有一定较为清晰的视角和轮廓，所以在问卷中加上上述两题，作答方式是填空题。

（9）主要犯罪事实。主要犯罪事实的设定主要是考虑对于调查对象的犯罪情况有一个较为全面的了解，一方面可以对一些细节问题有一定的了解，另一方面也可以借此对调查对象的相关犯罪情况有一定的验证。该题的编制主要是起细节了解和验证信息等辅助作用。

（二）主模块的编制

主模块的编制主要是依据理论对调查对象的压力源开展测量。纵观中外，有关压力的量表众多，形式各异，涉及的学科领域也较多。常涉及的领域是医学、临床心理学等，医学如方良玉等的《肿瘤患者压力性损伤风险评估量表的编制及信效度检验》[①]、张弘等的《基于 CT 的 DESH 量表评分在特发性正常压力脑积水中的应用》[②]，临床心理学如韩燕等的《压力知觉量表在抑郁症状阴性和阳性人群中的测量等值性》、潘登等的《压力信念量表在中国大学生群体中的信效度检验》等。事实上，本研究关注的是基层公职人员的压力源，其本质上是以工作方面压力为核心的综合压力源。从行业看，前人有关压力源的测量中主要关注的是教师、企业工作人员、医护人员等，而与公职人员相关的压力源测量并不多。较有代表性的是封丹珺等的《公务员工作压力源问卷的初步编制》，其通过访谈的方式编制问卷，通过项目筛选、信效度检验，最终构建公务员工作压力源的 7 个维度：上级领导、工作责任、人际关系、工作任务、工作性质、完美倾向和职业前景。[③] 该研究对本研究具有一定的参考借鉴价值，只不过本研究关注的是基层公职人员，而上述研究并未专注于基层公职人员，在研究对象上具有一定的差异，因此上述 7 个维度的问卷并不能直接为本研究所使用。此外，蔡太生等在《领导干部工作压力源量表的编制》中采用文献检索、问卷调查、访谈、专家评定等方法，建立处级领导干部工作压力源量表的理论构架和条目内容，随后采用项目分析、探索性因素分析对量表结构进行探究。[④] 蔡太生等的研究对象主要是处级领导干部，与本研究的研究对象在职级上有着非常大的区别，因而，该研究量表也不能直接用于本研究。此外，王莹莹的《处级领导干部工作压力源量表的编

① 方良玉、金静芬、孙红玲等：《肿瘤患者压力性损伤风险评估量表的编制及信效度检验》，载《护理与康复》2019 年第 11 期。

② 张弘、何文杰、林帆等：《基于 CT 的 DESH 量表评分在特发性正常压力脑积水中的应用》，载《放射学实践》2019 年第 11 期。

③ 封丹珺、石林：《公务员工作压力源问卷的初步编制》，载《中国心理卫生杂志》2005 年第 5 期。

④ 蔡太生：《领导干部工作压力源量表的编制》，载《中国心理卫生协会．第七届全国心理卫生学术大会论文汇编》，中国心理卫生协会 2014 年版。

制》也编制了针对处级领导干部的量表，建构了6个维度的压力源：工作职责、上级领导、工作性质、人情问题、家庭支持以及完美倾向。[①] 郑璐的《警察工作压力研究：压力源量表编制及应激模型的建立》，最终分析出警察工作的20个压力事件，并分成三个维度：社会公众层面、组织制度层面和工作特征层面。[②] 此外，莫卡拉米（Mokarami Hamidreza）等的《Reclassification of the work－related stress questionnaires scales based on the work system model：A scoping review and qualitative study》将工作压力源划分为5个维度：工作（任务）、组织状况、个体特征、技术和工具以及物理环境。[③] 弗朗兹·安娜（Frantz Anna）等在（*The Work Stress Questionnaire*（*WSQ*）—*reliability and face validity among male workers*）一文中对于不同性别的研究对象在工作压力源上的差异以及量表的信效度进行了检验。[④] 上述研究在其具体领域均编制了具有一定信效度的压力源量表，但是其与本研究对象始终不能完全一致，导致其量表不能直接为本研究所用。本研究对象与以往的研究对象的主要差异体现在4个方面：一是本研究对象是基层公职人员，主要包括乡镇干部和村（居）委会干部；二是本研究对象是将基层各个层级的公职人员全部纳入，不仅包括领导干部，普通的工作人员也纳入其中；三是针对监狱在押的服刑犯人员做的测量；四是针对中国做的研究，在研究对象上完全与本研究相一致的非常少。此外，关于该领域的通用性工作压力源量表也较难使用，因为本研究对象的特殊性较强。综上考虑，本研究根据前期预调研的访谈成果独立开发一套专门针对监狱在押的原基层公职人员压力源量表。

根据前期的预调研，基层公职人员的压力源主要来自6个方面：办事资源压力、不良亚文化压力、工作冲突压力、经济刺激压力、人情世故压力、

---

① 王莹莹：《处级领导干部工作压力源量表的编制》，中南大学2012年硕士学位论文。

② 郑璐：《警察工作压力研究：压力源量表编制及应激模型的建立》，浙江大学2013年硕士学位论文。

③ Mokarami Hamidreza & Toderi Stefano, *Reclassification of the Work－related Stress Questionnaires Scales Based on the Work System Model：A Scoping Review and Qualitative Study*, Work（Reading, Mass.）, 2019.

④ Frantz Anna & Holmgren Kristina, *The Work Stress Questionnaire*（*WSQ*）—*Reliability and Face Validity among Male Workers*, BMC Public Health, Vol. 19：1, p. 1－8（2019）.

政治前途压力。在量表编制过程中，本研究遵循目前国外发展“短板问卷”的主流趋势，尽量保证问卷短而精。此外，需考虑编制的题项要尽量将每个维度中的内容全部覆盖。“表2.3 主轴式编码和选择式编码及其参考节点”中详细展示了各个维度的主范畴，其中办事资源维度最多，包括6个主范畴。为使各个维度保持一致且保证有足够的题量，考虑每个维度均编制7道题目，所有的题目均采用选择题，使用李克特五点量表编制。

工作冲突压力。工作冲突压力主要包括5个主范畴，分别是“付出大于回报冲突”14个参考点、“任务指标摊派压力”3个参考点、“维护稳定压力”12个参考点、“遭受威胁骚扰压力”3个参考点、“执行冲突压力”6个参考点。其中“付出大于回报冲突”所占的参考点最多，考虑该点出题两道，“你觉得你工作的辛劳程度是怎样的?”“你觉得你的工作付出与回报相比而言怎样?”其他4个主范畴题目包括“你原单位给你摊派的工作任务指标给你带来的压力如何?”“你原工作中遇到的上访维稳事件给你带来怎样的烦恼?”“你原工作中遇到的矛盾纠纷是否比较容易化解?”“你或者你的家人是否曾因为你工作的事情被他人威胁或者骚扰或者纠缠?”“在正常履行工作职责的过程中，群众不配合是否会让你内心特别不舒服?”

办事资源压力。办事资源压力分别包括“被逼创收压力”6个参考点、“单位财务运营压力”12个参考点、“招待压力”8个参考点、“争取上级部分支持压力”4个参考点、“争取现管领导支持压力”3个参考点、“垫钱贴钱压力”7个参考点。其中，“单位财务运营压力”参考点最多，考虑编制两道题目，“你原单位给你正常的工作开销保障不到位的感觉怎么样?”“你是否为单位正常开销不足而感到苦恼?”其他主范畴各编制一道题目，分别是“为了工作，出去要钱、‘创收’的内心感觉怎样?”“你原单位各类接待给你造成多大的压力?”“为争取领导对你工作经费或者政策等方面的支持你承担的压力有多大?”“为争取上级单位对你或你单位工作的经费或者政策等方面的支持你承受的压力有多大?”“对于因为工作需要而你自己垫钱或者贴钱心里不舒服感有多强?”

经济刺激压力。经济刺激压力包括“生存刺激压力”9个参考点、“发展刺激压力”13个参考点、“享受刺激压力”4个参考点。享受刺激压力最少，只占15.38%，约占1/7，因此，“享受刺激压力”编制一道题，即“了解到或者随着他人享受到高档汽车、场所等，给你带来多大的刺激?”“生存刺激压力”和“发展刺激压力”各编制6道题，分别是“你在原单位的各类工资福利待遇加起来供养家庭的压力有多大?”“与你周围接触的老板、群众等相比，你各类工资待遇福利给你造成的压力大吗?”“与你的亲朋、发小相比，你这么多年在体制内的工资福利给你造成的负面心理刺激有多大?”“家庭开支等基本经济上支出给你造成多大危机感?”“因为工资待遇等保障不够从而给你的个人及家庭发展造成的不满有多大?”“你的正常收入支撑不起家人更好的住房、用车或者孩子得不到更好的读书环境，由此给你带来的不舒服感有多强烈?”

政治前途压力。政治前途压力包括“保护伞压力”4个参考点、“超越职权压力”4个参考点、“成绩否定压力”1个参考点、“权力压制压力”1个参考点、“提拔无望刺激”7个参考点。首先，“成绩否定压力”和“权力压制压力”参考点数量最少，考虑各编制一道题，分别是“为了做好本职工作上的事情，你付出了大量的辛劳和努力，而领导只关注表面的结果，并未关注你的大量具体的工作，由此给你的内心带来多大程度上的不舒服感?”“领导对你具体负责的工作直接打乱、横加干预，由此给你造成多大的负面情绪?”其次，“提拔无望刺激”参考点较多，编制三道题，分别是“感觉到自己提拔没有什么希望，由此给你带来的失望感有多强烈?”“想到更好的单位或者更好的地区工作，而难以实现，由此给你带来的负面情绪有多强?”“有些人轻轻松松，没怎么干活就得到提拔，而你付出较多却一直得不到提拔，对此，你的负面情绪有多大?”最后，剩下的两个主范畴分别编制一道题：“你在正常工作过程中，各类关系户或者保护伞通过各类渠道联系你请你违规关照某人或某事由此给你带来的压力有多大?”“领导的某些超过你正常职权范围或涉嫌一定程度上违规的工作要求，给你带来的压力有多大?”

不良亚文化压力。不良亚文化压力包括“腐败惯性压力”3个参考点、“腐败亚文化压力”8个参考点、“潜规则压力”8个参考点、“权力寻租文化”1个参考点。“权力寻租文化”参考点最少，编制一道题，即“通过自己手上的一定公权力去解决私人的一些问题，从而为你个人或工作上的发展做好投入和铺垫，你认为此种情形你情感上非常认同吗？”另外三个参考点各编制两道题，即“你有一定的资源、有一定的权力、有一定人脉，但是不如你的人比你过得更好，你心里平衡吗？”“你退休以后，没了权力、待遇也降低了，你的孩子和家人得不到你退休前的那些保障，对此你的心理危机感有多强？”“你之前一直收到他人的财物，如果你忽然拒收了，你会承受多大的心理压力？”“你认为你站在一定的位置，在一定的层次上，你的穿衣着装、出行等待遇应该得到你那个位置绝大多数干部应该享受到的待遇？”“上级领导来了，你认为严格按照八项规定精神，不搞额外的招待、接送、不送礼品等，你心里有多大的压力？”“你认为对于老板和下属等的烟酒等一概不收，所谓的不食人间烟火、特立独行，你认为你的工作开展起来压力有多大？”

人情世故压力。人情世故压力主要包括“过节人情往来压力”1 个参考点、“亲人亲戚等人情压力”5 个参考点、“朋友感情压力”3 个参考点。首先，“过节人情往来压力”参考点最少，编制一道题：“逢年过节时，如果不给你的相关领导意思意思表示表示，你心里会有多大的压力？”其次，“朋友感情压力”较少，编制两道题，即“你非常要好的朋友请你帮办一件你能力所及但是有可能违规违纪的事，你拒绝了，你觉得你是否非常不够意思？”“你非常信赖的朋友在你帮他办完事后主动给你送来一笔感谢费，你心中有多大压力？”最后，“亲人亲戚等人情压力”参考点最多，而且亲人、亲戚的感情重要程度也会有差异，因此考虑对此分层次编制 4 道题，即“你的亲戚需要运用你手中的职权帮忙，经常到你家里来找你，甚至来闹你、跟你吵，这个给你带来多大程度烦恼？”“如果你违规帮了一位亲戚的忙，其他的亲戚遇到类似的事情再找你帮忙的话，你拒绝的压力有多大？”“你老婆等亲人鼓励和支持你通过做一定违规的事情从而获取财物等利益，而你并不十分愿意，由此给你带来多大程度烦恼？”“你老婆等亲人希望你做某些可能涉及违规的行为，而你拒绝了，你认为由此给你带来的不安程度有多大？”

最终，在该模块共分 6 个维度编制 42 道题目，42 道题作为主模块初始测量题项，一并纳入整个问卷中进行测试。关于测量时间问题，按照犯罪学界主流研究时间范畴，参考艾格纽等[①]、霍夫曼等[②]、马泽勒等[③]的研究，询问受访者在主要犯罪行为发生前一年里所经历的压力事件。关于主模块即压力量表更为深层次与详细的开发与检验分析在后文有所介绍。

（三）分量表的选取与编制

分量表模块主要报告研究中所使用的价值观量表、生活满意度量表和社会责任感量表的选取与编制。

1. 价值观量表的选取

关于价值观的测量量表较多，涉及的学科领域也较多，但是与本研究主题相关的使用价值观开展测量的并不多，其中影响力较大的是德国波恩大学的布利克勒教授等的研究，其在《商业白领犯罪的某些人格关联》（*Some Personality Correlates of Business White – Collar Crime*）一文中，以150名德国公司的白领和76名在押的白领犯人为研究对象，以贪污罪等常见白领犯罪罪名为主要犯罪类型，使用施瓦茨价值观量表等对两组研究对象开展测试。测试结果显示，价值观对白领犯罪具有显著影响。虽然中国刑事司法实务中并没有明确的"白领犯罪"的概念，但是从犯罪学学术角度而言，本研究对象——基层公职人员，与布利克勒研究中的商业白领具有一定的相似性，因而其研究中使用施瓦茨价值观量表对于本研究具有一定的参考和借鉴价值。此外，值得关注的是布利克勒等的研究中重点测量的是施瓦茨价值观中的享乐主义价值观。

在全球各地的研究中，施瓦茨等开发的测量价值观量具主要发展为两个较为成熟的量表，分别是SVS（施瓦茨价值观量表）和PVG[④]（肖像价值观问卷）。近年来，SVS在中国多地被试测过并取得了良好效果，1995年至1997年和2003年库利奇（Kulich）和他的研究助手将SVS在中国的调查研究

① Agnew R. & White H. R. , *An Empirical Test of General Strain Theory*, Criminology, Vol. 30: 4, p. 475 – 500 (1992).

② Hoffmann, John P. & Alan S. M. , *A Latent Variable Analysis of General Strain Theory*, Journal of Quantitative Criminology, Vol. 141: 1, p. 83 – 110 (1998).

③ See Paul Mazerolle & Jeff Maahs, *General Strain and Delinquency: An Alternative Examination of Conditioning Influences*, Justice Quarterly, Vol. 17: 4, p. 753 – 778 (2000).

④ 李玲、金盛华：《Schwartz价值观理论的发展历程与最新进展》，载《心理科学》2016年第1期。

中充分运用，[①] 在“上海中国价值观项目（Shanghai Chinese Values Project）”的支持下为 SVS 的深入运用作出了重要贡献。2004 年，马博虎、惠平山以陕西省高校中的本科生为调查研究对象，使用 SVS 为测量工具，随机抽取 4 所陕西高校的 1000 名大学生发放调查问卷，对当代大学生的价值观现状做出调查。[②] 2008 年，上海外国语大学的张扬帆在其硕士学位论文中，使用 SVS 对上海、北京两地 210 名研究生和大学生进行了问卷调查和采访，调查大城市大学生的价值偏向，同时对施瓦茨价值观的本土化研究做出了一定尝试。[③] 而苑爱冬在 2009 年的硕士学位论文《斯沃茨价值观理论的普遍性——斯沃茨价值观研究工具在中国的应用及中国年轻工作者的价值观偏向》中对 17 个省市的 98 名白领的调查研究也验证了 SVS 在中国的适用性。[④] 此外，类似的研究还有钟敏的《中国人价值观在施瓦茨普世价值理论框架下的跨文化可比性：来沪外来务工人员与上海本地居民的价值观实证研究》[⑤] 等。

综上所述，施瓦茨价值观量表在白领犯罪的研究和中国的研究中均得到了一定程度的检验和验证。由此，将施瓦茨价值观量表应用在中国的基层公职人员腐败犯罪的测量上具有一定的可行性，因此尝试将施瓦茨价值观量表编入本研究问卷之中。但是施瓦茨价值观量表题目数量过多，全部放入本研究问卷中会使本问卷过长。而事实上在格哈德·布利克勒等的研究中也只测试享乐主义价值观这一个变量，根据更新后的施瓦茨价值观量表，享乐主义价值观从属于自我增强维度，而该维度下属的变量中除享乐主义价值观外还有成就价值观和权力价值观，[⑥] 因此，本研究考虑节选施瓦茨价值量表中的自

---

① Kulich, S. J. & Zhu M., *Getting to the Core of Culture – introducing the Shanghai Chinese Values Project* (*SCVP*), in Y. F. Wu & Q. H. Feng et al., Foreign Language and Culture Studies, Shanghai: Shanghai Foreign Language Education Press, 2004, p. 805 – 832.

② 马博虎、惠平山：《对陕西省大学生价值观现状的调查分析》，载《西北农林科技大学学报（社会科学版）》2004 年第 1 期。

③ 张扬帆：《在中国文化背景下考察斯沃茨人类基本价值观理论》，上海外国语大学 2008 年硕士学位论文。

④ 苑爱冬：《斯沃茨价值观理论的普遍性——斯沃茨价值观研究工具在中国的应用及中国年轻工作者的价值观偏向》，上海外国语大学 2009 年硕士学位论文。

⑤ 钟敏：《中国人价值观在施瓦茨普世价值理论框架下的跨文化可比性：来沪外来务工人员与上海本地居民的价值观实证研究》，上海外国语大学 2010 年硕士学位论文。

⑥ 李玲、金盛华：《Schwartz 价值观理论的发展历程与最新进展》，载《心理科学》2016 年第 1 期。

我增强维度。

具体的施瓦茨价值观量表问卷来自库利希（Kulich①）的文章。量表题目直接采用，仅对提示语中的称谓做出修改，将“您”字改为“你”字。该处的修改主要考虑的是调查对象的特殊性，因为监狱在押犯人是国家教育和劳动改造的对象，按照监狱部门的意见，对在押犯人称呼用“您”不合适，所以将此处修改为“你”（量表具体内容详见附录）。

2. 生活满意度量表的选取

艾格纽一般紧张理论中的中介变量是负面性或消极性情感，具体可以包括愤怒、挫折感、不满、沮丧、担忧等。② 美国佛罗里达大学（University of Florida）的林恩·兰顿（Lynn Langton）等学者在其文章《一般紧张理论可以解释白领犯罪吗？压力与有地位的白领犯罪之间关系的初步调查》（*Can general strain theory explain white - collar crime? A preliminary investigation of the relationship between strain and select white - collar offenses*）中通过 1910 个样本的间接数据进行分析得出结论：白领犯罪中的紧张和消极情绪可能与其他犯罪人群有所不同。而且，其在研究中指出，艾格纽的一般紧张理论对于解释中底层白领犯罪最为有效。值得关注的是，林恩·兰顿不仅指出了白领犯罪中的消极情绪与一般犯罪并不一样，而且在研究中对于负面情绪的测量使用的方法也比较特别——其在研究中引入“动机（motivation）”这一概念用于对负面情绪的测量。林恩·兰顿在其研究中明确指出：虽然动机不是一个纯粹的负面影响的衡量标准，但它确实反映了负面情绪的精神，动机是促使犯罪做出犯罪行为的因素，个人动机包括消极情绪的测量。事实上，林恩·兰顿之所以采取这种测量负面情绪的方法主要是受限制于其所能获得的数据。林恩·兰顿等能获取的只是二手资料。对于该问题，林恩·兰顿也在其文章的研究局限一部分做出了明确的交代。考虑对于负面情绪的测量并不采用一般测量负面情绪的量表，而前人的研究中也依据掌握数据材料的不同而采用自

---

① Kulich S. J. , *Applying Cross - cultural Values Research to "the Chinese": A Critical Integration of Etic and Emic Approaches* (Ph. D. diss. , Humboldt University, 2010).

② See Agnew R. , *Foundation for a General Strain Theory of Crime and Delinquency*, Criminology, Vol. 30: 1, p. 47 - 88 (1992).

己的测量方式，在本研究中很有必要根据中国基层公职人员的实际情况而采用更加本土化的测量方法。既然理论和前人的研究很难明确给出中国因地制宜地测量负面情绪的方法，那么比较可行的方式就是从监狱在押的原基层干部角度考虑。笔者在与监狱在押原基层干部的多次深入接触和访谈后，除明显感受到其在基层工作时的压力外，也感受到其在犯罪行为发生时确实有些负面情绪的流露。但是这样一种负面情绪主要表现出来的是一种不满，一种整体上对于自己在基层生活状态的不满意。由此可知，对于基层公职人员而言，其负面情绪体现的是一种对于生活的不满，因而考虑测量监狱在押犯人对于其在犯罪行为发生之前的生活满意状态。

关于生活满意度概念的界定，国内应用较为广泛的是苗元江提出的概念，即生活满意度是认知性的，当个体感到满足了自己的需要时，会根据先前设定的标准来评价这一需要的满足程度，这种标准来自各种期望值的整合。① 国外茜恩（Shin）等学者认为生活满意度指的是评估个体按照自己设定的标准对自己大部分时间或持续一定时期内生活状况的总体性认知评估。② 安德鲁斯（Andrews）等学者认为生活满意度是个体对自己生活质量的主观体验，也是衡量个人生活质量的综合心理指标。③ 虽然具体的定义内容有所差异，但是总体而言，生活满意度是个体对于自己一定时期内的生活状态的总体的主观认知评估，因此生活满意度的测量基本符合我们研究中希望测量的内容。而事实上生活满意度还有具体的划分，根据学者田丽丽等的研究，生活满意度分为一般生活满意度和特殊生活满意度，一般生活满意度是指对生活质量的总体评估，特殊生活满意度是对不同生活领域的具体评价，具体可以包括婚姻满意度、学校满意度、工作满意度等。④ 学者迪纳（Diener）等也曾在其研究

---

① 苗元江：《心理学视野中的幸福——幸福感理论与测评研究》，南京师范大学 2003 年博士学位论文。

② Shin D. C. & Johnson D. M. , *Avowed Happiness as An Overall Assessment of the Quality of Life*, Social Indicators Research, Vol. 5: 1 – 4, p. 475 – 492 (1978).

③ Andrews F. M. & Robinson J. P. , *Measures of Subjective Well – being*, Measures of Personality and Social Psychological Attitudes, Vol. 1, p. 61 – 114 (1991).

④ 田丽丽、刘旺、Rich Gilman：《国外青少年生活满意度研究概况》，载《中国心理卫生杂志》2003 年第 12 期。

中指出特殊生活满意度并不如一般生活满意度稳定。[①] 综合考虑，对于监狱在押的犯人的负面情绪测量采用一般生活满意度更为合适。

生活满意度的主要代表性测量工具有生活满意度量表（Satisfaction With Life Scale，SWLS）、生活满意度评定量表（Life Satisfaction Rating Scale，LSRS）、多维学生生活满意度量表（Multidimensional Students' Life Satisfaction Scale，MSLSS）和生活满意度知觉量表（Perceived Life Satisfaction Scale，PLSS）。这些量表的信效度都得到了一定程度的验证，其中生活满意度量表和多维学生生活满意度量表应用最广，其跨文化稳定性已得到初步验证。[②] 多维学生生活满意度量表并不适合对监狱在押的服刑人员的测量，而生活满意度量表因其应用广泛和跨文化稳定性最适合本研究。

生活满意度量表（SWLS）是由学者迪纳（Diener）等于1985年开发的，原始量表发表于《生活满意度量表》（*The Satisfaction With Life Scale*）一文，[③] 由5条项目组成，采用7级计分法，分数越高，满意程度越高。1993年，帕沃特（Pavot）和迪纳合作发表《对生活满意度的评论》（*Review of The Satisfaction With Life*）一文，报告该量表的信度系数达到0.80。[④] 随后，该量表在我国相关领域研究中得到广泛应用。本研究中所使用的是学者迪纳等于1985年发表论文时的原始量表（量表具体内容详见附录）。[⑤]

3. 社会责任感量表

社会责任感量表在本研究中并不直接参与结构方程模型的构建，主要作为成熟量表对CPOSS进行校标效度检验。之所以使用社会责任感量表是因为格哈德·布利克勒（Gerhard Blickle）等学者曾在白领犯罪的实证研究中探讨

---

① Diener E.，Suh E. & Oishi S.，*Recent Findings on Subjective Well－being*，Indian Journal of Clinical Psychology，Vol. 24，p. 25－41（1997）.

② Diener E.，*Subjective Well－Being*，Psychological Bulletin，Vol. 95：3，p. 11－58（1984）.

③ See E. Diener 1，R. A. Emmons et al.，*The Satisfaction With Life Scale*，Journal of Personality Assessment，Vol. 49：1，p. 71－75（1985）.

④ Pavot W. & Diener E.，*The Affective and Cognitive Context of Self－reported Measures of Subjective Well－being*，Social Indicators Research，Vol. 28：1，p. 1－20（1993）.

⑤ See E. Diener，R. A. Emmons et al.，*The Satisfaction With Life Scale*，Journal of Personality Assessment，Vol. 49：1，p. 71－75（1985）.

过社会责任感与白领犯罪的关系。[①]

本研究中所使用的社会责任感量表与布利克勒等的研究保持一致，均采用来源于明尼苏达量表的社会责任分量表。本研究采用明尼苏达多相人格调查表（MMPI－Ⅱ）中的社会责任分量表（Re）进行测量。[②] 该量表共有32题，每题回答是否，按照回答“是”或“否”的个数计分。其中，答“是”计分题为第6、7、11、12、14、18、21、28、30题，共计9道题目，其他23道题目为反向计分。此量表是评估一个人愿意对自己的行为负责任和对社会团体尽义务的程度，得分越高，表明个体越倾向于按照社会规范行事，且维护社会规范的意愿越强烈（量表具体内容详见附录）。

（四）附加模块的编制

附加模块的编制主要包括“腐败信念”的测量和“腐败行为”的测量两个部分。

1.“腐败信念”的测量

在犯罪学的研究中，“信念”是一个重要的测量概念。艾格纽在研究中，非常重视不良行为同龄人接触和不正常信念对于犯罪行为的影响。艾格纽以及其他紧张理论学派的学者广泛使用“信念”这一概念。艾格纽在其早期的研究中曾明确指出，反对犯罪的道德信念可能抑制犯罪压力的作用，而支持犯罪的道德信念可能增强这种作用。艾格纽在近些年的研究中也明确表示，犯罪信念在压力与违法犯罪行为之间起着重要的影响作用，与持有犯罪信念人的接触会增加行为人违法犯罪行为的发生，而以各种方式抑制犯罪信念则有利于抑制犯罪行为的发生。另外，在美国司法部司法计划办公室国家司法研究所资助下，克里斯·梅尔德（Chris Melde）等研究了帮派犯罪，证实培养证明或赞同抑制犯罪信念的行为有利于降低帮派成员的社会控制能力。

---

① See Gerhard Blickle, Alexander Schlegel et al., *Some Personality Correlates of Business White－collar Crime*, Applied Psychology, Vol. 55: 2, p. 220－233 (2006).

② 纪术茂、戴郑生：《明尼苏达多相人格调查表》，科学出版社2004年版。

关于犯罪信念的测量，在犯罪学实证研究领域并不是非常普遍，较早的研究是1981年迈克尔·D. 维特罗夫斯基（Michael D. Wiatrowski）等对于犯罪信念的测量。维特罗夫斯基将之分为两个方面：一是采用诚实指数，具体包括两个问题，第一题是“从不骗人，即使为了朋友也决不骗人”。第二题是“为了帮好友渡难关而歪曲真相”。二是采用罪恶感指数，具体包括两个问题，第一题是“我常常会做让自己后悔的事”，第二题是“我会为做错的事受到自己的良心谴责”。

1986年阿纳斯塔西奥斯·C. 马克斯（Anastasios C. Marcos）等在研究中采用路径模型，将父母的依恋、宗教的依恋、教育的依恋、信念等全部纳入。其中，马克斯等对于信念的测量采用表4.1中的测量量表。

表4.1　马克斯“犯罪信念”测量量表

序号	问题	答项
1	看电影或看球赛，不买票也没关系。	0 = 非常同意；1 = 同意；2 = 不知道；3 = 不同意；4 = 非常不同意
2	要是不会被抓到，偷自行车也没关系。	0 = 非常同意；1 = 同意；2 = 不知道；3 = 不同意；4 = 非常不同意
3	买东西本来就应该付钱。	0 = 非常不同意；1 = 不同意；2 = 不知道；3 = 同意；4 = 非常同意
4	做人本应该循规蹈矩、奉公守法。	0 = 非常不同意；1 = 不同意；2 = 不知道；3 = 同意；4 = 非常同意

资料来源：根据西奥斯·C. 马克斯（Anastasios C. Marcos）等1986年的研究制作，2019年。

1989年罗斯·L. 松枝（Ross L. Matsueda）的研究对于犯罪信念的测量采用三道题目。松枝对传统道德信念和轻微形式的越轨行为之间的动态关系进行了分析，并以此框架为基础，建立了信念和偏差的相互因果结构的动态模型。松枝对信念的测量量表如表4.2所示。

表 4.2 松枝“犯罪信念”测量量表

序号	问题（你认为下列事情对不对？）	答项
1	即使伤人伤己，也要说实话。	1 = 非常不对；2 = 不对；3 = 有点不对；4 = 还好；5 = 对；6 = 非常对
2	即使为了朋友，也决不欺骗。	1 = 非常不对；2 = 不对；3 = 有点不对；4 = 还好；5 = 对；6 = 非常对
3	别人都作弊，我也决不作弊。	1 = 非常不对；2 = 不对；3 = 有点不对；4 = 还好；5 = 对；6 = 非常对

资料来源：根据罗斯·L. 松枝（Ross L. Matsueda）1989 年的研究制作，2019 年。

1989 年，查尔斯·蒂特尔（Charles Tittle）在研究中使用一道题目测量犯罪信念：“你认为故意动手打人是一件多么严重的事？”给出的答项是：“非常严重、严重、有点严重、不太严重，一点也不严重。”

1991 年，艾格纽在研究中使用 4 道题目测量犯罪信念，分别是“和你年龄相仿的人，如果恶意损坏他人的物品，你觉得很错误吗？”“和你年龄相仿的人，如果偷窃价值 5 美元以下的物品，你觉得很错误吗？”“和你年龄相仿的人，如果无缘无故殴打或威胁要打别人，你觉得很错误吗？”“和你年龄相仿的人，如果偷窃价值 50 美元以上的物品，你觉得很错误吗？”

1999 年，芭芭拉·J. 科斯特洛（Barbara J. Costello）等在前人的基础上，使用赫希等于 1965 年在美国加州里士满市（Richmond）的调查数据进行了二次分析和处理。当然，科斯特洛采用了更加复杂的统计方法进行数据处理。科斯特洛“犯罪信念”测量量表如表 4.3 所示。

表 4.3 科斯特洛“犯罪信念”测量量表

序号	问题	答项
1	人们所说的“犯罪”，其实也没真的伤害到谁。	1 = 非常不赞成；2 = 不赞成；3 = 不知道；4. 赞成；5 = 非常赞成
2	想要出头，就得用非常手段。	1 = 非常不赞成；2 = 不赞成；3 = 不知道；4. 赞成；5 = 非常赞成
3	偷车贼虽然可恶，但车主如果忘了把钥匙拔下来，也要负责。	1 = 非常不赞成；2 = 不赞成；3 = 不知道；4. 赞成；5 = 非常赞成

续表

序号	问题	答项
4	只要不被抓到，违法也没关系。	1 = 非常不赞成；2 = 不赞成；3 = 不知道；4. 赞成；5 = 非常赞成
5	笨蛋被占便宜是活该。	1 = 非常不赞成；2 = 不赞成；3 = 不知道；4. 赞成；5 = 非常赞成

资料来源：根据芭芭拉 · J. 科斯特洛（Barbara J. Costello）等 1999 年的研究制作，2019 年。

最后，在犯罪学中测量“信念”尤其是使用一般紧张理论展开测量的研究中，具有较大影响的是马泽勒等的研究。马泽勒等使用来自全国青年调查和意外事件表分析的数据来检验压力—犯罪关系是否受到信念等各种风险因素的制约。其对于犯罪信念的测量量表如表 4. 4 所示。

表 4. 4　马泽勒“犯罪信念”测量量表

序号	问题（和你年龄相仿的人，如有下列行为你认为错误程度如何：）	答项
1	故意损坏或毁坏不属于你的财产？	A. 非常错 B. 错 C. 有点错 D. 一点也不错
2	使用大麻叶或大麻膏？	A. 非常错 B. 错 C. 有点错 D. 一点也不错
3	偷不到 5 美元的东西？	A. 非常错 B. 错 C. 有点错 D. 一点也不错
4	闯入车辆或建筑物偷东西？	A. 非常错 B. 错 C. 有点错 D. 一点也不错
5	无故殴打或威胁殴打他人？	A. 非常错 B. 错 C. 有点错 D. 一点也不错
6	出售烈性毒品？	A. 非常错 B. 错 C. 有点错 D. 一点也不错
7	偷价值超过 50 美元的东西？	A. 非常错 B. 错 C. 有点错 D. 一点也不错
8	考试作弊？	A. 非常错 B. 错 C. 有点错 D. 一点也不错
9	使用酒精？	A. 非常错 B. 错 C. 有点错 D. 一点也不错

资料来源：根据保罗 · 马泽勒（Paul Mazerolle）2000 年的研究制作，2019 年。

上述学者关于犯罪信念的测量针对不同的犯罪类型、不同的研究群体、不同的数据采集方式和不同的数据分析方式，在一定程度和一定方面对于犯罪信念的测量具有重要的意义。综上所述，学者主要采用调查或者二手数据研究青少年的越轨行为，而本研究对象是成年人的腐败犯罪问题，因而与前人的研究具有较大的差异，因此，本研究对于“腐败信念”的测量不可直接采用上述量表。首先，剔除上述量表中一些具体测量青少年越轨行为的问题，在剩下的问题中，普适性较强的问题是关于经济类越轨行为的测量。事实上，腐败犯罪的主要成分也是一种经济类型的犯罪，而与经济类的违法犯罪行为测量最为相关的是艾格纽在1991对于犯罪信念的测量。此外，本研究最主要的理论工具是艾格纽的理论。因此，参照艾格纽对于犯罪信念的测量量表而编制问卷具有现实可操作性。具体提问方式参照艾格纽的问题，采用"和你年龄相仿的人，如果……你觉得很错误吗?"的提问方式，本研究根据具体情况，调整为"在单位和你年龄相仿的干部，如果……你感觉怎么样?"根据本研究的犯罪罪名，即贪污罪、受贿罪、挪用公款罪，分别编制一道问题。此外，根据前期预调研的情况，与犯人的接触和交谈中，他们频繁地提到"利用工作上的便利，给自己或亲友搞了好多好处"与"只要风险不大，收点、拿点也没关系"两种较为明显的信念偏差，因而考虑将上述两种信念偏差一并纳入问卷。由此，在本研究问卷中，关于腐败信念的测量编制上述4道题目。

2. "腐败行为"的测量

对于腐败行为的测量目前没有较好的可直接在中国使用的测量量表，本研究只能参照犯罪学实证研究中的常用方式，① 采用询问被调查者关于不良行为的次数问题的形式进行。由于本研究中的腐败犯罪包括贪污罪、受贿罪和挪用公款罪三种犯罪类型，三种犯罪类型具有非常强的共性。在前期监狱的预调研中，被调查对象对于自身以及他人的腐败犯罪行为的认识和观察主要表述为"收礼办事""收钱办事"以及其他各种类型的为自己或为他人而发生的"利益交换"等。

"收礼办事"，对于收礼办事的情况，主要是通过礼物、礼品换取工作上的或者个人的权益。有的情况下，A50获得他人的一笔费用后，短期内无法偿还，还涉及利息等问题，其只能通过挪用其他费用或给予他人办事方便的方式实现交互。有的情况下，A50等通过单位获得一笔费用，但是在获得该

① See Paul Mazerolle & Jeff Maahs, *General Strain and Delinquency: An Alternative Examination of Conditioning Influences*, Justice Quarterly, Vol. 17: 4, p. 753 - 778 (2000).

笔费用的过程中，基层干部在金钱和感情上均有付出，因而从心理上认为自己因工作“掏了钱”“陪了酒”，也应当从这笔钱中获得一笔自己应得的“好处费”“辛苦钱”“跑腿钱”。对于这一点，原某村支部书记 A31 坦言：“很多干部心理上存在或多或少的心理不平衡，我们所付出的和正常我们所得到的不成比例，我事情要做那么多，就是要马儿跑不要马儿吃草，思想教育让我们有崇高的革命理想，这个我认为，我们是凡夫俗子，我们很少有人境界能到达这么高，这个我就讲实话。”但是，无论怎样的情况，A50 等均实现了“钱”与“权”的交换，虽然收到的钱并非完全被自己据为己有，有的时候甚至是有了完成工作，而交换的“权”也并非多大的利益，但是，A50 等已经逐渐在“收钱办事”中完成利益的交换。在此过程中，许多做法与行为已经触犯相关的法律法规、扰乱公序良俗、带坏工作氛围、助长不良风气、滋生腐败土壤。对于上述情况，作为某村村委会主任 A17 也表示存在：“我向上边有关部门，水利局啊等，和 × × 区有瓜葛的单位，商请，请他们到村委会来考察，这七年时间，我要到将近 400 万。”作为村党支部书记的 A32 更是直接描述道：“到这个科里面去讨这个钱，比如他拨了一万块钱，能够实打实的做事做到五千块钱就已经不错了，相对 OK 了，剩下的 5000 怎么讲，要请人吃饭，招待啊，礼物啊，要买点烟，买点酒送一下啊，慢慢就搞掉。”收钱办事的情况，在基层的征地拆迁工作中体现得较为明显，A15 作为某乡镇的副书记，因征地拆迁工作中的贪腐问题入狱。在基层，收钱与送钱也非常有讲究，送给谁不送给谁，收谁的不收谁的，每个人都有自己的判断和认识。总之，谁的钱都收，谁的事都办，毕竟是少数人。

“其他的利益交换的经历”。A07 作为基层干部，在谈到自己的腐败犯罪行为时认为，纪检部门、检察部门和法院对其腐败犯罪行为的认定在其看来更多的是一种在日常工作中的主动或被动、愿意或者无奈的利益交换。A07 面对的利益交换问题，主要是使用单位的小金库的费用换取领导的信任、喜欢，或者说至少不会让领导厌恶。除此之外，A07 为了多跟上级领导争取一些政策、警力等也不得不跟领导多“跑动”、多套近乎。在 A07 看来，中国是天理人情的社会，事情总离不开人情，所以多攒人情，才能换到自己想要的东西，在中国这样的人情社会，人情到了总能换到，办事如此，在他看来提拔也是如此。这是 A07 在基层工作几十年获得的“经验”，也是他为人处世的价值观。利益交换的形式各式各样，人情中的利益交换在基层形成一定的风气和惯性。

对于上述各类交互与腐败的关系，作为基层干部的 A32 也有着清晰直观的认识，钱、权、色等各种利益交互形成一个个利益圈子。

基于一般紧张理论对犯罪行为的测量，费尔森等已通过实证研究表明，犯罪行为是针对特定类型问题的针对性回应，而不是针对压力的普遍回应。[①] 因此，对于基层公职人员所承受的特定类型的压力，对于其腐败行为的测量也应当采用特定的方式。艾格纽在 2015 年的研究中也早已指明，一般紧张理论可以适应于亚洲社会的犯罪问题研究，只不过在具体的测量上应当结合亚洲社会的特征发挥创造力进行一定程度的修订和拓展。综上所述，本研究对于中国大陆地区基层公职人员腐败行为的测量在结合前人的成果和选取前期预调研中的研究结果的基础上，将相关问题整合为一个独立的大问题，询问调查对象：“在被捕前，你收礼、收钱办事或其他的利益交换的经历有多少？”答项为：“A. 从没有 B. 非常少 C. 比较少 D. 一般 E. 比较多。”值得讨论的是，在最开始的访谈中，笔者曾尝试使用次数作为腐败行为的测量方法，但是在实际中发现，大多数被调查的犯人对次数的回答要么记不清楚，要么含含混混、反反复复，没有确定答案。主要原因可能是：（1）被调查者存有警惕心理。被调查者身处监狱服刑，其罪行已经过法院认定与判决。事实上，基层公职人员受贿、贪污等腐败犯罪行为的次数可能很多，但是法庭调查中查明并认定的往往是事实证据确凿的犯罪行为和次数，被调查对象可能有多次受贿、贪污等腐败犯罪行为因证据不足或被调查者刻意隐瞒等客观原因并没有被法庭认定，所以被调查者在回答这个问题的时候难免存在警惕心理。虽然调查者已向被调查者表明身份和目的，但是被调查者并无法准确判断本次调查的真实意图，而且，在监狱这个特殊的环境下，服刑的犯人是很难做到彻底放下警惕的，所以对次数的回答往往是含糊其词的。（2）时间跨度较

---

① Felson R. B., Osgood D. W. et al., *Having a Bad Month: General Versus Specific Effects of Stress on Crime*, Journal of Quantitative Criminology, Vol. 28: 2, p. 347 – 363 (2012).

长。被调查者的平均年龄是 52 岁，年纪较大，一般而言时间顺序是如此的：在较长时间跨度内有多次腐败行为，在遇到本次调查前又会经历被纪检监察部门调查阶段、检察院审查起诉阶段、法院审判阶段、服刑阶段等，由此可以发现，本次调查距离被调查人的腐败行为发生时间较远，有些诸如次数等细节内容确有可能记忆不清。

三、中国公职人员压力量表的研究过程与检验

本部分旨在使用 GST 发展和验证可能引起腐败犯罪的中国基层公职人员压力量表。通过以下三项研究来开发和检验中国公职人员压力量表（Chinese Public Official Strain Scale，CPOSS）。研究 1 通过对被判犯有腐败罪名的原基层公职人员的访谈，建立了初始项目池。研究 2 采用探索性因子分析（EFA）方法，对 21 所监狱的罪犯进行 CPOSS 的潜在结构分析。研究 3 采用验证性因素分析（Confirmatory Factor Analysis，CFA）和项目反应理论（Item Response Theory，IRT）来评估 CPOSS 的心理测量学特性。此外，使用社会责任量表、生活满意度量表和施瓦茨价值观量表的两个维度来进行 CPOSS 的校标检验。

GST 是一种描述压力如何诱发犯罪的现代理论。[①] 它假设来自外部环境的压力刺激了个体对压力的感知，从而导致消极的情绪反应，并最终放大了犯罪活动作为应对压力策略的可能性。[②] GST 被广泛用于解释外部压力与犯罪行为，尤其是街头犯罪之间的关系机制。[③] 尽管最近有一项研究扩大了 GST 对白领犯罪的适用范围，但相关的实证研究仍然很少。研究不足的一个可能解释是，缺乏相应的研究来开发一种导致白领犯罪压力的适当的测量工具。其

---

① See Paul Mazerolle & Jeff Maahs, *General Strain and Delinquency: An Alternative Examination of Conditioning Influences*, Justice Quarterly, Vol. 17: 4, p. 753 – 778 (2000).

② See Agnew R., *Foundation for a General Strain Theory of Crime and Delinquency*, Criminology, Vol. 30: 1, p. 47 – 88 (1992).

③ See Stephen W. Baron, *Street Youth, Unemployment, and Crime: Is It that Simple? Using General Strain Theory to Untangle the Relationship*, Canadian Journal of Criminology and Criminal Justice, Vol. 50: 4, p. 399 – 434 (2008).

与行之有效的街头犯罪压力测量方法不同。[①] 由于街头犯罪与白领犯罪之间存在差异，街头犯罪研究中使用的压力测量不能直接用于白领犯罪，这限制了解释压力与白领犯罪之间关系的实证研究的进一步发展。某些犯罪是由某种类型的压力驱动的。尽管压力的共同特征增加了街头犯罪和白领犯罪，如未能实现积极价值的目标，积极刺激的去除和消极刺激的存在，但二者的压力的形式可能是截然不同的。与街头犯罪相比，白领犯罪更容易被经济目标受阻、地位目标无法实现和工作相关压力源的存在所激发。其中，艾格纽等得出的结论是，个人或家庭财务状况不满意是最关键的压力源。因此，在之前的研究中使用的测量和量表不能直接适用于白领犯罪，因为导致街头犯罪的压力与导致白领犯罪的压力并不平行。

兰顿等的研究被引用最多的或许也是唯一的大规模量化研究强调了应用GST来解释白领犯罪驱动的可行性，特别是在底层人群中。然而，正如作者所承认的，在他们的研究中对压力的操作化并不能抓住直接导致白领犯罪的压力。兰顿等的研究采用了"白领犯罪的性质和制裁"中的数据[②]，使用了6个事件来衡量个人压力：合法婚姻的数量被假定为积极刺激的消除，邻域状态代表负刺激的存在，学业成绩、资产、负债3个事件被视为未能实现正向价值目标，而就业历史则被解释为积极刺激的消除和积极价值目标无法同时实现。然而，这些压力可能是普通大众经历的，而不仅是白领罪犯。此外，一些压力如学业成绩和婚姻数量，可能没有足够的内容效度来捕捉白领犯罪的真实压力，因为这些事件可能发生得太早。因此，仍然迫切需要描述白领罪犯所经历或感知到的独特压力的量表，并具有足够的有效性。

（一）相关实证研究

尽管缺乏导致白领犯罪的压力的直接测量工具，以前的研究人员已经以GST为框架开发了各种策略来测量警察的压力。虽然警察所承受的压力可能与其他白领所承受的压力有所不同，但警察的不当行为和白领犯罪都可归为

---

① See Paul Mazerolle & Jeff Maahs, *General Strain and Delinquency: An Alternative Examination of Conditioning Influences*, Justice Quarterly, Vol. 17: 4, p. 753 – 778 (2000).

② Wheeler S., Weisburd D. & Bode N., *Nature and Sanctioning of White Collar Crime*, 1976 – 1978: *Federal Judicial Districts*, Inter – university Consortium for Political and Social Research, 1989.

职业越轨或犯罪行为。因此，警察不当行为与白领犯罪的压力与越轨或犯罪行为之间的联系可以共享类似机制。以前的努力可能会为我们在构建白领犯罪压力量表上提供一些启发。以下简要概述了警务研究中的主要压力测量方法。

警察家庭中警察压力和家庭暴力调查问卷。尽管最初并不是根据 GST 设计的，但一项旨在审查警察压力及其与家庭暴力的关系的早期尝试是名为"1997—1999 年马里兰州巴尔的摩警察家庭的警察压力和家庭暴力"的项目。[①] 在该项目中，研究人员对大约 1100 名警官进行了调查，并编制了警察家庭压力和家庭暴力调查问卷（QPSDVPF）。该问卷全面询问了警察中的各种压力因素、危险行为和家庭暴力。该项目利用其问卷和数据集证明了 GST 的普遍性，引发了广泛的研究。[②] 例如，吉普森（Gibson）等采用了 8 项工作不满问卷（例如，与同龄人相比，我发现我更容易因自己的错误而受到批评）和 9 项与工作相关的负面事件量表（例如，暴力逮捕）作为职业压力的测量方法。[③] 他们发现职业压力不仅会直接导致警察的家庭暴力行为，还会通过恶化负面情绪而间接引发家庭暴力。同样，瓦特（Swatt）和同事使用相同的数据集来研究压力对警官饮酒问题的影响机制，并得出相似的结论。[④] 两项研究之间的唯一区别是瓦特等的研究仅将与负面工作相关的事件量表中的 9 个项目用作压力的测量。葛森（Gershon）项目[⑤]的追随者进一步将 GST 应用于探

---

① Gershon R., *Police Stress and Domestic Violence in Police Families in Baltimore, Maryland*, 1997 - 1999, Inter - university Consortium for Political and Social Research, 2000.

② Kurtz D. L., Zavala E. & Melander L. A., *The Influence of Early Strain on Later Strain, Stress Responses, and Aggression by Police Officers*, Criminal Justice Review, Vol. 40: 2, p. 190 - 208 (2015).

③ Gibson C. L., Swatt M. L. & Jolicoeur J. R., *Assessing the Generality of General Strain Theory: The Relationship among Occupational Stress Experienced by Male Police Officers and Domestic Forms of Violence*, Journal of Crime and Justice, Vol. 24: 2, p. 29 - 57 (2001).

④ Swatt M. L., Gibson C. L. & Piquero N. L., *Exploring the Utility of General Strain Theory in Explaining Problematic Alcohol Consumption by Police Officers*, Journal of Criminal Justice, Vol. 35: 6, p. 596 - 611 (2007).

⑤ Gershon R., *Police Stress and Domestic Violence in Police Families in Baltimore, Maryland*, 1997 - 1999, Inter - university Consortium for Political and Social Research, 2000.

索压力的其他后果。[①] 库尔茨（Kurtz）等测试了儿童早期的压力如何导致同伴暴力，同时将职业压力作为调节器。[②] 尽管他们产生了与吉普森（Gibson）等和瓦特（Swatt）等类似的研究结果，但他们的研究扩展了 GST，揭示了儿童早期压力会加剧职业压力。至于所使用的测量，库尔茨（Kurtz）等的研究中的职业压力的测量与瓦特等研究中的相同。但是，他们衡量儿童早期压力的方法是测量是否存在虐待儿童和家庭暴力，这可能会带来偏见。另一项研究使用了 QPSDVPF 的心理压力（例如，躁动、感到绝望）和身体压力（例如，恶心、呼吸困难）来描述警察的心理健康。尽管他们的研究有助于人们了解警察的心理健康，但他们研究中描述的压力可能与 GST 中定义的压力不同。简而言之，QPSDVPF 中的项目有助于发展对压力的度量，尤其是触发压力的客观事件。值得注意的是，与消极工作相关的事件量表上的 9 个项目在抓住 GST 原始版本提出的消极刺激的存在上具有重大优势。[③] 但是，QPSDVPF 最初并不是基于 GST 设计的。因此，追随者任意采用 QPSDVPF 中的项目来构造压力措施，从而导致了压力测量中的混乱。

毕晓普（Bishopp）警察研究中的压力测量表。近年来，毕晓普（Bishopp）及其同事使用 GST 作为他们的理论基础，调查了警察压力中的行为和心理后果。[④] 他们测量压力的工作可以分为三个阶段：首先，对压力的初始测量主要反映了警察的环境压力。最初是为了在 GST 框架下描绘警察的自杀意

① Gächter M.，Savage D. A. & Torgler B.，*The Relationship between Stress, Strain and Social Capital*, Policing: An International Journal of Police Strategies & Management, Vol. 34: 3, p. 515 - 540 (2011).

② Kurtz D. L.，Zavala E. & Melander L. A.，*The Influence of Early Strain on Later Strain, Stress Responses, and Aggression by Police Officers*, Criminal Justice Review, Vol. 40: 2, p. 190 - 208 (2015).

③ See Agnew R.，*Foundation for a General Strain Theory of Crime and Delinquency*, Criminology, Vol. 30: 1, p. 47 - 88 (1992).

④ Bishopp S. A.，Piquero N. L. et al.，*Negative Affective Responses to Stress among Urban Police Officers: A General Strain Theory Approach*, Deviant Behavior, Vol. 40: 6, p. 635 - 654 (2019).

念，借用警察行动压力调查表[①]、阿门多拉（Amendola）的治安调查表[②]和警察每日烦恼量表[③]，最初的压力测量表确定了 10 个项目对创伤事件的主观感知。毕晓普（Bishopp）等使用该量表发现，劳累显著增加了男警自杀意念的风险。[④] 其次，两年后，毕晓普等使用 GST 作为理论框架进一步证明了压力与警察不当行为之间的潜在联系。他们提出了 3 个项目来描述警察对他们日常组织活动中压力的看法，并将这种测量称为所得的压力。结果表明某些不当行为与特定类型的压力有关。最后，毕晓普警察研究中最新版本的压力测量表结合了组织压力和环境压力，发现压力的两个维度都与警察的愤怒和不当行为正相关，但只有组织压力与抑郁和倦怠显著相关。但是，这两项研究中使用的测量方法并不一致。在两项研究中，组织压力的测量值具有相同的 7 项，根据毕晓普等的测量值，其中包括额外的 4 项。毕晓普等的环境压力测量与 2014 年的测量结果相同。但是，在 2020 年的研究中，毕晓普等的 2 个项目被排除，没有重复。[⑤][⑥][⑦] 毕晓普警察研究中对压力的测量重点是从警察的工作经验中了解压力的主观方面，它有助于研究人员探索明确的心理过程，了解与工作相关的压力因素如何导致对职业状况的负面结果（例如工作倦怠、

---

① McCreary D. R. & Thompson M. M. , *Development of Two Reliable and Valid Measures of Stressors in Policing: The Operational and Organizational Police Stress Questionnaires*, International Journal of Stress Management, Vol. 13: 4, p. 494 (2006).

② Amendola K. L. , Weisburd D. et al. , *An Experimental Study of Compressed Work Schedules in Policing: Advantages and Disadvantages of Various Shift Lengths*, Journal of Experimental Criminology, Vol. 7: 4, p. 407 – 442 (2011).

③ Hart P. M. , Wearing A. J. & Headey B. , *Assessing Police Work Experiences: Development of the Police Daily Hassles and Uplifts Scales*, Journal of Criminal Justice, Vol. 21: 6, p. 553 – 572 (1993).

④ Bishopp S. A. & Boots D. P. , *General Strain Theory, Exposure to Violence, and Suicide Ideation among Police Officers: A Gendered Approach*, Journal of Criminal Justice, Vol. 42: 6, p. 538 – 548 (2014).

⑤ Bishopp S. A. , Worrall J. & Piquero N. L. , *General Strain and Police Misconduct: The Role of Organizational Influence*, Policing: An International Journal of Police Strategies & Management, Vol. 39: 4, p. 635 – 651 (2016).

⑥ Bishopp S. A. , Piquero N. L. et al. , *Police Stress and Race: Using General Strain Theory to Examine Racial Differences in Police Misconduct*, Crime & Delinquency, Vol. 66: 13 – 14, p. 1811 – 1838 (2020).

⑦ Bishopp S. A. , Piquero N. L. et al. , *Negative Affective Responses to Stress among Urban Police Officers: A General Strain Theory Approach*, Deviant Behavior, Vol. 40: 6, p. 635 – 654 (2019).

工作转换)。但是，就像 QPSDVPF 中与工作相关的负面事件量表一样，毕晓普警察研究中的压力测量表仅显示了 GST 所描述的三种类型的压力中的一种(存在负刺激)，因此对 GST 的理论贡献有限。

莫恩（Moon）和琼森（Jonson）合成的压力测量问卷。严格遵循关于三种类型压力的最初 GST 假设①，莫恩等整合了以前的几个量表，以调查职业压力对警察的组织承诺的影响。② 首先，通过计算预期工作满意度与实际工作满意度之间的距离，采用了未能实现正值目标的衡量方法。其次，通过评估警察在工作与家庭之间的冲突的 7 个项目来评估消除积极刺激的能力。这 7 个项目最初是由兰伯特（Lambert)、霍根（Hogan）和巴顿（Barton）提出的。③ 最后，负面刺激的存在分为两个部分，即压力相遇和工作角色/职责。前者是根据何等人对工作中的负面接触经验进行的测量得出的 28 个项目的量表④，后者是一个 9 个项目的量表，用于评估个人对角色冲突和工作中遇到的问题的看法。后者的项目来自普尔（Poole）等⑤、里佐（Rizzo）等⑥、特里普利特（Triplett）等的实证研究。⑦ 通过综合测量，莫恩等发现，未能实现正值目标和消除正向刺激与各种负面影响均呈正相关，而所有三种类型的压力

---

① See Agnew R., *Foundation for a General Strain Theory of Crime and Delinquency*, Criminology, Vol. 30: 1, p. 47 - 88 (1992).

② Moon M. M. & Jonson C. L., *The Influence of Occupational Strain on Organizational Commitment among Police: A General Strain Theory Approach*, Journal of Criminal Justice, Vol. 40: 3, p. 249 - 258 (2012).

③ Lambert E. G., Hogan N. L. & Barton S. M., *The Impact of Work - family Conflict on Correctional Staff Job Satisfaction: An Exploratory Study*, American Journal of Criminal Justice, Vol. 27: 1, p. 35 (2002).

④ He N., Zhao J. & Archbold C. A., *Gender and Police Stress: The Convergent and Divergent Impact of Work Environment, Work - family Conflict, and Stress Coping Mechanisms of Female and Male Police Officers*, Women Police, Routledge, 2017, p. 151 - 172.

⑤ Poole E. D. & Regoli R. M., *Role Stress, Custody Orientation, and Disciplinary Actions: A Study of Prison Guards*, Criminology, Vol. 18: 2, p. 215 - 226 (1980).

⑥ Rizzo J. R., House R. J. & Lirtzman S. I., *Role Conflict and Ambiguity in Complex Organizations*, Administrative Science Quarterly, Vol. 15: 2, p. 150 - 163 (1970).

⑦ Triplett R., Mullings J. L. & Scarborough K. E., *Work - related Stress and Coping among Correctional Officers: Implications from Organizational Literature*, Journal of Criminal Justice, Vol. 24: 4, p. 291 - 308 (1996).

均与组织投入显著相关。[①] 莫恩等整合的压力测量严格遵循 GST 的原始假设。[②] 但是，这种综合测量方法太长了，无法被未来的研究人员采用。此外，综合测量的项目来自相对过时的文献，这些文献的心理测量特性尚未得到全面测试。因此，据我们所知，自首次建立以来，合成的测量方法就没有被之后的研究所采用。

尽管上述讨论的测量方法有助于 GST 所描述的压力的可操作性发展，并且为确定引起白领犯罪的压力划定了目标规模，但仍应注意一些警告。第一，使用辅助数据进行压力的代理测量具有先天的局限性，因为辅助数据最初可能并未设计为测量 GST 中的相应压力。预计未来的研究将使用定制的量表或问卷来测量压力。第二，先前在警察领域进行的大多数 GST 研究并非旨在探索压力与犯罪或越轨行为之间的关系。因此，他们的结果无法直接转移到了解白领犯罪的原因方面。第三，以前发布的量表均未对其心理测量特性进行广泛的测试。因此，先前量表的有效性和可靠性仍然不清楚，这可能会破坏量表的标准化。第四，某些量表未能纳入艾格纽建议的三种类型的压力，这可能会限制其全面测试 GST 的潜力。第五，以前的大多数量表可能无法描述当今白领工作者所承受的压力，因为某些量表的设计目的不是描绘目标人群所承受的压力，而某些参考量表已过时。第六，规模太长，对其推广没有帮助。

（二）当前研究

当前的研究旨在为白领犯罪研究，尤其是中国基层公职人员腐败犯罪研究，设计和检验一套压力的测量方法。为了弥补先前量表的不足，该量表不仅包含了原始版本的 GST 描述的三种类型的压力，还包含了最新版本的 GST 中提出的白领特异性压力。[③] 该量表的目标是具有合理的心理测量特性的合理

---

① Moon M. M. & Jonson C. L. *The Influence of Occupational Strain on Organizational Commitment among Police: A General Strain Theory Approach*, Journal of Criminal Justice, Vol. 40: 3, p. 249 – 258 (2012).

② See Agnew R., *Foundation for A General Strain Theory of Crime and Delinquency*, Criminology, Vol. 30: 1, p. 47 – 88 (1992).

③ See Robert Agnew, Piquero Nicole & Cullen Frances, *General Strain Theory and White – collar Crime*, in Simpson S., Weisburd D., The Criminology of White – collar Crime, New York: Springer, 2009.

长度，被称为中国公职人员压力量表（Chinese Public Official Strain Scale, CPOSS）。为了发展该量表，笔者选择了几组被判犯有贪污罪或（和）受贿罪或（和）挪用公款罪的前中国基层公职人员作为研究参与者。选择此人群的原因有三个：首先，GST更恰当地解释了目标人群犯下的白领犯罪。与低级或中产阶级的犯罪相比，GST在解释白领犯罪方面更有效。① 中国基层公职人员大多属于这些类别。另外，艾格纽等表明，与经济有关的压力是白领犯罪的关键触发因素。同样，与经济有关的白领犯罪，特别是上述三种腐败现象，也是中国最普遍的白领犯罪。② 这表明这些白领犯罪更有可能由GST解释。其次，类似于警察面临的环境和组织压力，中国基层公职人员还面临烦琐的任务以及与上级和下属的复杂人际关系所产生的巨大职业压力。③ 来自中国基层公职人员的量表可以推广到更广泛的白领阶层，尤其是警察。最后，被判腐败罪名的中国基层公职人员约占公职人员总数的90%以上。④ 因此，实际上，目标人群足够大，可以使用足够的统计能力对量表的心理测量特性进行全面测试。为了开发和验证CPOSS，我们进行了三项单独的研究，以开发初始项目，构建量表并评估量表。在研究1中，我们基于23名罪犯的深入访谈记录，从质化研究方法建立了最初的33个CPOSS项目。33个项目的可操作性严格基于艾格纽的三个压力源。在研究2中，我们使用先前研究得出的问卷调查了21所监狱中的腐败罪犯，并使用探索性因素分析探索了CPOSS的潜在结构。我们期望发现潜在因素之间存在正相关，并且潜在结构与导致白领犯罪的三种特定压力的理论前提一致。在研究3中，我们从39所监狱的另一名腐败罪犯样本中，进行了验证性因素分析（CFA）和项目反应理论（IRT）模型来评估CPOSS的有效性。还通过对CPOSS与其他公认的量表进

---

① See Lynn Langton & Nicole Piquero, *Can General Strain Theory Explain White - collar Crime? A Preliminary Investigation of the Relationship between Strain and Select White - collar Offenses*, Journal of Criminal Justice, Vol. 35: 1, p. 1 - 15 (2007).

② See Kilkon Ko & Cuifen Weng, *Critical Review of Conceptual Definitions of Chinese Corruption: A Formal - legal Perspective*, Journal of Contemporary China, Vol. 20: 70, p. 359 - 378 (2011).

③ Zhou X., *The Road to Collective Debt in Rural China: Bureaucracies, Social Institutions, and Public Goods Provision*, Modern China, Vol. 38: 3, p. 271 - 307 (2012).

④ 《中央纪委国家监委调整违反中央八项规定精神问题数据统计指标查处形式主义官僚主义问题数据首次公布》，载中国政府网，http://www.ccdi.gov.cn/toutiao/202001/t20200119_208006.html。

行回归来进行校标效度检验。数据收集过程中经过加密以保证匿名性。

（三）研究1：CPOSS初始项目的开发

本研究的目的是在对目标参与者进行深入访谈的基础上，开发CPOSS的初始项目。所有受访者均被要求描述导致他们腐败的与压力相关的经历或感觉。音频材料被记录并汇总为CPOSS的初始项目。该研究开发的项目在理论上与艾格纽的三个压力源一致。

1. 方法

在获得官方许可的情况下，研究人员向中国华南一所男性监狱的73名罪犯发出了研究邀请，这些罪犯曾因涉嫌贪污罪或（和）受贿罪或（和）挪用公款罪被定罪。本研究招募了23名男性罪犯，有效反应率为31.51%。这23名男性罪犯主要由两部分组成，一是村委会或者居委会“两委班子”组成人员，共计10位，村党支部书记6位，村委会主任3位，其他人员1位；二是我国乡镇公职人员，共计13位，其中乡镇党委组成人员3位，乡镇各所长级公职人员6位，其他公职人员4位。

2. 测量和过程

所有访谈都是在事先经过受访者同意的情况下，在监狱的特定地方进行的。访谈持续1~3个小时，平均约1.5个小时。访谈中，方言和普通话都有使用。为了在没有遇到阻力的情况下获得犯罪原因，访谈人员开始了与家乡习俗、家庭状况和工作发展等内容相关的对话。然后，研究人员要求受访者描述其犯罪行为和所确定的犯罪原因。当受访者将他们的罪行归因于压力时，研究人员会进一步询问特定类型的压力。问题示例包括：“作为前基层公职人员，你在以前的职位上遇到过负面压力吗?”访谈后，所有音频材料均被记录、转录和总结。采用了扎根理论方法，将编码程序用于访谈记录。并依次进行开放式编码、主轴式编码和选择式编码。由于本研究旨在开发CPOSS的初始项目，因此我们选择了编码的结果作为初始项目库的基础。最后，对所有提名项目进行了审查。

3. 结果与讨论

表4.5报告了26种主题类别的参与者对与他们的犯罪相关的压力的描

述。通过合成 150 个参考节点的关键叙事场景来获得这 26 个主题类别，这些参考场景呈现出与压力相关的描述的多样性。这 26 个类别也证实了艾格纽的三个压力源。其中有 8 个类别（#7、10、12、13、18、19、20 和 21）具有未能实现正值目标的特征，5 个类别（#6、11、24、25 和 26）描述去除积极刺激，5 个类别（#2、3、8、9 和 17）表征存在负面刺激的特征，3 个类别（#14、22 和 23）代表两种均未实现正值目标和移除积极刺激，以及 5 个类别（#1、4、5、15 和 16）描述了无法实现积极价值目标和消极刺激的存在。这些类别为罪犯在基层公职人员任职期间如何看待与腐败相关的压力源提供了丰富的见解。

表 4.5　对访谈记录进行质化分析的轴向编码结果

序号	主轴式编码结果	参考节点数量	压力类型（Agnew，1992）
1	被逼创收压力	6	FA，PN
2	单位财务运营压力	12	PN
3	招待压力	8	PN
4	争取上级部门支持压力	4	FA，PN
5	争取现管领导支持压力	3	FA，PN
6	垫钱贴钱压力	7	RP
7	腐败惯性压力	3	FA
8	腐败亚文化压力	8	PN
9	潜规则压力	8	PN
10	权力寻租文化	1	FA
11	生存刺激压力	9	RP
12	发展刺激压力	13	FA
13	享受刺激压力	4	FA
14	付出大于回报冲突	14	FA，RP
15	任务指标摊派压力	3	FA，PN
16	维护稳定压力	12	FA，PN
17	遭受威胁骚扰压力	3	PN
18	执行冲突压力	6	FA

续表

序号	主轴式编码结果	参考节点数量	压力类型（Agnew，1992）
19	保护伞压力	4	FA
20	超越职权压力	4	FA
21	成绩否定压力	1	FA
22	权力压制压力	1	FA，RP
23	提拔无望刺激	7	FA，RP
24	过节人情往来压力	1	RP
25	亲人亲戚等人情压力	5	RP
26	朋友感情压力	3	RP

资料来源：根据访谈记录和艾格纽 1992 年的研究制作，2020 年。

注：FA 是未能实现正值目标；RP 是去除积极刺激；PN 是消极刺激的存在。

由于其中一些主题类别具有多个关键的叙事场景，为保证内容的正确性，在艾格纽的理论指导下严格研究了 33 个项目，并在研究 1 中对 26 个类别的经验证据进行了进一步验证。每一项的组织和表述都是在给定场景下对特定压力的感知。

（四）研究 2：探索性因素分析与信度检验

在这项研究中，我们对研究 1 提出的 33 个项目进行了探索性因素分析（EFA），以识别这些项目的潜在因子。这项研究的目的是双重的：一是确定潜在因素是否与三种特定的腐败犯罪类型一致；二是排除没有足够心理计量特性的项目（例如，因素负荷、唯一性）。

1. 方法

该部分共调查了 5 个省份 10 个城市的 21 所监狱的犯有贪污罪或（和）受贿罪或（和）挪用公款罪的 425 名前基层公职人员，并回收 281 名原基层公职人员（答复率为 66. 12%）的调查结果。因未填写问卷而被排除了 42 名参与者（$N=239$，$M_{age}=53.88$，$SD_{age}=8.83$，95. 82% 男性）。其中 120 人报告了定罪前的职级水平：75 人无职级；11 人为科员级；15 人为副主任科员级；15 人为主任科员级；4 人为副处或以上级别。有 228 人报告了受教育的背景：48 人是小学毕业及以下；初中毕业的有 44 人；高中或中专毕业的有

60 人；大专毕业的有 39 人；本科毕业及以上的有 37 人。

2. 测量和过程

在征得知情同意后，参与者被要求回忆他们在主要犯罪发生前一年对压力的看法，采用五点李克特量表，从“1 完全没有压力”到“5 最大压力”。本研究的一年回忆期①是根据以前的 GST 研究在犯罪场景中的建议而设计的。② 此外，还收集了人口统计信息。通过三个步骤为 CPOSS 选择了项目：首先，使用正交旋转主成分分析方法对所有 33 个项目进行了初步的探索性因素分析。因子载荷的临界标准为 0.40，③ 特征值大于 1 则支持量表的一维性。④ 此外，最小因素因子为 3。⑤ 其次，在删除所有不可接受的项目后重新进行额外的探索性因素分析，直到所有因子载荷都符合统计标准。⑥ 最后，通过克伦巴赫（Cronbach）的 α 值估算所有保留项目和每个因素的内部可靠性。⑦

3. 结果与讨论

表4.6 报告了探索性因素分析的初步和最终结果。如初始解决方案中所示，一项在任何因素下的负荷都没有足够高（#19），在多项因素下的 7 项负荷至少为 0.40（#5、6、11、12、21、22、24），以及 2 项不满足因子的最小项数（因子 6 的#28、29）。删除 10 项后，因素 5 仅包含 2 项（#23 和 25），从经验上讲是不可接受的。因此，为进一步探索性因素分析保留了 21 个项目。在第二个探索性因素分析中，一项（第 4 项）被删除了，因为它在两个方面

---

① Hoffmann J. P. & Miller A. S., *A Latent Variable Analysis of General Strain Theory*, Journal of Quantitative Criminology, Vol. 14: 1, p. 83 - 110 (1998).

② See Paul Mazerolle & Jeff Maahs, *General Strain and Delinquency: An Alternative Examination of Conditioning Influences*, Justice Quarterly, Vol. 17: 4, p. 753 - 778 (2000).

③ Hair J. F., Black W. C. et al., *Multivariate Data Analysis*, Upper Saddle River, NJ: Prentice hall, 1998.

④ Hoe S. L., *Issues and Procedures in Adopting Structural Equation Modeling Technique*, Journal of Applied Quantitative Methods, Vol. 3: 1, p. 76 - 83 (2008).

⑤ Cook J. D., Hepworth S. J. et al., *The Experience of Work London*, Academic Press, 1981.

⑥ Rosenthal R. & Rosnow R. L., *Essentials of Behavioral Research: Methods and Data Analysis*, McGraw - Hil, 2008.

⑦ Hair J. F., Black W. C. et al., *Multivariate Data Analysis*, Upper Saddle River, NJ: Prentice hall, 1998.

的负载都高于0.40。最终，关于20个项目的第三次探索性因素分析为最终解决方案提供了可接受的统计结果。

表4.6　探索性因素结构和项目载荷（$N=281$）

项目	初始结果							最终结果				
	因素1	因素2	因素3	因素4	因素5	因素6	单一性	因素1	因素2	因素3	因素4	单一性
1	0.146	0.110	0.215	0.777	-0.008	0.125	0.301	0.109	0.113	0.168	*0.871*	0.189
2	0.095	0.366	0.235	0.672	-0.045	0.147	0.326	0.078	0.354	0.225	*0.716*	0.306
3	0.149	0.047	0.248	0.690	0.243	0.125	0.363	0.193	0.040	0.326	*0.720*	0.337
4	0.352	0.168	0.059	0.540	0.358	-0.012	0.425					
5	0.065	0.191	0.283	0.505	0.400	-0.123	0.449					
6	0.119	0.256	0.164	0.427	0.464	0.044	0.494					
7	0.051	0.091	0.608	0.207	0.128	0.287	0.478	0.108	0.059	*0.716*	0.197	0.433
8	-0.033	0.244	0.712	0.132	0.085	0.132	0.391	0.023	0.219	*0.737*	0.174	0.378
9	-0.074	0.245	0.621	0.334	0.110	0.133	0.407	0.038	0.209	*0.698*	0.320	0.366
10	0.260	0.128	0.607	0.274	0.208	0.050	0.426	0.289	0.153	*0.627*	0.245	0.440
11	0.549	0.113	0.529	0.326	0.154	-0.021	0.276					
12	0.551	0.100	0.495	0.351	0.098	0.022	0.308					
13	-0.074	0.252	0.747	0.142	0.176	0.072	0.317	-0.046	0.260	*0.776*	0.143	0.308
14	-0.036	0.631	0.241	0.287	-0.198	0.180	0.388	-0.094	*0.635*	0.185	0.334	0.442
15	0.344	0.640	0.193	0.198	0.110	0.122	0.369	0.331	*0.669*	0.189	0.209	0.364
16	0.264	0.663	0.315	0.017	0.180	0.020	0.359	0.255	*0.686*	0.305	0.033	0.371
17	0.025	0.802	0.156	0.070	0.007	0.023	0.327	-0.003	*0.810*	0.137	0.083	0.318
18	0.183	0.699	0.160	0.176	0.206	-0.145	0.358	0.209	*0.711*	0.175	0.121	0.406
19	0.250	0.374	0.100	0.039	0.293	0.347	0.581					
20	0.182	0.725	-0.012	0.125	0.259	0.188	0.323	0.226	*0.728*	0.092	0.127	0.395
21	0.458	0.140	0.082	0.105	0.530	-0.062	0.468					
22	0.530	0.044	0.260	0.022	0.493	-0.027	0.405					
23	0.148	0.150	0.285	0.204	0.617	0.195	0.414					
24	0.277	0.080	0.211	0.070	0.566	0.475	0.322					
25	0.073	0.319	0.238	0.109	0.532	0.289	0.459					
26	0.743	0.097	-0.042	0.129	0.078	0.172	0.385	*0.747*	0.114	-0.057	0.203	0.385
27	0.469	0.240	0.207	0.002	0.323	0.120	0.561	*0.546*	0.250	0.278	0.050	0.560
28	0.199	0.016	0.386	0.146	0.113	0.621	0.391					

续表

项目	初始结果							最终结果				
	因素 1	因素 2	因素 3	因素 4	因素 5	因素 6	单一性	因素 1	因素 2	因素 3	因素 4	单一性
29	0.029	0.124	0.066	0.127	0.074	0.773	0.360					
30	0.735	0.071	-0.086	0.044	0.090	0.137	0.419	*<u>0.783</u>*	0.047	-0.024	0.083	0.377
31	0.809	0.163	-0.052	0.130	0.065	-0.069	0.291	*<u>0.809</u>*	0.161	-0.056	0.120	0.302
32	0.809	0.140	0.028	0.117	0.105	0.114	0.287	*<u>0.845</u>*	0.145	0.075	0.077	0.253
33	0.791	0.063	0.108	-0.011	0.068	0.031	0.352	*<u>0.804</u>*	0.053	0.134	-0.024	0.332

资料来源：根据探索性因素分析结果制作，2020 年。

注：最终结果中的斜体加下划线数字是指每个项目在其各自因子中的因子负荷。

图4.1 给出了最终结果特征值的碎石图。共提取了四个因子，分别占解释方差的 19.39%、16.69%、14.58% 和 11.91%。

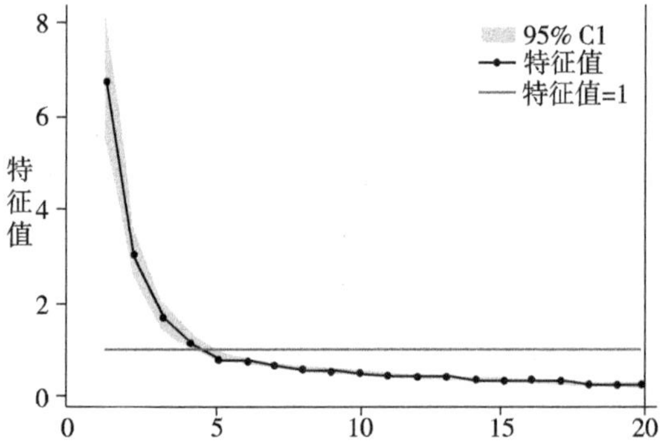

图 4.1　最终探索性因子分析解决方案碎石图

资料来源：根据探索性因素分析结果制作，2020 年。

如表4.7 所示，具有 3 个项目的第一个因素被标记为工作相关压力（WS），其特征是工作职责的艰辛。具有 5 个项目的第二个因素被标记为工作引起的财务压力（WFS，以下简称“工作财务压力”），其特征是工作活动引起的财务压力。具有 6 个项目的第三个因素被标记为个人财务压力（PFS），其特征是由于收入比较和无法改善家庭生活而造成的财务压力。第四项包括 6 个项目，被标记为地位相关压力（SS），其特征是由于个人职业状况而在帮助/

服务他人方面感到压力。因子1、3和4与艾格纽研究[①]中的工作相关压力、经济压力和地位相关压力直接一致。因子2表示工作活动导致的经济压力可以解释为工作相关压力与经济压力同时存在的特征。如表4.8所示，因子1和因子2之间的相关系数以及因子2和因子3之间的相关系数都大于0.50，这也提供了一些压力难以区分的经验证据。

表4.7　探索性因素分析中最终结果保留项目简表

项目#/ 提取因子	重新编码的 项目序号	缩写项目 的表述	压力类型 （Agnew，1992）
1. WS	WS1	工作难度	FA，RP
2. WS	WS2	工作的收益低于成本	FA，RP
3. WS	WS3	难以完成分配的任务	FA，PN
7. WFS	WFS1	难以完成收入任务	FA，PN
8. WFS	WFS2	不能保证工作费用	PN
9. WFS	WFS3	由于缺乏周转金而感到沮丧	PN
10. WFS	WFS4	由于接待活动中断而产生的压力	PN
13. WFS	WFS5	对由于工作活动而用个人钱预付费用的负面感觉	RP
14. PFS	PFS1	对以合法收入养家的负面感觉 与其他阶层相比，对收入的负面感受	RP
15. PFS	PFS2	对以合法收入养家的负面感觉 与其他阶层相比，对收入的负面感受	FA
16. PFS	PFS3	与同龄人相比对收入的负面感觉	FA
17. PFS	PFS4	家庭支出的财务压力	RP
18. PFS	PFS5	因工作表现而受到家人的埋怨	FA

① See Robert Agnew, Piquero Nicole & Cullen Frances, *General Strain Theory and White－collar Crime*, in Simpson S., Weisburd D., The Criminology of White－collar Crime, New York: Springer, 2009.

续表

项目#/提取因子	重新编码的项目序号	缩写项目的表述	压力类型（Agnew，1992）
20. PFS	PFS6	因未能提高生活质量而感到不适	FA
26. SS	SS1	难以拒绝他人的财产赠与	FA
27. SS	SS2	由于额外的接待和来自更高层次的礼物而产生的压力	PN
30. SS	SS3	因收到朋友的好处而感到压力	RP
31. SS	SS4	因实现亲戚福利而烦恼	RP
32. SS	SS5	因未能达到亲戚的目标而感到压力	RP
33. SS	SS6	由于通过非法方法帮助亲属而产生的压力	RP

资料来源：根据探索性因素分析和艾格纽的一般紧张理论制作，2020 年。

注：WS 是工作相关压力；WFS 是工作财务压力；PFS 是个人财务压力；SS 是地位相关压力；FA 是无法实现正值目标；RP 是去除正向刺激；PN 是负向刺激的存在。

最后，我们检查了 Cronbach 的 α 值（请参见表 4.8）。所有因素均具有令人满意的 α 值，CPOSS 具有良好的内部可靠性。

表 4.8　研究 2 中 CPOSS 量表信度及因素关系表

因素 # / 名称	WS	WFS	PFS	SS	可靠性
1. WS	1				0.793
2. WFS	0.565***	1			0.830
3. PFS	0.464***	0.506***	1		0.855
4. SS	0.294***	0.204**	0.373***	1	0.872
整体可靠性					0.894

资料来源：根据本研究数据分析结果制作，2020 年。

注：WS 是工作相关压力；WFS 是工作财务压力；PFS 是个人财务压力；SS 是地位相关压力；** $p<0.01$；*** $p<0.001$。

（五）研究 3：验证性因素分析、项目分析、校标效度检验

在研究 2 中，CPOSS 被减少到 20 个项目，并且具有 4 个相互关联的因素。为了进一步评估 CPOSS 的心理测量特性，在不同样本中使用 CPOSS 四因素结构量表进行了验证性因素分析。项目反应理论（IRT）是一种现代的心

理测量方法，也用于研究 CPOSS 在项目级别上的心理测量特性。此外，还通过对 CPOSS 与其他既定量表进行分析以检验 CPOSS 的校标效度。

1. 方法

本研究调查了 8 个省份 31 个城市的 39 所监狱的犯有贪污罪或（和）受贿罪或（和）挪用公款罪的 872 名前基层公职人员，其中获得了 406 名犯人的调查结果，响应率为 46.56%。研究 3 中的所有监狱都没有与研究 1 和研究 2 重叠。为了确保一致性，所有合格参与者都是原基层公职人员，且被判犯有贪污罪或（和）受贿罪或（和）挪用公款罪。75 名参与者被排除在外，因为他们没有完成问卷中的主要测量。最后，保留了 331 名参与者的数据（M_{age} = 50.99，SD_{age} = 10.36，男性占 91.54%）。其中有 310 人提供了定罪前的信息：64.52% 是无职级，14.19% 是科员级；11.29% 是副主任科员级别；9.35% 是主任科员级别；0.65% 是副处级及以上。274 人报告了教育背景：16 人在小学毕业及以下；57 人是初中毕业；66 人是高中或中专毕业；78 人是大专毕业；57 人是本科及以上学历。

2. 研究过程

征得知情同意后，参与者完成了一系列测量的问卷调查：研究 2 的 20 个项目的 CPOSS，社会责任量表，生活满意度量表，以及施瓦茨（Schwartz）（1994）价值观量表中的两个维度（权力和成就）。此外，还收集了人口统计信息。在这项研究中，我们执行了四个步骤来验证 CPOSS 的心理测量特性。首先，进行验证性因素分析以确认四因素模型，其中 WS、WFS、PFS 和 SS 潜在因素都加载到较高阶 CPOSS 潜在因素上。良好拟合的临界值为：$\chi^2/df<3$，比较拟合指数（CFI）≥ 0.90，近似均方根误差（$RMSEA$）<0.08，标准化均方根残差（$SRMR$）<0.08。其次，将分级响应模型（Graded Response Model，GRM）应用于 CPOSS。该模型是序数数据的两参数对数项响应模型的概括。GRM 的结果可用于提供有关项目可分辨性、难度和测试信息。可辨别性（α）估计值低于 0.65 的项目将被判断为缺乏足够的可辨别性，并将进一步删除。如果发现一个或多个项目的可分辨性不足，则进行下一步（步骤 3）；否则，跳过步骤 3，直接进行步骤 4。再次，CPOSS 的保留项目由验证性因素分析再次评估。如果验证性因素分析的结果显示出良好的模型拟合指数，

则执行第四步。否则，CPOSS 将被视为无效，并且验证过程将终止。最后，使用社会责任量表，对生活的满意度量表和施瓦茨价值调查的两个维度（权力和成就）进行校标效度检验。

3. 变量解释

在主要行为事件发生前一年，采用 20 个项目的 CPOSS 量表和以下心理量表来衡量参与者的看法：①社会责任感量表。社会责任感量表是明尼苏达多相人格调查表（MMPI）中的一个子量表。它由 32 个关于个人责任感的二进制响应项目组成。我们假设 CPOSS 将与社会责任负相关。在当前的研究中，所有反向计分的社会责任项目均标有相反的代码，并且所有项目的总和用于确定参与者的社会责任（M = 23.489，SD = 3.851，Cronbach's α = 0.667）。②生活满意度量表。生活满意度量表是生活满意度的一种经典测量。它由 5 个 7 点（从“1 非常不同意”到“7 非常同意”）项组成。使用 5 个项目的平均值来衡量个人的生活满意度。我们预测，CPOSS 将与生活满意度负相关。在这项研究中，参与者的生活满意度中等（M = 4.290，SD = 1.150），生活满意度量表显示出足够的可靠性（Cronbach's α = 0.730）。③施瓦茨价值观量表。施瓦茨价值观量表提供了一组通用测量项目来衡量人类价值，它由 10 个维度的价值取向组成。在这项研究中，我们采用权力和成就作为测试 CPOSS 标准验证的参考。权力和成就两个子量表都有 5 个项目，分别由九点李克特（Likert）型量表测量（从“ -1 与我的价值观相对”到“7 至高无上”）。量表的平均值用于识别参与者的价值取向。参与者报告权力价值观相对较弱（M = 2.970，SD = 1.489，Cronbach's α = 0.781）、成就价值观处于中等水平（M = 4.003，SD = 1.651，Cronbach's α = 0.859）。

4. 结果

对含有 20 个项目的 CPOSS 进行验证性因素分析。验证性因素分析结果（参见表 4.9 和图 4.2）显示，在研究 1 中获得的 20 个项目的 CPOSS 满足模型拟合的标准，并且所有项目在相应因素上的负荷都很高，因子之间的相互关系也正相关。20 项目的 CPOSS 中的 WS，WFS，PFS，SS 的 Cronbach's α 系数分别为 0.705、0.778、0.873、0.804，20 项目的 CPOSS 的总的 Cronbach's α 是 0.882。因此，具有四因素结构的 20 项 CPOSS 得到验证。

表 4.9　20 项目 CPOSS 和 17 项目 CPOSS 的模型拟合指数

模型	χ^2	*df*	χ^2/df	*CFI*	*RMSEA*	*SRMR*
20 – item CPOSS	416. 700	164	2. 541	0. 900	0. 068	0. 074
17 – item CPOSS	253. 228	113	2. 241	0. 933	0. 061	0. 065

资料来源：根据本研究数据分析结果制作，2020 年。

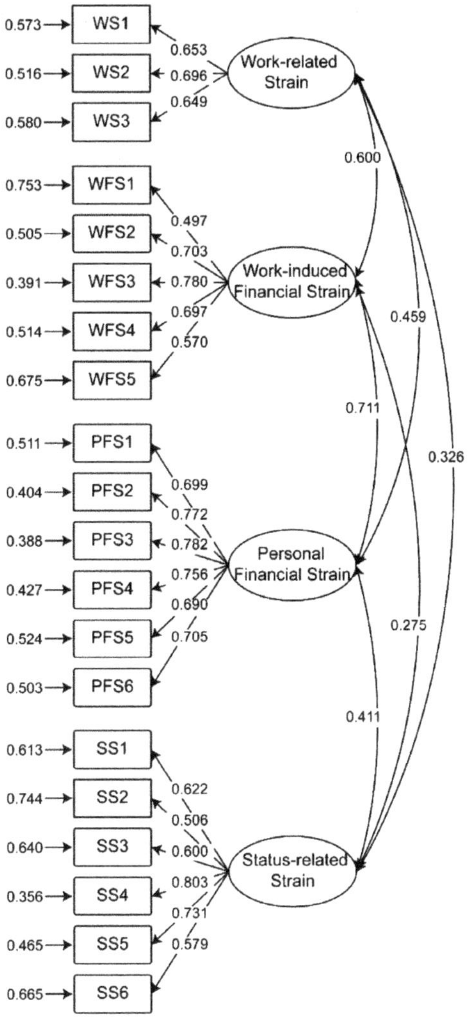

注：所有系数在 $p<0.001$ 的水平上具有统计学意义。

图 4.2　研究 2 中获得的 20 个项目的 CPOSS 的验证性因素分析图

资料来源：根据本研究数据分析结果制作，2020 年。

20个项目CPOSS的GRM分析。表4.10通过GRM报告了来自20个项目的CPOSS的IRT模型参数。根据相关的标准，3个项（SS1、SS3和SS6）的辨别力（α）估计值低于0.65，阻碍了CPOSS的测量效率。因此，应删除这三个项目。保留的17个项目的CPOSS被进一步验证。删除3个不加区分的项目后，SS因子仍保持3个项目，并且满足一个因子的最小项目数的要求。困难度参数（β）估计表明，3个WS在较低的性状（θ）范围内更敏感，因为它们的β_M值均小于0。5个WFS和6个PFS在较高范围内更敏感，β_M值为正的潜在特征（θ）分布。剩余的SS项目的β_M值具有混合结果：一个为正（SS2），两个为负（SS4和SS5）。此外，图4.3显示了项目特征曲线，该曲线表示参与者在给定的潜在特征（θ）水平上选择特定响应类别的可能性。观察到，在排除3个不加区分的SS项目之后，PFS项目具有最佳的可区分响应。其他三个因素的项目具有次优的可区分响应。图4.4报告了20个项目和17个项目的CPOSS的测试信息曲线（纵坐标经过一定处理）。删除3个不加区分的项目后，17个项目的CPOSS的心理测量信息几乎与20个项目的CPOSS相同。因此，可以删除3个不加区分的项目（SS1、SS3和SS6），而不会对测量产生负面影响。

表4.10 来自CPOSS的项目反应理论模型参数（分级反应模型）

项目#	辨别度			难度				
	α	标准误差（*SE*）	*p*value	β_M	β_1	β_2	β_3	β_4
WS1	0.690	0.125	0.000	-1.736	-4.681	-2.682	-1.314	1.734
WS2	1.248	0.149	0.000	-0.476	-2.987	-0.720	0.217	1.584
WS3	0.838	0.126	0.000	-0.351	-3.382	-0.792	0.413	2.356
WFS1	0.997	0.136	0.000	1.131	-0.727	0.808	1.513	2.929
WFS2	1.467	0.162	0.000	0.762	-0.955	0.231	1.086	2.687
WFS3	1.543	0.169	0.000	0.680	-0.864	0.292	1.154	2.136
WFS4	1.532	0.163	0.000	0.174	-1.323	-0.497	0.578	1.937
WFS5	1.297	0.151	0.000	0.866	-1.161	0.337	1.568	2.722
PFS1	1.855	0.189	0.000	0.268	-1.248	-0.150	0.576	1.892
PFS2	2.269	0.222	0.000	0.248	-1.043	-0.384	0.607	1.811
PFS3	2.470	0.243	0.000	0.569	-0.739	0.098	1.063	1.854
PFS4	2.085	0.207	0.000	0.523	-1.097	-0.057	0.998	2.249
PFS5	2.095	0.205	0.000	0.361	-0.963	-0.031	0.786	1.654

续表

项目#	辨别度			难度				
	α	标准误差（SE）	pvalue	β_M	β_1	β_2	β_3	β_4
PFS6	2.024	0.198	0.000	0.231	-1.305	-0.320	0.588	1.961
SS1	0.416	0.116	0.000	-1.886	-6.045	-3.231	-1.212	2.943
SS2	1.252	0.147	0.000	0.432	-1.200	-0.372	0.909	2.390
SS3	0.368	0.116	0.001	-1.376	-7.155	-2.530	0.016	4.163
SS4	0.818	0.127	0.000	-1.141	-3.592	-1.596	-0.629	1.255
SS5	0.934	0.130	0.000	-0.485	-2.626	-1.100	-0.086	1.875
SS6	0.610	0.118	0.000	-0.723	-3.421	-1.434	-0.119	2.082

资料来源：根据本研究数据分析结果制作，2020 年。

注：辨别力（α）是指项目区分不同潜在隐性压力等级（θ）的能力。五点李克特型量表的响应难度参数（β）：1（从“一点压力都没有”到“一点压力”），2（从“一点压力”到“有些压力”），3（从“有些压力”到“很大压力”），4（从“很大压力”到“极大压力”）。β_M 是四个 β 值的平均值。

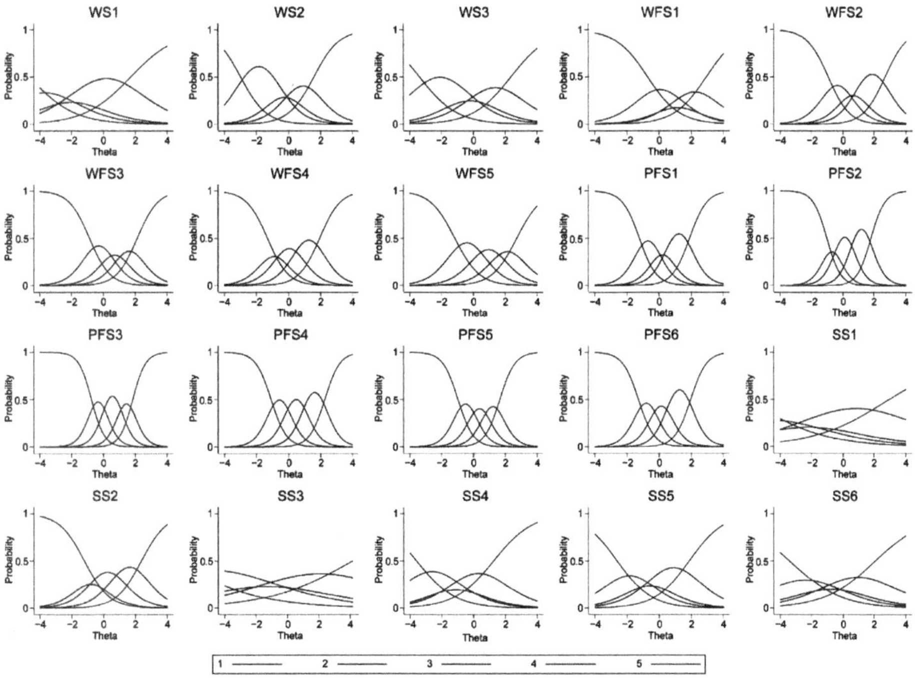

注：曲线表示参与者在不同程度的感知应变下的概率。

图 4.3　研究 2 中获得的 20 个 CPOSS 的项目特征曲线图

资料来源：根据本研究数据分析结果制作，2020 年。

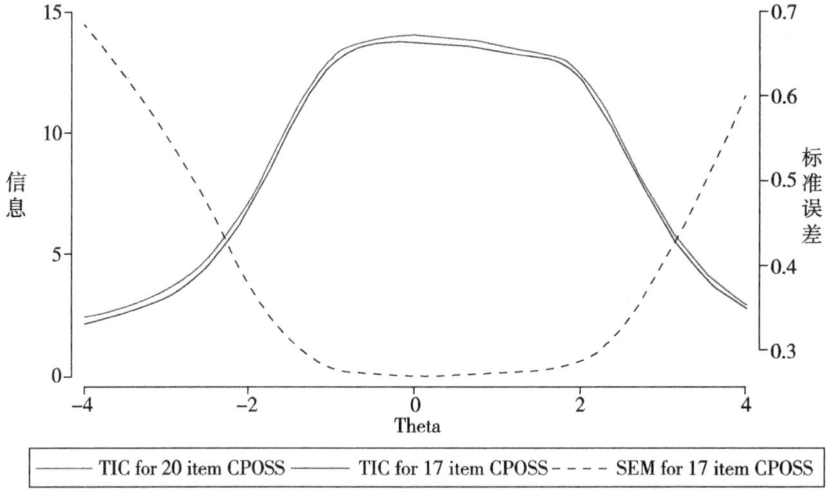

图 4.4　CPOSS 的测试信息曲线（TIC）和标准测量误差（SEM）图

资料来源：根据本研究数据分析结果制作，2020 年。

17 个项目的验证性因素分析。在 17 个项目的 CPOSS 上的验证性因素分析结果（参见表 4.9 和图 4.5）显示，它也具有有效的四因子结构。类似于 20 个项目的 CPOSS，因素之间的相互关系在 17 个项目的 CPOSS 中具有正相关。其余的 SS 因子中的 3 个项目和 20 个项目的 Cronbach's α 系数分别为 0.713 和 0.886。

17 个项目的 CPOSS 的校标效度。表 4.11 显示了 17 个项目的 CPOSS 与四种心理量表之间的关系的有序最小二乘回归结果。如模型 1 和模型 2 的结果所述，在控制了参与者的性别、年龄、民族和党员身份之后，这 17 个项目的平均得分与社会责任感（$\beta = -1.186$，$p < 0.001$）和生活满意度（$\beta = -0.403$，$p < 0.001$）呈负相关。模型 3 和模型 4 揭示了 17 个项目的 CPOSS 的平均得分与权力价值（$\beta = 0.253$，$p < 0.05$）和成就价值（$\beta = 0.269$，$p < 0.05$）呈负相关。

表 4.11　17 项 CPOSS 评分与四种心理量表之间关系的回归模型

	模型 1	模型 2	模型 3	模型 4
	社会责任感	生活满意度	权力	成就
17 – item CPOSS	–1.186***	–0.403***	0.253*	0.269*
	(0.304)	(0.091)	(0.124)	(0.137)
性别（1 = 女性）	0.213	0.186	–0.234	–0.321
	(0.782)	(0.234)	(0.313)	(0.346)
年龄	–0.028	0.007	0.002	–0.012
	(0.020)	(0.006)	(0.08)	(0.009)
民族（1 = 汉）	0.648	–0.091	0.228	0.489*
	(0.530)	(0.159)	(0.218)	(0.241)
党员（1 = 是）	0.159	0.117	–0.285	–0.287
	(0.505)	(0.151)	(0.206)	(0.227)
常数	27.709***	5.043***	2.209***	3.698***
	(1.431)	(0.428)	(0.586)	(0.648)
观测样本	326	326	306	306
R^2	0.059	0.074	0.026	0.043
自由度	5	5	5	5

资料来源：根据本研究数据分析结果制作，2020 年。

注：17 项 CPOSS 的平均值已包括在估计中；括号中的是标准误差；每个模型中的观察结果都不相同，因为一些没有响应变量。*** $p < 0.001$，* $p < 0.05$。

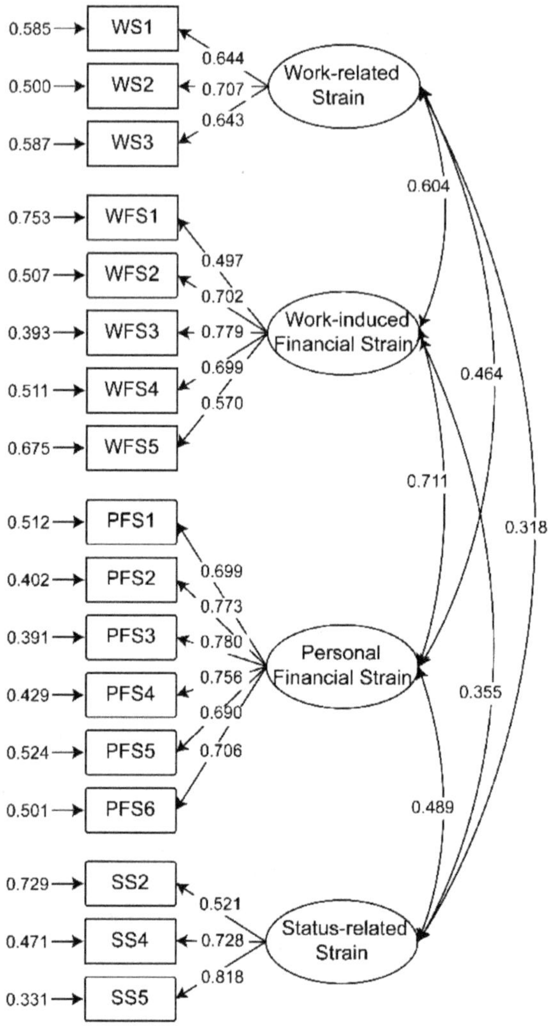

注：所有系数在 $p<0.001$ 的水平上具有统计学意义。

图 4.5　研究 3 中获得的 17 个项目的 CPOSS 的验证性因素分析图

资料来源：根据本研究数据分析结果制作，2020 年。

5. 讨论

研究 3 证实，在不同样本中 20 项 CPOSS 的四因子结构是有效的。由于 3 个 SS 因素没有足够的可分辨性，因此我们将 20 个项目的 CPOSS 修改为 17 个项目的 CPOSS。17 项的 CPOSS 的心理测量特性报告了出色的内部可靠性、结构验证和校标效度。在 CPOSS 的四个因素中（见表4.10），WS 的难度相对较低，WFS 和 PFS 的难度较高，SS 项目的难度混合。这些结果为了解压力源提供了有见地的信息：工作环境中的 WS 对于曾经在基层治理机构工作的参与者来说是一个普遍的压力源。同时，两个 SS 项目（SS4“由于实现亲戚的利益而感到烦恼”和 SS5“由于无法实现亲戚的目标而感到压力”）也很普遍并且易于认可。有趣的是，来自机构等级制度的财务压力（WFS 和 PFS）以及与地位相关的压力相对难以认可。

（六）讨论与总结

尽管定量实证研究很少，但自兰顿等的研究[①]以来，在 GST 框架下关于白领犯罪原因的研究迅速增多。为了促进这一领域的发展并在未来的研究中明确检验 GST，在当前研究中，我们开发了 17 个项目的 CPOSS（请参阅附录），从而对曾作为基层公职人员的中国腐败罪犯的压力进行评估。具有四要素结构的 CPOSS 既可以涵盖原始版本的 GST 提出的三种类型的压力[②]，也可以涵盖与白领犯罪相关的三种特殊压力源[③]。一项标准验证的结果表明，CPOSS 得分与生活满意度呈负相关，这支持了 GST 提出的介于压力和负面情绪之间的经典理论路径。[④]

CPOSS 的四要素结构为在 GST 的框架下启发未来对白领犯罪的研究提供了潜在的空间。特别是当前的研究表明，某些压力不能归类为可能引发白领犯罪的三种压力中的一种。[⑤] 例如，工作财务压力（WFS）同时引起 WS 和财务压力，因为某些财务压力可能是由工作职责导致的，特别是对于经常遇

---

① See Lynn Langton & Nicole Piquero, *Can General Strain Theory Explain White - collar Crime? A Preliminary Investigation of the Relationship between Strain and Select White - collar Offenses*, Journal of Criminal Justice, Vol. 35: 1, p. 1 - 15 (2007).

② See Agnew R., *Foundation for a General Strain Theory of Crime and Delinquency*, Criminology, Vol. 30: 1, p. 47 - 88 (1992).

③ See Agnew R., Piquero Nicole & Cullen Frances, *General Strain Theory and White - collar Crime*, in Simpson S., Weisburd D., The Criminology of White - collar Crime, New York: Springer, 2009.

④ See Agnew R., *When Criminal Coping is Likely: An Extension of General Strain Theory*, Deviant Behavior, Vol. 34: 8, p. 653 - 670 (2013).

⑤ See Robert Agnew, Piquero Nicole & Cullen Frances, *General Strain Theory and White - collar Crime*, in Simpson S., Weisburd D., The Criminology of White - collar Crime, New York: Springer, 2009.

到低工作资金与高工作支出之间矛盾的基层公职人员而言。

其他三种类型的压力通常与 GST 的理论观点一致。[①] 例如，WS 主要描述基层公职人员日常活动对环境的压力。个人财务压力（PFS）描述了个人财务压力的两个特征：收入不平等环境下的社会比较，以及无法提高家庭生活质量。地位相关压力（SS）主要表现为受职位影响的社交活动带来的压力。

当前的研究存在一些局限性。第一，CPOSS 的所有项目都描述了主观因素。正如艾格纽指出的那样[②]，某些客观因素通常与个体主观因素有不同的联系，因此基层公职人员的客观因素可能提供有力的证据来验证 GST 的普遍性。因此，在未来的研究中应考虑目标压力潜在测量策略。第二，研究 1 中提出的项目主要复现了被关押在监狱中的参与者所回忆起的负面情景，需要进行额外的评估，以确定 CPOSS 在测量来自非监禁个体的压力时是否具有出色的验证性。第三，CPOSS 是根据监狱在押的原基层公职人员的罪犯开发的。CPOSS 在测量来自其他白领行业的压力中的可行性时应通过未来的研究加以验证。第四，三项研究中的所有样本都是通过方便抽样进行的，这可能导致潜在的选择偏差，需要进一步研究的是随机抽样设计。第五，我们在中国社会进行了 CPOSS 的开发与检验，这可能与西方社会在社会文化特征上存在差异。

尽管有上述局限性，但这项研究仍有重大贡献。据目前掌握的文献所知，CPOSS 是第一个针对 GST（特别是白领犯罪研究）定制的压力测量量具。CPOSS 具有合理的项目数量、合格的心理测验特性以及出色的理论内容通用性等优点，具有克服先前研究的测量限制的巨大潜力。对于将来采用 GST 作为理论框架的有关白领犯罪和压力的其他相关研究（例如，警务研究和白领职业健康），建议使用 CPOSS，以解决长期缺乏有效压力测量工具的问题。

---

① See Robert Agnew，Piquero Nicole & Cullen Frances，*General Strain Theory and White－collar Crime*，in Simpson S.，Weisburd D.，The Criminology of White－collar Crime，New York：Springer，2009.

② See Agnew R.，*When Criminal Coping is Likely*：*An Extension of General Strain Theory*，Deviant Behavior，Vol. 34：8，p. 653－670（2013）.

四、有关测量与数据分析

本部分梳理研究中测量变量以及所进行的数据分析。

（一）测量

针对本次研究的核心变量，使用了如下的量表进行测量。

压力。本次研究的压力的测量来自 CPOSS 问卷。该问卷对基层公职人员的四个方面的压力来源进行了测量，包括工作相关压力、工作（引起的）财务压力、个人财务压力和地位相关压力。对于工作相关压力而言，主要询问被访者对以下几个方面感到压力的程度，包括“工作辛劳”“付出和回报不平衡”以及“完成单位摊派工作任务指标”（$\alpha=0.740$）。而对于工作财务压力，主要包括被访者因为“完成工作上的‘创收’任务”“单位无法保障个人日常工作开销”“原单位工作经费不足”以及“因工作需要垫钱、贴钱或者打欠条”而引发的压力（$\alpha=0.793$）。个人财务压力则是指被访者“合法收入无法供养家庭”“与收入高于自己的亲戚、朋友同辈人比较”“与收入高于自己的其他人比较”“家庭基本开支问题”“工作性质（工资低、事情多、易得罪人）被家人抱怨”和“合法收入无法提高家庭生活水平（购房、购车或子女教育）”而感到的压力（$\alpha=0.869$）。最后，地位相关压力则由“对比其他干部对上级的接待情况”“由于亲朋好友逼迫而通过手中职权实现个人利益”以及“不当利益在亲戚中分配不均”构成（$\alpha=0.729$）。所有问题均由五点量表测量，取值从“1 = 没有压力”到“5 = 非常大的压力”。每个方面的若干问题的均值构成各个方面的得分。

生活不满。生活不满的测量来自生活满意度量表（The Satisfaction With Life Scale，SWLS）。SWLS 是测量生活满意度的经典量表，其内容有 5 道题，分别询问被访者是否感到“生活大致符合理想”“社会状态非常圆满”“满意自己的生活”“能够得到生活希望拥有的重要东西”以及“如果能重新活过，差不多没有东西希望改变”。选项设置从“1 = 非常不同意”到“7 = 非常同意”。对这 5 个题目反向编码并取均值构成了对生活不满的测量（$\alpha=0.721$）。

享乐价值观。对享乐价值观的测量来自施瓦茨价值观量表中有关享乐价值的内容，其主要包括愉快（满足欲望）、享受人生（享受食物、性、闲暇和各种精神生活等）和我行我素（做自己喜欢的事情）三个方面。根据施瓦茨价值观量表，选项设置为“-1”到“7”。对三个问题的回答取均值，从而构成对享乐价值观的测量（$\alpha = 0.67$）。

腐败信念和腐败行为。腐败信念和腐败行为的测量来自研究自编问卷。对于腐败信念而言，研究者询问了被访者对腐败行为的主观认知，即“只要风险不大，收点、拿点也没关系”以及被访者对与其年龄相仿的干部的行为的认识，即如果这些人“如果拿了一点单位财物”“给他人收礼办事儿”“主动向他人索要财物”和“利用工作便利，搞了一些财物”，那么他们的行为有多大程度上的错误。使用李克特五点量表的方法对这些问题的答题选项进行设置。五个问题回复的均值构成了被访者对腐败的总体态度（$\alpha = 0.864$）。最后，对于腐败行为而言，研究者询问了被访者被捕前平均每年“收礼、收钱办事或者其他的利益交互活动”的频率。选项从“1 = 从无”到“5 = 经常”。

（二）数据分析

为了探索本次研究的若干假设，本节主要采取了以下的统计策略。首先，本研究使用描述性统计对样本人群的人口学变量以及研究涉及的核心自变量和因变量进行统计分析。其次，为了探究变量之间的两两相关关系，本研究计算了核心变量两两之间的皮尔逊相关。最后，为了进一步回答本次研究提出的若干假设，本研究使用了结构方程模型（Structural Equation Model，SEM）的方式进一步探究压力和腐败行为之间的关系，以及其他变量对两者关系的中介效应。值得一提的是，考虑到研究变量可能不服从结构方程模型的多元正态假设，本研究使用了渐进分布自由（Asymptotically Distribution Free，ADF）的方式进行参数估计，从而纠正数据类型对估计结果可能存在的误差。为了估计压力对腐败信念和腐败行为的直接和中介效应，本研究还对压力对两个内生变量的效应进行了进一步分解。对中介效应的标准误的估计，本研究也使用 bootstrap 法[①]对样本进行 1000 次重抽样从而计算其标准误差，计算其实际的标准误差。本次研究使用的统计软件为 STATA16.1。

---

① 参见温忠麟、叶宝娟：《中介效应分析：方法和模型发展》，载《心理科学进展》2014 年第 22 期。

第五章　量化研究结果

研究结果主要分为描述性统计结果、相关性分析结果、测量模型与结构方程模型构建、结构系数结果、中介路径计算结果等内容。

一、相关变量描述性统计结果与相关性分析结果

表 5.1 为主要变量的描述性统计结果。从中可以发现，被调查者平均年龄约为 52 岁，最低年龄和最高年龄分别为 29 岁和 76 岁。这一结果与其他白领犯罪的被访者平均年龄大致相仿。因为基层腐败罪犯需要有一定的工作经验才能接触到社会资本和人脉关系，因此平均年龄相对较高。就性别而言，样本 92% 为男性，8% 为女性，这也与基层公职人员的性别构成存在一定对应关系。考虑到被访者年龄偏大，被访者的婚姻状态多为已婚（98%）。76% 的政治面貌为中共党员。

表 5.1　相关变量描述性统计表（$N=493$）

	均值	标准差	最小值	最大值
人口学变量				
年龄	51.76	8.42	29.00	76.00
性别 = 女	0.08	0.26	0.00	1.00
婚姻状况 = 已婚	0.98	0.14	0.00	1.00
政治面貌 = 党员	0.76	0.43	0.00	1.00
外生观测变量				
工作相关压力（因子 1）	3.45	0.94	1.00	5.00
工作财务压力（因子 2）	2.46	0.89	1.00	5.00

续表

	均值	标准差	最小值	最大值
个人财务压力（因子3）	2.68	0.95	1.00	5.00
地位相关压力（因子4）	3.26	0.98	1.00	5.00
内生观测变量				
生活不满	3.67	1.17	1.00	7.00
享乐价值	2.29	1.61	-1.00	7.00
腐败信念	1.98	0.72	1.00	5.00
腐败行为	1.88	0.94	1.00	5.00

资料来源：根据本研究数据分析结果制作，2020 年。

就不同类型的压力而言，虽然压力总体的得分均处于平均水平，但是不同类型的压力呈现出不同的态势。工作相关压力是被访者感知最为明显的压力，再者为地位相关压力。个人财务压力与工作财务压力则处于相对较低的水平（对每个因子的具体题目的描述性统计详见表 5.2）。对于生活不满和享乐价值而言，生活不满的平均得分为 3.67，说明被访者存在一定程度上的生活不满情绪；而享乐价值得分为 2.29，说明被访者虽然存在一部分享乐价值观念，但是平均而言并不严重。最后，对于腐败信念与腐败行为而言，两者得分类似，表明平均而言被访者存在对腐败行为的错误认知，也有一定频率的腐败行为。

表 5.2　CPOSS 量表相关变量描述性统计（*N* =493）

	均值	标准差	范围
工作相关压力（因子 1）			
因基层工作辛劳而感到压力？	3.81	1.10	1-5
因工作付出与回报不平衡而感到压力？	3.35	1.17	1-5
觉得完成原单位给你摊派的工作任务指标有压力？	3.19	1.21	1-5
工作财务压力（因子 2）			
觉得完成工作上的“创收”任务很有压力？	2.22	1.23	1-5
因原单位无法保障个人日常工作开销而感到压力？	2.38	1.17	1-5
因为原单位整体工作经费不足而感到压力？	2.42	1.23	1-5

续表

	均值	标准差	范围
因原单位各类接待活动而感到压力？	2.88	1.26	1－5
因工作需要支付私人金钱或信誉（如为原单位预付金钱、用个人金钱支付工作项目无法得到偿还、替原单位打欠条）而感到压力？	2.40	1.15	1－5
个人财务压力（因子3）			
因使用合法收入（各类工资和福利待遇）供养家庭困难而感到压力？	2.80	1.27	1－5
因为跟收入高于自己的其他人（如乡镇企业家、富裕村民等）进行比较而感到压力？	2.82	1.24	1－5
因为跟收入高于自己的亲人、朋友或同辈人进行比较而感到压力？	2.46	1.16	1－5
因家庭基本开支问题而感到压力？	2.57	1.13	1－5
因自己的工作性质（如工资待遇低、事情多、易得罪人）被家人抱怨而感到压力？	2.71	1.27	1－5
因自己的合法收入无法提高家庭生活水平（如住房、购车、子女教育等）而感到压力？	2.77	1.19	1－5
地位相关压力（因子4）			
因跟其他干部对上级的接待情况（如额外招待、接送礼仪、赠送礼品等）进行比较而感到压力？	2.73	1.25	1－5
因为亲戚逼迫（如吵闹、纠缠的方式）你通过手中职权实现他的个人利益而感到压力？	3.69	1.22	1－5
因不当利益在亲戚中分配不均（如没有给亲戚办好事而产生矛盾）而感到压力？	3.36	1.26	1－5

资料来源：根据本研究数据分析结果制作，2020年。

表5.3汇报了主要变量两两之间的零阶皮尔逊相关，从中我们可以部分检验本次研究的若干假设。首先，从压力与腐败行为的相关关系来看，虽然压力因子和腐败行为之间普遍存在正相关关系，但是只有因子2（$r=0.26$，$p<0.001$）和因子3（$r=0.12$，$p<0.001$）与腐败行为的相关关系的显著程度达统计学显著。因此，假设Ha_1的内容得到了部分支持。其次，可以发现

四类压力因子和生活不满均存在显著的正相关关系，生活不满与腐败行为也存在显著的正相关关系。生活不满可能对压力与腐败行为之间的关系起了一定程度的中介作用，因此 Hb_1 的假设得到部分支持。而对于享乐价值观和腐败信念而言，虽然并非所有的压力因子与这两个变量均存在显著的正相关关系，仅有因子 2 和因子 3 与享乐价值和腐败信念之间存在正相关关系，但享乐价值和腐败信念与腐败行为之间的关系却达到统计学显著的程度，因此研究假设 Hb_2 和 Hb_3 也得到了部分支持。最后，可以发现生活不满（$r=0.10$，$p<0.05$）和享乐价值（$r=0.23$，$p<0.001$）与腐败信念之间也存在显著的正相关关系。结合上述变量之间的相关关系，这一结果也部分支持了 Hc_1 和 Hc_2 的合理性。

表 5.3 零阶皮尔逊相关

	(1)	(2)	(3)	(4)	(5)	(6)	(7)	(8)
1 因子 1	1.00							
2 因子 2	0.43***	1.00						
	(0.00)							
3 因子 3	0.39***	0.60***	1.00					
	(0.00)	(0.00)						
4 因子 4	0.21***	0.33***	0.42***	1.00				
	(0.00)	(0.00)	(0.00)					
5 生活不满	0.12**	0.17***	0.35***	0.17***	1.00			
	(0.01)	(0.00)	(0.00)	(0.00)				
6 享乐价值	0.03	0.10*	0.11*	0.01	-0.08	1.00		
	(0.45)	(0.03)	(0.02)	(0.75)	(0.09)			
7 腐败信念	0.01	0.26***	0.19***	-0.05	0.10*	0.23***	1.00	
	(0.88)	(0.00)	(0.00)	(0.29)	(0.03)	(0.00)		
8 腐败行为	0.07	0.26***	0.12**	0.05	0.11*	0.23***	0.50***	1.00
	(0.13)	(0.00)	(0.01)	(0.25)	(0.02)	(0.00)	(0.00)	

资料来源：根据本研究数据分析结果制作，2020 年。

注：括号内为标准误；* $p<0.05$，** $p<0.01$，*** $p<0.001$。

二、测量模型与结构方程模型构建

表5.3的内容仅能表明变量两两之间的相关关系，并不能对中介效应是否存在提供确实的依据。因此，本研究需要根据前文提出的若干假设构建结构方程模型。

应用于社会科学的结构模型在20世纪70年代才开始出现①，其应用已变得相当广泛，最近的偏最小二乘法结构方程模型（PLS - SEM）研究表明，该方法发展迅速，并证明了许多技术进步。② 结构方程建模方法被认为是最适合分析变量之间可能关系的技术之一。③ 选择用偏最小二乘结构方程建模来解释中国基层公职人员腐败犯罪影响因素，是因为其有独特的优点：（1）解决复杂问题，不需要大样本；④（2）对数据分布没有具体要求。⑤ 偏最小二乘法结构方程模型评估通常遵循两个步骤的过程，包括测量模型和结构模型的单独评估。第一步是根据与测量模型规范相关的特定标准来检验测量的信度和效度。第一步基于这样的逻辑：如果对度量表示感兴趣的构造没有信心，那么就没有理由使用它们来检查结构关系。但是，如果这些措施被证明是适当的，则第二步涉及对结构模型估计数进行评估。在任何统计分析中，对测量和结构模型的评估应该包括通过样本检查参数估计的稳定性。然而，研究者必须考虑最小样本量要求。偏最小二乘法结构方程模型最小样本容量应等于以下数中较大的数：（1）用于测量一个构造的形成指标的最大数量的10倍，

---

① Jöreskog K. G. , *A General Method for Estimating A Linear Structural Equation System*, Seminar Press, New York, 1973.

② Hair J. F. , Ringle C. M. & Sarstedt M. , *PLS - SEM: Indeed A Silver Bullet*, *Journal of Marketing Theory and Practice*, 2011, 19 (2): 139 - 152.

③ Liu J. , Zhao X. & Yan P. , *Risk Paths in International Construction Projects: Case Study from Chinese Contractors*, Journal of Construction Engineering and Management, Vol. 142: 6, p. 05016002 (2016).

④ Hair J. F. , Ringle C. M. & Sarstedt M. , *PLS - SEM: Indeed A Silver Bullet*, *Journal of Marketing Theory and Practice*, 2011, 19 (2): 139 - 152.

⑤ Zhao X. & Singhaputtangkul N. , *Effects of Firm Characteristics on Enterprise Risk Management: Case Study of Chinese Construction Firms Operating in Singapore*, Journal of Management in Engineering, Vol. 32: 4, p. 05016008 (2016).

(2) 针对结构模型中特定潜在构造的最大数量的结构路径的10倍。① 本研究中样本要求符合既定条件。

建立结构方程模型测量建模是结构方程建模的第一步②，其目的是保证测量工具的质量。验证性因素分析（CFA）是测量模型中用来指定和检验这些关系的传统统计方法。③ 首先，CFA要求结构与项目相关性显著。其次，由潜在因素提取的平均方差（*AVE*）一般高于0.5，但我们可以接受0.4，因为如果*AVE*小于0.5，但组合信度（*CFR*）高于0.6，结构的聚合效度仍然足够。④ 最后，同一构念的项目应该高度相关。为了测量这种相关性，需要两种指标，即组合信度（*CFR*）和Cronbach's α 一般应大于0.7。⑤ 如果满足所有这些标准（显著相关、高*AVE*、高*CFR*和α），则认为项目的聚合效度得到了确认。表5.4报告了使用统计软件STATA的样本聚合效度结果，所有标准基本得到满足。

表5.4 测量模型的聚合效度

因子	题项	因子载荷	*T*值	*AVE*平方根	*CFR*	α
工作相关压力（因子1）	WS1	0.71	20.03	0.700	0.742	0.73
	WS2	0.70	18.84			
	WS3	0.69	18.92			
工作财务压力（因子2）	WFS1	0.53	13.59	0.667	0.798	0.79
	WFS2	0.67	21.32			
	WFS3	0.78	30.17			

① Hair J. F., Ringle C. M. & Sarstedt M., *PLS - SEM: Indeed A Silver Bullet*, *Journal of Marketing Theory and Practice*, 2011, 19 (2): 139 - 152.

② See Anderson J. C., Gerbing D. W., *Structural Equation Modeling in Practice: A Review and Recommended Two - step Approach*, Psychological Bulletin, Vol. 103: 3, p. 411 (1988).

③ See Xu Y. & Chen Z., *Relevance Judgment: What do Information Users Consider Beyond Topicality?*, Journal of the American Society for Information Science and Technology, Vol. 57: 7, p. 961 - 973 (2006).

④ See Fornell C. & Larcker D. F., *Structural Equation Models with Unobservable Variables and Measurement Error: Algebra and Statistics*, Journal of Marketing Research, Vol. 18, p. 382 - 388 (1981).

⑤ See Hair J. F., Anderson R. E. et al., *Multivariate data analysis with reading* (4*th ed.*), Englewood Cliffs, NJ: Prentice Hall, 1995.

续表

因子	题项	因子载荷	*T* 值	*AVE* 平方根	*CFR*	α
	WFS4	0. 68	21. 72			
	WFS5	0. 65	20. 05			
个人财务压力（因子 3）	PFS1	0. 67	23. 11	0. 740	0. 878	0. 87
	PFS2	0. 76	32. 39			
	PFS3	0. 80	38. 43			
	PFS4	0. 76	31. 73			
	PFS5	0. 71	26. 59			
	PFS6	0. 73	28. 44			
地位相关压力（因子 4）	SS1	0. 44	9. 75	0. 691	0. 720	0. 67
	SS2	0. 74	21. 78			
	SS3	0. 83	24. 20			

资料来源：根据本研究数据分析结果制作，2020 年。

注：WS 是工作相关压力；WFS 是工作财务压力；PFS 是个人财务压力；SS 是地位相关压力。

因此，本研究根据前文提出的若干假设建立了结构方程模型（见图 5. 1）。从整体的拟合优度来看，结构方程模型整体拟合优度达到了可以接受的水平。凯尔（Kile）建议，[①] 对于结构方程模型而言，一般考察模型的卡方、*RMSEM*、*CFI* 和 *SRMR* 指标。理想情况下，*CFI* 需大于 0. 9，*SRMR* 需小于 0. 08。[②] 对于本次研究构建的结构方程模型而言，各指标基本达到凯尔建议的标准。因此，对于本研究而言，虽然模型并不完美，但是依然处于可以接受的范围。进一步检视结构方程模型的测量部分，可以发现 4 个压力因子对压力这一潜变量的因子载荷均高于 0. 4，说明 4 个因子可以形成对压力这一潜变量的测量。

---

① Cornell Statistical Consulting Unit (CSCU), *Fit Indices commonly reported for CFA and SEM*, Cornell Statistical Consulting Unit (CSCU) (Sep. 1, 2020), https://www. cscu. cornell. edu/news/Handouts/SEM_ fit. pdf.

② See Hooper D., Coughlan J. & Mullen M. R., *Structural Equation Modelling: Guidelines for Determining Model Fit*, Electronic Journal of Business Research Methods, Vol. 6: 1, p. 141 – 146 (2008).

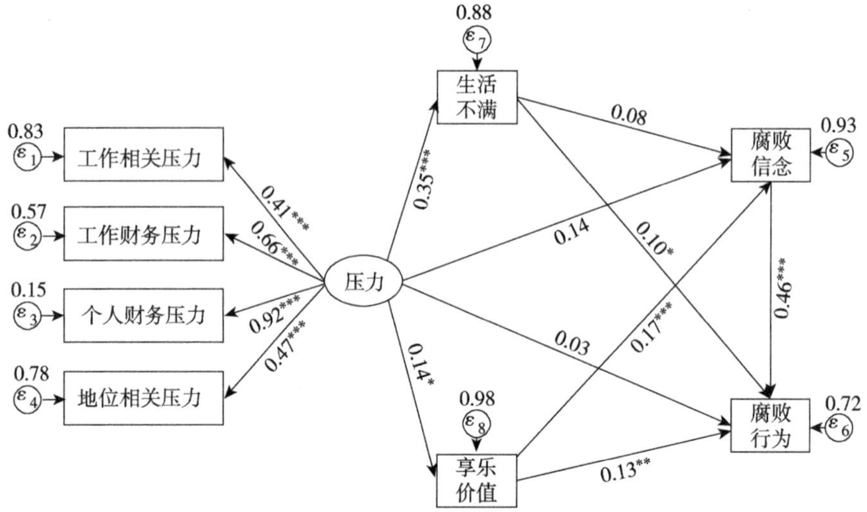

注：系数为标准化回归系数；* $p<0.05$，** $p<0.01$，*** $p<0.001$；

模型拟合参数 $x^2=41.882$，$df=12$，$RMSEA=0.071$，$CFI=0.904$，$SRMR=0.04$。

图 5.1　结构方程模型

资料来源：根据本研究数据分析结果制作，2020 年。

三、结构系数与中介路径计算

对结构方程模型的结构部分的解读可以为本次研究的若干假设提供进一步的证据。首先，虽然表 5.3 中的皮尔逊相关压力与腐败行为之间存在显著的正相关关系，但是根据结构方程模型的结果，两者之间的直接关系并不显著。考虑到压力与腐败行为存在大量的中介桥梁，可能其他中介变量对两者之间的关系是完全中介关系。其次，生活不满与享乐价值均与压力显著正相关，也与腐败行为显著正相关，这与皮尔逊相关的结果非常类似。但腐败信念仅与腐败行为显著相关，与压力之间的关系并未达到统计学显著水平。最后，仅观察到享乐价值与腐败信念显著正相关，生活不满与腐败信念之间的关系也未达统计学显著。

结构方程模型的系数解读可以为本研究提出的假设提供进一步验证，但是对其中中介效应的估计还需要对结构方程模型中的系数进行进一步计算。表 5.5 和表 5.6 分别展示了压力对腐败信念以及压力对腐败行为的直接效应、间接效应和总效应。其中，为了更好地估计每一条中介路径的大小和占比，本研究进一步计算了每条中介路径的大小和占比。

表 5.5　压力对腐败信念的直接效应、间接效应和总效应

	系数	Boostrap 标准误差	p	占比
直接效应				
压力→腐败信念	0. 24	0. 13	0. 07	71. 94%
间接效应				
压力→生活不满→腐败信念	0. 05	0. 04	0. 20	14. 93%
压力→享乐价值→腐败信念	0. 04	0. 02	0. 06	13. 13%
间接效应总和	0. 09	0. 05	0. 06	28. 06%
总效应				
压力→腐败信念	0. 34	0. 14	0. 02	100%

资料来源：根据本研究数据分析结果制作，2020 年。

注：标准误差和 p 值均基于 1000 次 boostrap 重抽样的结果。

表 5.6　压力对腐败行为的直接效应、间接效应和总效应

	系数	标准误差	p	占比
直接效应				
压力→腐败行为	0. 08	0. 13	0. 61	19. 63%
间接效应				
压力→生活不满→腐败行为	0. 08	0. 04	0. 06	19. 42%
压力→享乐价值→腐败行为	0. 05	0. 03	0. 08	11. 00%
压力→腐败信念→腐败行为	0. 15	0. 09	0. 08	35. 93%
压力→生活不满→腐败信念→腐败行为	0. 03	0. 03	0. 22	7. 46%
压力→享乐价值→腐败信念→腐败行为	0. 03	0. 02	0. 07	6. 56%
间接效应总和	0. 34	0. 11	0. 00	80. 37%
总效应				
压力→腐败行为	0. 42	0. 14	0. 00	100%

资料来源：根据本研究数据分析结果制作，2020 年。

注：标准误差和 p 值均基于 1000 次 boostrap 重抽样的结果。

根据表 5. 5 可以发现，压力对腐败信念总效应的 71. 94% 为直接效应，生活不满和享乐价值的中介效应仅占总效应的不到30%。而生活不满和享乐价值的中介效应分别解释了中介效应的14.93%和13.13%。因此，表5.5的结果可以表明，压力对于腐败信念的影响多为直接影响。

压力对腐败行为的中介路径则更为复杂。根据表5.6，压力对腐败行为的总效应非常显著（$b=0.42$，$p<0.001$），但压力对腐败行为的直接效应并不显著，而且仅占总效应的不到20%。而间接效应的总和占总效应的80.37%。这一发现丰富了研究假设Ha_1：虽然压力对腐败行为存在效应，但是这一效应绝大多数都被生活不满、享乐价值和腐败信念所中介，因此，这些中介变量完全中介了压力与腐败行为的关系。

此外，进一步分解间接效应可以验证本研究提出的其他的研究假设。间接效应的前三项系数均为正，这表明研究假设Hb_1 ~ Hb_3均成立。生活不满、享乐价值和腐败信念对压力和腐败行为的直接中介效应具有一定的统计学意义。此外，三者的中介效应并非完全等同，可以发现，腐败信念的一阶中介效应最大，再者为生活不满的一阶中介效应，最后为享乐价值观的一阶中介效应。

对于Hc_1和Hc_2的验证则需要进一步观察间接效应的第四项和第五项的系数。同样，我们发现，两个系数均为正，但是显著程度出现较大差异。生活不满与腐败信念的链式中介效应的p值为0.22，因此我们无法拒绝原假设。而享乐价值与腐败信念的中介效应的p值为0.7，在$p<0.1$的标准下，我们可以拒绝原假设。因此，对于Hc_1和Hc_2两个假设而言，数据结果仅能支持第二个假设。

第六章　研究讨论

通过质化与量化两阶段的混合设计研究，本研究回答了两个重要问题，即中国基层公职人员所经历或感知的主要压力类型是什么？压力是否会增加腐败，以及是通过怎样的途径产生影响？第一阶段质化研究通过无结构化访谈对我国南方某监狱 23 名被判有腐败罪名的在押原基层公职人员的深度访谈，确定了办事资源压力、不良亚文化压力、经济刺激压力、工作冲突压力、政治前途压力、人情世故压力 6 种压力类型。量化研究在开发量表之后进一步将调查 493 名原基层公职人员，并验证压力通过一系列中介变量显著增加腐败行为。然而，本研究也不可避免地存在一些局限性，在未来的研究中，有待进一步深入研究。

一、对质化研究的讨论

对基层公职人员的小样本访谈补充了来自较大的样本组的统计结果，并为调查结果提供了可能的原因。访谈对象在谈及其腐败犯罪原因时谈到上述 6 个维度的问题，这 6 个维度均是以消极生活工作事件的形态展示的，根据艾格纽一般紧张理论，消极的压力会导致人们情绪上的问题继而进一步影响人们的行为，因而从理论上指出消极压力与腐败行为之间可能存在的关系，因此访谈的结果和艾格纽的一般紧张理论也为量化研究的数据分析指明了发展方向。

值得讨论的是，艾格纽曾经对白领犯罪中的压力类型做过明确的分类。他认为白领犯罪中的压力类型主要有三种：经济目标受阻、地位目标受阻，工作相关压力。首先，艾格纽还在 2013 年的研究中，通过总结亚洲社会的实证研究发现，大多数导致西方社会犯罪的压力也导致亚洲社会犯罪，一般紧张理论非常适用于亚洲社会，但是在将该理论适用在亚洲社会的研究中时要注意一定的拓展和修订。其次，艾格纽认为在研究亚洲社会的白领犯罪时应该考虑到许多亚洲社会对集体主义价值观的重视，包括对社会和谐与自我约束的价值观以及这些价值观影响压力和压力反应的事件和条件。艾格纽明确指出代表亚洲社会重要特征的集体倾向价值在减少压力对犯罪行为的影响中扮有重要角色。再次，艾格纽认为将 GST 应用于亚洲社会的研究时需要注意愤怒的经历和敌对表达可能不那么普遍。最后，将一般紧张理论运用到亚洲社会的研究时，基于既有较少但是检验效果良好的研究，艾格纽鼓励研究者继续在压力上发挥创造力，充分利用研究者所在社会的专业知识。本研究期望在艾格纽研究的基础上，在中国社会进一步拓展。正如艾格纽所指出的那样，一般紧张理论在研究中国腐败犯罪中表现出良好的适应性，而且在压力类型上，除艾格纽研究中所指出的经济目标受阻、地位目标受阻、工作相关压力外，确实也出现具有中国社会特色的压力类型。在上述 6 个维度的压力中，经济刺激压力与经济目标受阻相当，政治前途压力与地位目标受阻相当，工作冲突压力与工作相关压力相当，人情世故压力、不良亚文化压力和办事资源压力比较具有中国社会特色（见表6.1）。进一步分析其中的原因，我们可以作出如下讨论：首先，人情世故压力是基于具有中国社会特色的人情观念，在基层公职人员的腐败犯罪中，人情对于基层公职人员而言，是难以回避的压力源。其次，不良亚文化压力的出现，与中国社会比较有特色的圈子文化和关系网具有一定的关系及联系，圈子文化和关系网在中国腐败犯罪中的突出地位是西方社会难以比拟的。最后，办事资源压力与中国社会的体制机制具有一定的关系。中国的政治体制具有集中资源办大事的特点和优势，一方面为中国的对内改革和发展提供强大的动力，另一方面，人权、事权和财权的集中也为基层公职人员的工作模式带来了与众不同的特征——对于领导和上级过于倚重。在这方面，基层公职人员承担一定的工作压力。总之，通过对质化研究部分的讨论发现，西方理论在认识中国问题时有一定的解释力，但是西方理论也存在明确的局限性，我们需要结合中国的实际情况提出适合中国的解释框架和问题解决方案。

表 6.1　艾格纽研究与本质化研究在压力源上的异同

序号	异同	压力源	
		艾格纽白领犯罪压力源（2009 年）	本研究质化研究压力源
1	共同部分	经济目标受阻	经济刺激压力
2		地位目标受阻	政治前途压力
3		工作相关压力	工作冲突压力
4	中国特有部分	—	人情世故压力
5			不良亚文化压力
6			办事资源压力

资料来源：根据艾格纽一般紧张理论和本研究质化部分研究结果制作，2020 年。

二、对量化研究的讨论

在前期预调研与质化研究的基础上，本研究又进一步以一般紧张理论为框架，探究了基层公职人员的压力是通过怎样的机制转换为腐败行为。为了探究压力与腐败行为的关系，以及生活不满、享乐价值和腐败信念对于两者关系可能的中介，本研究对 60 所监狱共计 493 名在押的原基层公职人员进行了调查，并使用了结构方程模型估计压力与腐败行为关系的内部机制。根据结构方程模型的结果，本研究有如下发现：首先，虽然从总效应上看，压力能促进腐败行为，但是在考虑了生活不满、享乐价值和腐败信念的中介效应之后，直接效应并不显著。这表明，上述提及的三个中介变量能完全中介压力与腐败行为之间的关系。其次，压力能直接引起生活不满，产生享乐价值，滋生腐败信念，而这三者均能进一步促进腐败行为的发生。这表明，这三者均能对压力与腐败行为之间的关系产生中介作用。值得一提的是，腐败信念的中介作用明显大于其他两者。最后，腐败信念也能够中介享乐价值与腐败行为的关系。因此，压力与腐败行为之间还存在一条通过享乐价值和腐败信念之间的链式中介机制。

本研究的若干发现不仅进一步验证了一般紧张理论对白领犯罪的适应性，而且对该理论的衍生和拓展也提供了启示。

首先，本次研究测量的四个因子对最终形成的压力这一潜变量的载荷均达到预期值，这表明四个因子均可以视为对压力这一潜变量的测量。考虑到艾格纽2009年的论文指出，白领犯罪的压力源主要来自经济压力、地位压力和工作相关的压力，本次研究的结论可以进一步丰富该理论的内涵。本研究表明，虽然对于我国基层公职人员腐败罪犯而言，上述提及的压力类型具有一定程度的解释力，但是对于该群体而言，压力类型有更加具体的表现形式。例如，研究提及的“创收”、“接待”和“人情”压力均能够反映我国现有的一些政治制度和文化上的特点，这些元素是目前阶段的一般紧张理论所不具备的（见表6.2）。因此，对这些元素的整合不仅可以进一步提升一般紧张理论的跨文化适用性，而且为该理论的进一步发展提供了有效的实证依据。

表6.2　艾格纽研究与本量化研究在压力源上的异同

序号	异同	压力源	
		艾格纽白领犯罪压力源（2009年）	本研究量化研究压力源
1	共同部分	经济目标受阻	个人财务压力
2		工作相关压力	工作相关压力
3		地位目标受阻	
4	中国特有部分	—	地位相关压力
5			工作财务压力

资料来源：根据艾格纽一般紧张理论和本研究量化部分结果制作，2020年。

其次，本研究虽然发现压力和腐败行为之间存在正相关关系，但是压力对腐败行为效应的80%可以被生活不满、享乐价值和腐败信念的中介机制所解释。这一结果进一步表明，虽然一般紧张理论预测了压力和犯罪行为之间的关系，但是由于中介机制的存在，两者的直接关系可能并不存在。

最后，一般紧张理论认为压力与犯罪行为的关系可能受到负面情绪的中介，即压力可能通过产生负面情绪进而滋生犯罪。诚然，生活不满可以被视为负面情绪的一个重要维度，但是，本研究的结果表明，对于基层公职人员腐败犯罪而言，压力还可以通过其他的中介路径引发犯罪行为。可以说，虽然一般紧张理论作为整体的理论框架是合适的，但是对于具体的犯罪而言，还需要进一步整合其他可能引起该犯罪行为的影响因素。而对于基层公职人员的白领犯罪而言，根据先前文献，腐败信念和享乐价值均为引发腐败行为的重要原因。而本次研究的结果表明，两者均可能是压力的直接产物。因此，这两个中介因素可以被纳入一般紧张模型的理论框架，从而进一步丰富理论内涵。

综上所述，前文所提出的 6 个研究假设整体上得到数据的支持。具体而言，研究假设 Ha_1 是压力与腐败行为的直接关联，数据结果支持这一假设，压力与腐败行为之间具有显著关系，这一验证与艾格纽的一般紧张理论和大多数实证研究结果保持一致，即压力对腐败行为确实存在影响。值得一提的是，压力与腐败行为之间没有直接效应，而是完全中介效应。关于压力与腐败行为的一阶中介效应，在 p 值小于 0.1 的情况下，研究假设 Hb_1、Hb_2、Hb_3 均得到数据的支持，生活不满、享乐价值、腐败信念分别对压力和腐败行为起中介作用，这一检验结果与艾格纽 1992 年提出一般紧张理论的基本理论框架和近年来艾格纽一般紧张理论的新发展均保持一致。但是值得讨论的是，Hb_1、Hb_2、Hb_3 显著程度并不高，这一点与一般紧张理论乃至犯罪学实证研究的主流结果并不十分一致，可能的原因是腐败犯罪具有特殊性，犯罪学主流实证研究聚焦在未成年人犯罪，关注的犯罪类型主要是轻微的越轨行为、暴力犯罪、侵财犯罪等街头类犯罪等，而腐败犯罪是典型的白领犯罪，主要是成年人犯罪行为。然而，压力与腐败行为的链式中介效应也并未得到完全支持，一方面关于研究假设 Hc_1，腐败信念在生活不满和腐败行为之间并未起中介作用，即生活不满、腐败信念在压力与腐败行为之间的链式中介作用未得到数据有效支持，这一结果可能是由于腐败犯罪的特殊性，成年人犯罪信念一般不会通过压力和对生活的不满直接转化为犯罪信念，而是应当通过其他途径，准确来说是通过更为深层次的个人内部因素才能转化为腐败信念；另一方面关于研究假设 Hc_2，腐败信念在享乐价值和腐败行为之间起中介作用，即享乐价值、腐败信念在压力和腐败行为之间起链式中介作用，这一检验结果似乎是对 Hc_1 的呼应，即相比于压力、生活不满等因素，享乐价值能够有效影响腐败信念，继而影响腐败行为，而压力与生活不满似乎难以直接影响腐败信念，这与享乐价值和腐败信念均是较为深层次的因素或许有着紧密的关系。总之，前文所提出的 6 个研究假设，整体上得到数据支持，充分得到数据支持的研究假设表明无论是艾格纽1992年的一般紧张理论，还是后来艾格纽对一般紧张理论的发展完善部分对于中国基层公职人员的腐败犯罪行为均具有较强的解释能力；而未得到数据支持的研究假设则表明，腐败犯罪相较于其他街头类犯罪而言，具有自身特殊性，腐败犯罪作为典型的白领犯罪，它的犯罪产生机制更为复杂，层次更深，涉及的概念内涵也更为丰富。

三、对交叉验证的讨论

质化研究与量化研究的交叉比较，可以作出整体解释并可以发现很多新的研究启示。

（一）压力类型的交叉验证

在压力类型方面。质化研究的结果显示有6种不同类型的压力，但是量化研究的结果显示有4种不同类型的压力。而艾格纽关于白领犯罪压力的研究总结出3种类型的压力，其中存在一些共同之处，也有一些差异（见表6.3）。

表6.3　艾格纽研究与本研究结果在压力源上的交叉验证

序号	异同	压力源		
		艾格纽白领犯罪压力源（2009年）	本研究	
			质化研究压力源	量化研究压力源
1		经济目标受阻	经济刺激压力	个人财务压力
2	共同部分	工作相关压力	工作冲突压力	工作相关压力
3		地位目标受阻	政治前途压力	地位相关压力
4			人情世故压力	
5	中国特有部分	—	不良亚文化压力	—
6			办事资源压力	工作财务压力

资料来源：根据艾格纽一般紧张理论和本研究相关结果制作，2020年。

艾格纽总结的第一种与腐败相关的压力是经济压力，这与中国腐败分子面临的经济压力类似。中国的基层公职人员主要处于社会中下层，在研究中他们经常报告在生存、实现目标或满足娱乐需求方面存在经济问题。由于工资微薄，他们也必须承担更大的责任和繁重的工作。因此，他们经常对自己的工作感到不公平和沮丧，根据 GST，这很可能会增加他们的犯罪倾向。而在本研究中，质化研究部分的经济方面的压力则体现为办事资源压力和经济刺激压力，这分别与量化研究部分的工作财务压力和个人财务压力相对应，在这一点上，本研究的质化和量化部分的研究结果是一致的。也就是说，艾格纽总结白领犯罪中的经济相关压力，在中国的环境下有了一些变化，分化成偏向工作的经济压力和偏向个人的经济压力，而这一点在本研究的质化和量化部分都分别得到证实。其中的原因或许与中国的制度有一定关系，中国国家政权制度具有鲜明的中央集权特征，人、财、物等各类重要资源集中在国家，而作为基层公职人员在履行公职的过程中在财务方面等就出现了“公家的”与“个人的”较为明显的概念，也体现出不同的压力感受。但是，基于西方社会特征发展出来的 GST 并没有包含办事资源压力，所以本研究结果与艾格纽的研究结果出现一定程度的差异。

第二种压力，即无法实现地位目标，在受调查的样本中也很普遍。由于职位数量有限、教育背景差、偶尔受到上级机关的阻碍，中国基层公职人员的晋升渠道受阻。GST 认为，这种压力也会刺激基层公职人员为了获取资源或获得晋升而发生腐败。① 质化研究和量化研究结果交叉比较显示，量化研究中与地位相关的压力和质化研究中的两部分压力比较相关，分别是不良亚文化压力和人情世故压力。不良亚文化压力主要体现在基层公职人员在自己的实际工作中对各种潜规则和腐败文化的压力感知。值得讨论的是，在质化研究中不良亚文化压力是一个主要的压力类型，但是在量化研究中，不良亚文化压力只属于地位相关压力中的一个组成部分。由此可见，在无结构化访谈中较为重要的不良亚文化压力，在大规模的问卷调查中似乎显得不那么重要。质化研究和量化研究产生分歧的原因可能是，大多数基层公职人员更倾向于将不良亚文化理解成人情世故或者人脉关系的一部分。此外，在人情世故压

---

① See Robert Agnew, Piquero Nicole & Cullen Frances, *General Strain Theory and White - collar Crime*, in S. Simpson, D. Weisburd D, The Criminology of White - collar Crime, New York: Springer, 2009.

力方面，在质化研究结果报告中，人情世故压力是基层公职人员感受较为明显的一种压力类型。虽然量化研究结果中地位相关压力中包含一部分人情世故压力，但是难以独立成一种压力类型，而且艾格纽总结的白领犯罪压力类型中，并未有人情世故压力。由此可见，在中国的环境中，出现了一个与西方环境下差异较大的压力类型。这或许与中国的文化环境与价值观念有着重要的关系，在中国环境下，人们较为重视人情，重视在人际关系中所处的地位，这在西方环境下是较为少见的。而基层公职人员所工作的环境是直接面对群众，处于一个相对较为固定的熟人社会中，因此，其在这个熟人社会中的人情世故压力和人际关系中所处的地位就经常掺杂在工作乃至腐败行为之中。这或许就是人情世故压力在本研究中是一个重要的压力源，而在艾格纽所总结的压力类型中并不是压力源的可能解释。综上所述，我们在对质化研究和量化研究的交叉验证中发现，量化研究中存在的地位相关压力在质化研究中主要指的是不良亚文化压力和人情世故压力，在中国基层公职人员的认识中，其看重的地位压力主要来源于人情世故和不良亚文化，这与艾格纽总结的地位相关压力存在一定的差异，艾格纽认为地位相关压力主要涉及尊重和赞赏的社会地位。①

第三种压力，即与工作相关压力，也是接受调查的原基层公职人员普遍经历的一种压力源。由于工作性质，他们经常需要联系当地居民或村民，处理他们的问题，满足他们的需求。处在与群众切身利益相关的第一线，基层公职人员必须承受执行政策和完成上级要求的任务压力。这些来自上级和下级的压力挤压着他们，给他们的工作带来了巨大的压力。这可能会被违法者认为是不公正的，并进一步导致腐败。质化研究和量化研究交叉验证显示，量化研究中与地位相关压力在质化研究中主要指的是工作冲突压力，而政治前途压力在量化研究中并没有直接的体现，即质化研究中认为重要的政治前途压力在量化研究的结果中并未显示出来。基层普通公职人员的提拔机会很少，而且一般干部的权力也较小，所以对大多数基层公职人员而言，晋升发

① See Robert Agnew, Piquero Nicole & Cullen Frances, *General Strain Theory and White - collar Crime*, in S. Simpson, D. Weisburd D, The Criminology of White - collar Crime, New York: Springer, 2009.

展前途对他们比较遥远，所以在量化研究的大规模样本调查中，政治前途这一压力源并不显著。而其他类似于保护伞等压力，基层公职人员直接接触的较少，更多的是一些基层领导干部或者公安系统干部有所接触。因此，量化研究中的与地位相关的压力和质化研究中相比而言，主要指的是工作冲突压力。艾格纽在研究中指出，与工作相关的压力主要包括角色模糊（不清楚工作的期望）、角色冲突（不兼容的工作要求，工作和家庭需求之间的冲突）、角色过载（太多的工作，缺乏人员或其他资源来完成工作），低控制中的高工作需求、工作努力而奖励不足，工作不安全感、令人不快的工作条件（例如，重复的工作、低水平的技能利用率）和人际关系问题——包括歧视性待遇和身体、性和心理骚扰。① 相比质化研究而言，相似的压力源包括角色冲突、角色过载、工作努力而奖励不足、令人不快的工作条件和人际关系问题，也就是说，质化研究中大部分工作冲突压力和艾格纽总结的与工作相关压力都可以较好地切合，而量化研究中与工作相关的压力类型则较少。这可能是由于中国基层公职人员涉及的行业与系统过多，而不同的行业系统之间又存在一定的差异，所以在大规模的调查中，主要显示的是一些共同的压力类型。由此可见，量化研究结果更多的是反映大样本中的整体情况，而质化研究和艾格纽的研究成果所体现出的压力类型更加丰富具体。

从艾格纽的研究视角总结，其并没有完全涵盖本研究中其他三种压力，即办事资源压力、不良亚文化和人情世故压力。与西方社会相比，这三种类型都反映了中国独特的政治制度和文化价值观。② 中国的政治制度具有强烈的中央集权③特征。由于中国实行自上而下的制度安排，人事、行政、财权主要集中在上级机关，这使基层公职人员的工作模式具有鲜明的特点。为了获得

---

① See Robert Agnew, Piquero Nicole & Cullen Frances, *General Strain Theory and White - collar Crime*, in S. Simpson, D. Weisburd D, The Criminology of White - collar Crime, New York: Springer, 2009.

② See Oskar Engdahl, *White - collar Crime and First - time Adult - onset Offending: Explorations in the Concept of Negative Life Events as Turning Points*, International Journal of Law, Crime and Justice, Vol. 43: 1, p. 1 - 16 (2015).

③ Birney M., *Decentralization and Veiled Corruption Under China's "Rule of Mandates"*, World Development, Vol. 53, p. 55 - 67 (2014).

上级机关分配的资源，基层公职人员往往需要与上级机关和本单位领导处好关系。如果失败了，他们往往面临很多人、财、物等方面的棘手问题，这可能间接导致腐败或其他非法行为。

另外，人情世故反映了中国独特的文化价值。根据学者提出的亚洲范式理论①（Asian paradigm theory，APT），以依恋、荣誉与和谐为特征的集体主义/关系是亚洲社会行为背后的强烈动机。人情世故压力展示出了 APT 中依恋的大部分含义。根据 APT，对依恋的寻求和保护产生了行为动机。在当前的研究中，基层公职人员在维持与其上级、下属、朋友、亲戚和他们工作的当地居民/村庄的关系方面承受着巨大的压力。特别是对于那些生活在当地社区的基层公职人员而言，角色与社会地位之间的冲突通常会刺激人们产生腐败行为。

此外，不良亚文化压力与亚文化理论非常相似，该理论描述了与主流文化区分开来的偏差亚文化的存在。的确，我们发现中国基层公职人员中确实存在腐败的亚文化，但是，亚文化的性质和成因与亚文化理论所描述的不一样。经典的亚文化理论认为，犯罪和偏差是个人遵循其所属的亚文化的结果。但是，根据访谈的结果，腐败罪犯常常对亚文化表现出厌恶和抵制。此外，亚文化的起因可以归因于中国独特的政治制度和文化传统，这与西方社会不同，在西方社会，目标受阻是亚文化的主要原因。

（二）压力对腐败行为影响的交叉验证

质化研究的结果基本全部与压力和腐败行为有关，即压力直接或者间接导致腐败行为是访谈中被调查者的共同观点。A07 身处工作环境之中，便受到环境的影响与压力，当周围同事、朋友、领导带来的压力导向均与腐败行为有关，那么 A07 便很难置身事外，压力会直接导致腐败行为，这在 A06 的访谈中亦是如此。如果与周围的压力环境相抗衡，得到的结果是周围人的不认可、疏远甚至责难。一个人很难与整个环境对抗，因而不良的压力很容易让基层公职人员服从并产生腐败行为。

---

① Liu J.，*Asian Paradigm Theory and Access to Justice*，Journal of Contemporary Criminal Justice，Vol. 32：3，p. 205－224（2016）.

基层公职人员直面基层群众，日常工作生活离不开熟人社会，因而除工作环境中的压力外，他们还会面临各种亲友的负面压力，而这样的负面压力在某种程度上会直接和间接导致腐败行为的发生。

综上所述，无论是质化研究还是量化研究，都显示出压力与腐败行为之间存在关联，这也符合艾格纽一般紧张理论及其相关实证研究的结果，因而，质化研究、量化研究，艾格纽紧张理论均一致地显示出压力与腐败行为存在关联。

（三）压力对腐败行为作用机制的交叉验证

基于前文量化研究可知，压力对腐败行为的可能作用机制包括“压力—生活不满—腐败行为”“压力—享乐价值—腐败行为”“压力—腐败信念—腐败行为”“压力—享乐价值—腐败信念—腐败行为”。

1. “压力—生活不满—腐败行为”作用机制的交叉验证

关于“压力—生活不满—腐败行为”。在量化研究中，这一作用机制是显著的，而在质化研究中，也存在诸多证据证明上述这一关系。A07 作为原某派出所领导，因收受老板等金钱被判受贿罪。在访谈中，他对自己的腐败行为的认识展现出“压力—生活不满—腐败行为”这一关系。A07 在面对上级拨付的较少的工作经费上，承受着工作运转经费需求与长期短缺经费的巨大压力，长期处于不满状态，作为一个看似光鲜的基层领导干部，他每天面对单位的工作，内心并没有太多的开心与满足，内心时常充满着焦虑、无奈与不满。

A66 作为一位乡镇党委委员、综治办主任，同样体现出“压力—生活不满—腐败行为”的作用机制。在经费开支方面，A66 长期承担负面压力，并对日常经费开支与短缺之间难以平衡产生不满，继而发生腐败行为。而这样的作用机制，不仅体现在基层公职人员的经费方面，也不仅体现在基层领导身上，而且体现在基层的方方面面。

由此可见，“压力—生活不满—腐败行为”在访谈中是普遍存在的，这一作用机制得到质化和量化研究的交叉验证。

2. “压力—享乐价值—腐败行为”作用机制的交叉验证

关于“压力—享乐价值—腐败行为”。在量化研究结果中显著的“压力—

享乐价值—腐败行为”作用机制，在质化研究中依然得到印证，最显著的可能就是 A15 的例子。A15 作为原乡镇党委副书记，在多年长期的艰苦工作后遇到当地征地拆迁，见到一夜暴富的当地人的生活，价值观发生了重大转变。他首先开始厌倦乡镇的工作生活，羡慕城市中的生活，自己坚守多年的价值观开始松动。其次，他又开始对金钱的诱惑变得难以拒绝，羡慕有钱人出入高档酒店高档会所。最终他的价值观彻底崩塌，他开始肆无忌惮地捞钱，征地拆迁的钱、单位的公款，似乎褪变的价值观一夜之间让他变为另外一个人。他还把自己捞到的钱全部让情人保管，回到家和单位依然想给人留下他原来艰苦朴素任劳任怨的形象。然而，他的价值追求和内心世界早已让他在违法犯罪的道路上渐行渐远。

此外，A31 的享受价值观让他为抽好烟想办法弄点钱。A17 则想用公款喝好茶、想使用到气派的办公楼。A29 的享乐价值则是沉溺在赌博之中。无论是贪财、赌博、情人，都反映了基层公职人员享乐价值过重，这与他们长期在基层承受的各种负面的条件或事件压力有一定关系。压力导致享乐价值增加，从而进一步导致腐败行为的发生，这一路径在质化和量化研究中均得到证实。

3. “压力—腐败信念—腐败行为”作用机制交叉验证

关于“压力—腐败信念—腐败行为”。“压力—腐败信念—腐败行为”这一作用机制在量化研究中的显著性得到验证，在质化研究中也发现较多证据。作为多年的村党支部书记，A32 在长期的负面压力下，产生了较为强烈的腐败信念。从 A32 的访谈中，我们发现其具有较强的腐败信念，这与他的贪污行为的发生很难说没有关系。艾格纽在其早期的研究中曾明确指出，反对犯罪的道德信念可能起抑制犯罪压力的作用，而支持犯罪的道德信念可能增强这种作用，而接受违法犯罪信念的个人是不会反对接受违法犯罪行为的。

作为乡镇党委副书记的 A15 和作为村支部书记的 A31 长期工作在基层，因负面压力导致的腐败信念较重。

与众不同的是，作为原乡镇党委书记的 A06，腐败信念似乎隐藏得更深。

质化与量化的研究结果均支持“压力—腐败信念—腐败行为”这一作用机制，艾格纽的理论及其相关实证研究也指出犯罪信念对犯罪行为的作用关系。

4. “压力—享乐价值—腐败信念—腐败行为”作用机制交叉验证

关于“压力—享乐价值—腐败信念—腐败行为”链式中介效应，在量化研究部分是显著的，在质化研究中可以找到一定的证据进行佐证，但是由于链式中介作用路径较为复杂，在访谈的案例中 A07 是较为典型的。A07 在面临负面压力时逐渐开始妥协，价值观出现偏差，对于一些不良嗜好从一开始的不感兴趣，到后来逐渐融入，享乐主义的价值观念随着周围人的影响逐步深入，再到后来想方设法陪好领导，尤其是开始想方设法在经费方面满足部分领导的花费需求。A07 在单位设立小金库为一些领导的私人消费买单，最终也为自己的行为付出代价。类似的情况在 A66 的经历中也存在，把领导接待好甚至比工作本身更为重要，在这样享乐价值的影响下，腐败信念和腐败行为随之产生。由此可见，质化和量化研究中“压力—享乐价值—腐败信念—腐败行为”链式中介效应基本得到印证。

5. “压力—生活不满—腐败信念—腐败行为”作用机制交叉验证

关于“压力—生活不满—腐败信念—腐败行为”链式中介效应，在量化研究中并不显著，但是在质化研究中却发现一些证据。A32 是村党支部书记，在基层长期的经费等难以保障的负面压力下，对现实情况存在不满，认识到只有想方设法接近领导、接近上级，通过送礼等方式让领导与上级工作人员“满意”才能拿到一些经费，这也最终导致他腐败行为的发生。没有经费，村里的事情就很难有效运转，也很难做出事情，所以他们的思路就是在领导和上级工作人员身上“花钱”。A32 或许并不是一开始就认定一定要这么做，但是多年的负面压力，多年的“辛酸苦辣”的不满，让他和他的村委同事们认识到，先把钱花在领导身上，换取经费的拨付，然后再从经费中套出钱弥补之前给领导的花销，剩下的一部分经费才会用在村中的事务上。

综上所述，“压力—生活不满—腐败信念—腐败行为”链式中介效应在量化研究中并不显著，但是在质化研究中可以发现微弱的证据，这或许与链式中介本身的复杂性有关系，越是复杂的内容越不容易证实。

四、研究局限性讨论

当然，本次研究也不可避免地存在一些局限，主要体现在研究对象、研究设计、研究样本与研究理论四个方面。

首先，本研究选取服刑的基层腐败罪犯作为主要的研究对象，得出的结论仅可以表明，压力及其相关中介变量如何引起腐败行为程度的变化。由于本研究无法收集普通基层公职人员的数据，因此研究可能无法回答压力等因素是否能导致腐败行为从无到有的变化。当然，如果压力对腐败行为从无到有和从少到多的变化均具有相同的或相似效应，那么本次的研究结果可以进行适当反推，但是这一假设是否成立还需要进一步的实证研究。此外，本研究开发的 CPOSS 量表由于只有在押服刑人员样本，在推广使用的时候也应保持谨慎态度。

其次，虽然研究设计上，本次研究尽可能地拉开变量之间的时间间隔，比如在问卷设计上，自变量尽可能询问被访者入狱前一年的压力状态，但是由于数据形式依然为截面数据，对研究结果进行因果推论仍需谨慎，因此本研究在研究设计方面也存在一定的局限性。

再次，从样本代表性的角度来看，本次研究虽然收集了全国各地 60 所监狱的在押基层公职人员腐败犯罪数据，但是数据收集的方法并未完全满足随机抽样的假设。考虑到对于基层腐败犯罪公职人员而言，并没有可用的抽样框进行抽样，本次研究在选取监狱的时候，已经尽可能保证监狱选取的随机性和代表性，但是结果仍然可能受到抽样设计的影响。鉴于难以获取中国所有监狱的情况，本研究采用的是非随机抽样方法，按照中国地理和人口特征，将全国划分为若干大区，从每个大区中选取一定数量监狱进行调查，虽然每个监狱样本调查均采用全样本方式，但是整体而言，并不能完全保证本研究样本能够代表整个总体研究对象。我们只能说，在既有的条件下，已经穷尽各种方式使得我们的样本群体尽量能够有效代表研究群体。此外，由于现实条件所限，未能完全实现研究设计和样本代表性的要求，本研究中的数据存在些许不足，如女性数据代表性样本占比较小，结构方程模型中的个别中介系数显著性不强。因此，当解释和概括分析结果时，本研究也注意到需要客观审慎地指出有些问题还有待日后进一步验证。

最后，由于目前文献中对中国基层公职人员腐败犯罪影响因素量化研究相对有限，尤其是中文的研究较少，本研究只能依靠美国犯罪学家艾格纽提出的一般紧张理论框架来发展本研究的理论框架。虽然艾格纽的一般紧张理论在犯罪学界享有盛誉，而且在全球各地的犯罪学研究中被广泛检验，但是将艾格纽的一般紧张理论运用在中国基层公职人员的腐败犯罪解释中还是第一次，这使得本研究的理论基础说服力并不十分强。且本研究中将影响基层公职人员腐败犯罪的动机性质的原因以压力形式进行抽象和一般性的概括，虽然符合艾格纽的一般紧张理论的理念，但确实也存在将多元复杂问题简单化处理的嫌疑。

五、未来研究发展讨论

关于未来研究发展的讨论，主要分为研究理论方面、研究视角方面、研究样本方面、研究设计方面、研究对象方面几个层面展开。

首先，尽管有上述局限性，但目前的研究对 GST 进行了修订和扩展，为中国基层公职人员的腐败犯罪研究提供了独特的见解。GST 被称为解释犯罪的一般理论，自最初提出以来的几十年里经受了全面的检验。兰顿等的研究将 GST 从街头犯罪扩展到白领犯罪，这刺激了对 GST 的修正。本研究进一步将 GST 从西方社会扩展到非西方社会，扩大了理论的范围。此外，我们的研究表明，GST 描述的压力足以解释亚洲环境下导致腐败的压力类型。植根于独特的政治制度和文化价值观的压力也被证明与腐败有显著的关联。不幸的是，这些问题仍然没有被西方关于 GST 的研究所掩盖。因此，当前的研究呼吁对 GST 进行额外的修订和扩展，特别是对非西方社会中独特的文化和结构所产生的压力。这需要进一步扩大 GST 在亚洲社会尤其是在中国社会中的应用研究，在更多犯罪学实证研究中尝试引用和检验 GST，以利于更好地发展 GST，使其成为更具一般意义上解释能力的通用型理论。

其次，在未来的研究中应当更加重视相关心理变量的引入。本研究以 GST 作为理论基础，并且根据研究所涉及的腐败因素的剖析，重在强调外部因素，对于个人内部因素只是进行初步探索。虽然外部压力确实客观存在，但是心理因素的深入探讨可以使得研究视角更加丰富多元。因此，在未来的研究中，可以尝试在目前既有的内部因素的基础上，进一步加入心理因素和变量，从而使得对于中国基层公职人员腐败犯罪原因的探讨更加深入多元。

再次，囿于篇幅，本研究关于腐败原因的探讨不够丰富，在未来的研究中对于不同区域、不同行业、不同犯罪类型可以进行更加深入的探讨。本研究在中国不同区域多所监狱展开调查研究，不同区域可能会存在一定的差异性，因而，在未来的研究中可以划分出不同的区域，也可以按照城区、农村、城乡接合区进行详细划分，并展开探讨。不同行业的基层腐败也可能会存在一定差异，按照不同行业进行一定程度的划分和区分可能得到更加丰富的研究发现，也可能会将腐败犯罪原因的研究推入一个更加细致的层面。本研究将三种主要的腐败犯罪类型进行统一探讨，可以对整体腐败犯罪情况有一个较为宏观的认识，而如果对三种不同的腐败犯罪类型进行详细地划分或许可以有一些更多元的发现。未来的研究中，可以尝试在整体的腐败犯罪研究的基础上，进行单独犯罪类别的犯罪原因的研究和探讨。

又次，在未来条件允许的情况下，可以尝试在获取全国监狱情况的基础上采用多层随机抽样的方法展开纵向的研究。本研究由于条件有限，只能采用非随机的横向研究，研究结论和发现不够丰富。未来在条件允许的情况下，可以尝试在全国监狱中采用多层次随机抽样的方法展开调查研究和数据收集，甚至可以对某些监狱在押的具备一定条件的服刑人员展开长期的纵向调查研究，以利于得到更加丰富的数据信息，从而可以更好地分析出基层公职人员的腐败犯罪原因，也可以更好地构建更加有效的结构方程模型。

最后，在未来的研究中，可以引入在职工作的基层公职人员作为研究样本。本研究的研究群体是基层在押服刑的原基层公职人员，通过本次研究，可以有效探讨不同腐败犯罪程度的基层公职人员的腐败犯罪影响因素。由于缺乏对正常公职人员群体的对比研究，虽然可以进行推论，但是很难得到基层公职人员是否发生腐败犯罪行为的影响因素。在未来的研究中，如果引入在职工作的基层公职人员作为调查的样本，并将其与监狱在押的原基层公职人员样本进行比对交叉研究，可能会得到更加丰富而深入的研究。值得重点关注的问题是，如何确保我们获取的在职公职人员确实属于“干净”的样本。

这是在未来类似的研究中无法回避的一个问题，如果我们收集大量的在职工作的基层公职人员作为研究样本，事后发现这些样本中有不少人在我们调研的过程中或者之前就已经有腐败行为，那么我们的样本数据将成为“不干净”的样本，我们由此得出的结论将会受到质疑。这也是本研究为何在最初的研究设计中没有引入在职基层公职人员作为研究对象的原因之一。期待在未来的类似研究中可以有效地解决这个问题，将基层公职人员的腐败犯罪研究推进到一个更高层次的水准。

第七章　对策建议

党和国家历来高度重视反腐斗争，党的十八大以来习近平总书记就腐败问题发表了一系列重要论述，具有很强的思想性、方向性和针对性，为我们做好新时代腐败治理工作指明了方向，提供了遵循。正如习近平总书记所强调的，要深化标本兼治，夺取反腐败斗争压倒性胜利。标本兼治，既要夯实治本的基础，又要敢于用治标的利器。① 严厉整治形式主义、官僚主义、享乐主义和奢靡之风，坚决反对特权。坚持反腐败无禁区、全覆盖、零容忍，坚定不移“打虎”“拍蝇”“猎狐”，不敢腐的目标初步实现，不能腐的笼子越扎越牢，不想腐的堤坝正在构筑，反腐败斗争压倒性态势已经形成并巩固发展。② 要加强理想信念教育，严格遵守政治纪律和政治规矩，巩固发展反腐败斗争压倒性胜利，一体推进不敢腐、不能腐、不想腐，健全党和国家监督体系。③ 要深化标本兼治，夯实治本基础，持续整治群众身边腐败和作风问题，让群众在反腐“拍蝇”中增强获得感。④ 以系统施治、标本兼治的理念正风肃纪反腐，不断增强党自我净化、自我完善、自我革新、自我提高能力。⑤ 一体推进不敢腐、不能腐、不想腐体制机制建设，推动全面从严治党向基层一

---

① 《习近平在十九届中央纪委二次全会上发表重要讲话》，载中国政府网，http：//www. gov. cn/zhuanti/2018 -01/11/content_ 5255713. htm。

② 《习近平在中国共产党第十九次全国代表大会上的报告》，载人民网，http：//cpc. people. com. cn/n1/2017/1028/c64094 -29613660. html。

③ 《习近平在十九届中央纪委三次全会上发表重要讲话》，载新华网，http：//www. xinhuanet. com/politics/leaders/2019 -01/11/c_ 1123979062. htm。

④ 《习近平在十九届中央纪委五次全会上发表重要讲话》，载中国政府网，https：//www. ccps. gov. cn/xtt/202101/t20210122_ 147251. shtml。

⑤ 《习近平在十九届中央纪委五次全会上发表重要讲话》，载中国政府网，https：//www. ccps. gov. cn/xtt/202101/t20210122_ 147251. shtml。

线、向群众身边延伸，实现正气充盈、政治清明。[①]

本研究在当前反腐方针和对策的指导下，以目前我国犯罪原因主流的解释体系为框架，借助艾格纽的一般紧张理论，分析和认识我国基层公职人员的腐败犯罪问题。通过前文的分析，我们的研究假设基本得到印证。本研究构建并验证了我国基层公职人员腐败犯罪影响因素的结构方程模型，这为我们从另一个路径清晰勾勒了基层公职人员腐败犯罪的逻辑脉络，更为我们治理基层公职人员的腐败犯罪提供了一定的数据支撑。总体而言，基于图 5.1 的结构方程模型的分析，我们认识到，基层公职人员腐败犯罪的影响因素与各类压力有关，普兰特（Plant）曾言："犯罪只是'正常人对非正常的环境所作出的正常反应'。"[②] 因而有针对性疏导基层公职人员负担压力是我们治理基层腐败犯罪的一种策略；同时，我们也认识到压力与腐败行为之间的中介作用是完全中介，这意味着如果切断压力与腐败行为之间的中介路径可以有效地降低压力对腐败行为的影响作用，由此，有针对性地切断中介路径则是我们治理基层公职人员腐败犯罪的重要举措。此外，在调查研究中，我们还发现一些具有一定集中趋势的数据特征，这或许可以为我们基层腐败犯罪预警提供一些建议。总体而言，根据国家腐败治理的大政方针和本研究数据分析结果及研究发现，按照腐败信念的纠正、价值观念的塑造、负面压力的减少、犯罪特征的预警这一重要程度逐级下降的逻辑展开论述。

一、及时纠正基层公职人员腐败观念

加强基层公职人员的理想信念教育。领导干部违纪违法，最后堕入犯罪的深渊，从根本上来说是理想信念的防线崩溃。领导干部一旦丧失了理想信念，就会把握不住自己，就会迷失方向。[③] 须在基层深入推进马克思主义中国

① 习近平：《坚持改革开放坚持高质量发展 在加快建设美好安徽上取得新的更大进展》，载人民网，http：//ah. people. com. cn/n2/2020/0822/c358314 －34243663. html。

② Plant J. S. , *Personality and the Cultural Pattern*, New York：Commonwealth Fund, 1937.

③ 《习近平在党的十九届一中全会上的讲话》，载新华网，http：//www. xinhuanet. com/politics/2017 －12/31/c_ 1122191624. htm。

化、时代化、大众化，建设具有强大凝聚力和引领力的社会主义意识形态。[①] 要广泛开展理想信念教育，使广大基层干部和人民群众在理想信念、价值理念、道德观念上紧紧团结在一起。要坚定基层公职人员的理想信念，引导广大基层公职人员知行合一、言行一致，保持对理想信念的激情和执着，牢固树立正确的世界观、权力观、事业观，用自己的实际行动扎实做好基层各项工作。让党所倡导的理想信念深入基层公职人员和群众的思想和心灵，以实际行动让广大人民群众感受到理想信念的强大力量。

完善反腐法律体系。习近平总书记指出："要善于用法治思维和法治方式反对腐败，加强反腐败国家立法，加强反腐倡廉党内法规建设，让法律制度刚性运行。"[②] 党的十八大以来，《刑法》《刑事诉讼法》《监察法》《公职人员政务处分法》等反腐败法律体系，《党内监督条例》《廉洁自律准则》《纪律处分条例》等党规党法逐步完善，党纪国法齐头并进，全面提升了基层反腐败斗争的制度化、规范化水平，为我们做好新时代基层腐败治理工作指明了方向、提供了遵循。此外，我们可以借鉴相关国家的腐败治理经验，加强信息自由立法。信息自由立法有助于政府实现透明度的制度安排。透明度可以通过各种媒体渠道（电视、报纸、广播和公众告示）实现。它还需要制度化的渠道让公民参与——表达关切并提供反馈。言论自由和新闻自由确保了这些渠道的畅通。为了提高透明度，许多政府都对自己的信息披露提出了要求。例如，美国1972年通过的《信息自由法》（*Freedom of Information Act*），以及最近在南非、纳米比亚、莫桑比克、马来西亚等国通过的类似立法，都要求政府向公民提供政府行为和辩论的详尽记录。国际货币基金组织整理了其在财政透明度领域的调查结果，制定了一套财政透明度良好实践守则。[③] 我国可以加快信息自由立法，从而为实现更加透明高效廉洁的政府和腐败的有

---

① 《习近平在中国共产党第十九次全国代表大会上的报告》，载人民网，http://cpc.people.com.cn/n1/2017/1028/c64094-29613660.html。

② 田坤：《用法治思维和法治方式巩固发展反腐败斗争压倒性胜利》，载《中国纪检监察》2020年第13期。

③ Aufmann D., *Transparency*, *Incentives and Prevention* (*TIP*) *for Corruption Control and Good Governance*, *Empirical Findings*, Practical Lessons, and Strategies for Action Based on International Experience, p. 1-26 (2002).

效治理提供法律保障。

遏制程序性违规行为。为遏制程序性违规行为，应在相应的法律法规中引入独立的第三方对政府公共建设等领域各种程序性执行情况进行监督。该机构应与任何缔约方，甚至与地方当局没有利益冲突。只有这样，才能保证制度的独立性，从而形成客观严格监督的基础。在相应的法律法规中也应当明确，在基层政府的公共建设等领域提供审计服务的机构也必须是独立的第三方，从而规范管理审计工作，净化政企关系。此外，应更加注重程序标准化建设。从中期来看，未来中国腐败治理应强调标准化，以改善反腐败治理。应当更加明确反腐败的法律法规，杜绝对类似腐败犯罪的不同处罚现象。① 更重要的是它将极大地影响中国的治理方式，标准化是中国实现治理体系和治理能力现代化的必然途径。

强化打击力度。在反腐败战略的设计中应该考虑严厉的惩罚，因为它可以增强专业人员的恐惧感，减少他们潜在的腐败行为。② 此外，还应进一步完善权力监督机制。纪委的权力得到加强，有利于加强权力监管。③ 要进一步加强完善纪委等各有关部门权力监督的制度和机制建设。

建立循证反腐资源中心。该中心的主要职责是向体制内外各单位以及基层公职人员和其他专业人员免费提供鉴定与预防腐败的咨询及工具④，为单位建立与完善自身有效的腐败防控和治理体系，为公职人员和其他相关人员远离腐败、保持清正廉洁提供信息、资源和智力支撑。同时，基于最佳循证决策理论，为指导行业内建立相关的反腐委员会、规章、制度、政策、交流等

---

① Wang B., Gu C. H. & Lai T. T., *Possible Reform for Chinese Governance on Anti – corruption*, in 2015 International Conference on Social Science, Education Management and Sports Education, Atlantis Press, 2015.

② Tabish S. Z. S. & Jha K. N., *The Impact of Anti – corruption Strategies on Corruption Free Performance in Public Construction Projects*, Construction Management and Economics, Vol. 30: 1, p. 21 – 35 (2012).

③ Wang B., Gu C. H. & Lai T. T., *Possible Reform for Chinese Governance on Anti – corruption*, in 2015 International Conference on Social Science, Education Management and Sports Education, Atlantis Press, 2015.

④ Le Y., Shan M. et al., *Overview of Corruption Research in Construction*, Journal of Management in Engineering, Vol, 30: 4, p. 1 – 28 (2014).

提供最佳反腐方案，从而推进整个体系、行业、领域的循证反腐工作科学化、智能化、体系化，保障反腐败工作与时俱进。

此外，我们还可以通过减少个人进行刑事应对的可能性来降低基层公职人员的腐败信念。我们可以提高和丰富基层公职人员个人的应对能力和资源。例如，我们可以提高他们的问题解决能力和社交能力。我们还可以通过向他们提供心理咨询服务或增加各种类型的组织关怀等措施来提高他们的常规社会支持水平。我们可以通过改善上级的监督或工作业绩等措施来提高他们的社会控制水平。我们可以尝试改变那些有利于犯罪应对的信念，并减少与腐败犯罪同伴的联系。此外，对党政人员的财产进行实时监控是当下许多国家普遍实行并收效显著的反腐方法，可以起到及时纠正基层公职人员腐败信念的作用。

二、全面塑造基层公职人员价值观念

促进基层公职人员树立正确的价值观。习近平总书记指出，反腐败斗争要坚持标本兼治，注重在固本培元上下功夫。[①] 《人民论坛》的调查结果显示，在基层地区大力培育和践行社会主义核心价值观，破除一些基层“小官”所持有的“享乐主义”“当官本来就是为了发财”等不良价值观念，使广大基层干部牢固树立并坚定“立党为公、执政为民”的核心价值观十分重要。[②] 本研究结果显示，享乐价值观在基层公职人员腐败犯罪形成中具有重要的中介作用，而这样的享乐价值主要体现在享受食物、性、闲暇和各种精神生活、满足个人欲望等，而对于享乐价值的矫正应当使用积极进取的价值观进行引导。因此，我们必须全面塑造基层公职人员的价值观念，为基层公职人员执政、执法营造出尊廉、守廉、讲廉的氛围，使基层公职人员不想腐败。加强廉政教育、遏制享乐主义价值观的泛滥。大力推进廉政文化建设，使基层公

① 《习近平在中央军委党的建设会议上强调 全面加强新时代我军党的领导和党的建设工作 为开创强军事业新局面提供坚强政治保证》，载中国政府网，https：//www.ccdi.gov.cn/toutiao/201808/t20180819_178047.html? t=636703067171941420。

② 栾大鹏：《小官贪腐，哪些心态在作祟？——基于9634份公众样本的调查分析》，载《人民论坛》2014年第33期。

职人员树立正确的价值观，牢固树立“立党为公、执政为民”的观念。[①]

强化基层核心价值观教育。必须强化基层核心价值观教育，引导广大基层公职人员坚持马克思主义，培育和践行社会主义核心价值观。要在基层强化教育引导、实践养成、制度保障，发挥社会主义核心价值观对广大基层干部群众教育、精神文明创建等的引领作用，把社会主义核心价值观融入基层发展各方面，转化为基层干部群众的情感认同和行为习惯，基层干部要加强道德修养，带头弘扬社会主义核心价值观。此外，应加强农村思想道德建设，传承发展提升农村优秀传统文化，不断提高乡村社会文明程度。[②]

建立健全行业道德准则。道德准则是一种常用的治理腐败犯罪的重要策略，而行业道德准则对于治理行业腐败犯罪具有较强的针对性。澳大利亚曾经推行了一项针对某行业的国家行为准则，以约束所有行业专业人员。[③] 道德培训项目有助于防止腐败，通用的行业道德准则不可能针对不同利益相关者在工作中所面临的所有情况，因此为特定利益相关者制定道德准则可能更有用。[④] 此外，为了营造积极的行业氛围，应该着重奖励行业内的道德行为。[⑤] 建议应将更多的投入用于提高公职人员的道德水平，在这方面，专业规范是有效的治理腐败的工具。职业守则是对职业规范最明显和最明确的说明。该准则体现了一种职业的集体良知，也证明了该团体对其道德维度的认可。因此，健全和清晰的专业守则可以有效约束公职人员和企业人员等的行为，从而遏制腐败的发生。

加强社会监督，凝聚社会反腐共识。倾听社群民意，加强社会监督，包括自由和独立的媒体、公众社会参与等。民间社会的监督以及公众参与公共

---

① 参见段小力：《城郊村官腐败的特点及预防对策》，载《农业经济》2008 年第 12 期。

② 《习近平出席中央农村工作会议并发表重要讲话》，载新华社网 2020 年 12 月 29 日，http：//www. gov. cn/xinwen/2020 – 12/29/content_ 5574955. htm。

③ Hartley R. , *Fighting Corruption in the Australian Construction Industry*: *The National Code of Practice*, Leadership and Management in Engineering, Vol. 9: 3, p. 131 – 135 (2009).

④ Sohail M. & Cavill S. , *Accountability to Prevent Corruption in Construction Projects*, Journal of Construction Engineering and Management, Vol. 134: 9, p. 729 – 738 (2008).

⑤ Goldie – Scot H. , *Briefing*: *Corruption in Construction in Developing Countries*, in Proceedings of the Institution of Civil Engineers – Municipal Engineer, Thomas Telford Ltd, Vol. 161: 4, p. 211 – 213 (2008).

部门的决策和运作，一直是打击腐败和改善治理的重要制衡力量和手段。越来越多的证据表明，增强民间社会力量在解决腐败问题方面的重要性。① 世界银行正与全球各地机构通力合作，在许多国家开展了新反腐活动，包括支持民间团体、媒体、专家、私营部门、行政管理部门和立法部门等，以制订治理腐败改革计划。主要利益相关者积极参与民间社会的活动，这为实现改革的主人翁精神和可持续性创造了动力，并树立了良好的信誉，例如东欧和拉丁美洲的一些国家。② 凝聚国际国内、社会各阶层的反腐共识对于有效治理腐败、净化社会风气具有全局性、战略性意义，只有形成强大的社会反腐共识，凝聚国内外和社会各界的力量，才能对腐败行为形成强有力的社会威慑力。

加强腐败和反腐败认知。通过对我国公务员的大样本调查发现，公职人员对腐败的容忍度较低，但参与反腐的积极性相对不高。工作经验较长或月收入较低的男性受访者对腐败的容忍度较高。对腐败的认识和对政府反腐败工作的信心也会影响对腐败的态度。对腐败的了解程度越低，对腐败的容忍度越高，参与反腐败的积极性越低。对政府反腐败战略的信心越高，对腐败的容忍度就越低，参与反腐败的意愿也就越强。③ 由此可见，加强和提升人们对腐败和反腐败的认识，有助于降低人们对腐败的容忍度，有助于提高人们反腐败的意愿和积极性。对中国内地和香港地区大学生腐败观感的调查也显示，在其他条件相同的情况下，对腐败的不同认知，导致对腐败的容忍度不同，进而影响人们参与反腐败的意愿。④ 因而，要想取得理想的反腐成效，必须改善人们对腐败认识不足的局面。

---

① Kaufmann D. Transparency, *Incentives and Prevention* (*TIP*) *for Corruption Control and Good Governance*, *Empirical Findings*, *Practical Lessons*, *and Strategies for Action Based on International Experience*, Draft – world Bank Institute, 2002.

② Kaufmann D. Transparency, *Incentives and Prevention* (*TIP*) *for Corruption Control and Good Governance*, *Empirical Findings*, *Practical Lessons*, *and Strategies for Action Based on International Experience*, Draft – world Bank Institute, 2002.

③ Guo X. J. & Tu W. Y., *Corruption Tolerance and Its Influencing Factors – the Case of China's Civil Servants*, Journal of Chinese Governance, Vol. 2：3, p. 307 – 328（2017）.

④ Gong T., Wang S. R. & Ren J. M., *Corruption in the Eye of the Beholder*：*Survey Evidence from Mainland China and Hong Kong*, International Public Management Journal,, Vol. 18：3p. 458 – 482（2015）.

三、着力减轻基层公职人员的负面压力

一般紧张理论最明显的政策建议也许是减少个人受到有利于犯罪的压力，这可以通过改变人们所处的环境来完成。① 量化分析结果显示，基层公职人员负担压力主要是工作相关压力、工作财务压力、个人财务压力、地位相关压力四个方面，减轻基层公职人员负担压力也应当从这四个方面着手改善基层环境。

（一）减轻工作相关负面压力

工作相关压力主要是指基层公职人员所承担的各类工作上的非经济方面的压力，其特征是工作职责的艰辛。由之前研究可知，② 这部分压力具体包括的是基层公职人员在基层所面对的任务指标摊派压力、维护稳定压力、遭受威胁骚扰压力、执行冲突压力等。由前期访谈调查可知，③ 上级任务指标摊派情况在基层较为普遍，对此，建议建立日常基层工作任务指标分配清单核查制度，可由乡镇及以上纪检监察部门牵头，对核查中发现上级公职人员存在乱摊派、乱分配等不作为或乱作为现象及时制止并提出纠正意见，着力减轻基层公职人员所承担的乱摊派压力，同时，也可开通基层公职人员信息反馈平台，扩大纪检监察部门等的线索获取渠道。基层公职人员所面临的大多数维稳压力均有其深层次的原因，例如因当地征地拆迁工作中某些干部工作不合理或者不合法引发的群众上访事件，对此，应当加大基层反腐力度，努力提高当地群众的安全感和满意度。此外，对于基层公职人员所遭受的威胁骚扰压力，一方面，应当着力维护基层公职人员正当的合法权益，对于故意威胁和骚扰基层公职人员工作的行为，应当给予适当的处罚与教育；另一方面，应当坚持开展落实扫黑除恶行动，着力净化当地的社会风气，震慑企图通过

① Agnew R. & Brezina T. , *General Strain Theory*, in Krohn M. D. , Hendrix N. et al. , Handbook on Crime and Deviance, Cham: Springer, 2019, p. 145 - 160.

② See Kangqing Wang, Zhihao Ma & Yiwei Xia, *General Strain Theory and Corruption among Grassroot Chinese Public Officials: A Mixed - method Study*, Deviant Behavior, Vol. 43: 4, p. 472 - 489 (2022).

③ 王康庆、王大为、张玉琢：《压力源视角下基层公职人员腐败犯罪归因分析——基于对J省A监狱23名在押服刑人员的访谈》，载《领导科学》2019年第24期。

威胁暴力等手段达到其不法目的的人。对于执行冲突中所承担的压力，原因较多，一个重要原因是有些地方基层群众法治观念较为淡薄、矛盾纠纷解决方式较为单一，除加大基层公职人员法治培训力度外，还应加强对基层群众的普法宣传教育，让更多的人知法、懂法，学会用法律思维和法律手段解决所遇到的矛盾纠纷。

严格落实“三个区分”。习近平总书记指出，要做到“三个区分”，最大限度调动广大干部的积极性、主动性、创造性。习近平总书记提出“三个区分”，即把干部在推进改革中因缺乏经验、先行先试出现的失误和错误，同明知故犯的违纪违法行为区分开来；把上级尚无明确限制的探索性试验中的失误和错误，同上级明令禁止后依然我行我素的违纪违法行为区分开来；把为推动发展的无意过失，同为谋取私利的违纪违法行为区分开来，保护那些作风正派又敢作敢为、锐意进取的干部。[①] 要在基层公职人员的具体工作中将“三个区分”的要求落到实处，让基层公职人员更加心无旁骛地干事业，更加一往无前地抓好基层各项工作。要将“容错”作为“三个区分”的重要内涵，不能搞一“错”否决、谈“错”色变，切切实实地减轻基层公职人员工作压力。

切实减轻基层公职人员不必要的负担压力。要改进基层领导经济工作的方式方法，坚持勤俭节约、反对铺张浪费，持续为基层减负，反对形式主义、官僚主义，把资源真正用到发展经济和改善民生上来，[②] 健全基层减负常态化机制，持续为基层松绑减负，把基层减负各项决策落到实处，让基层干部轻装上阵。

构建腐败评估和评价体系。对腐败进行评估对于取得反腐败进展、提高廉洁程度、提高透明度和改善问责绩效至关重要。只有了解腐败的程度，才能制定和实施有效的反腐败战略。经验表明，使公共行政受到来自其服务对象即私营部门和公民的压力和要求，对改善服务质量和提高公共行政效率有

---

① 胡俊：《落实“三个区分”破解“洗碗效应”》，载人民网，http：//cpc. people. com. cn/pinglun/n1/2016/0513/c241220 - 28349586. html。

② 《征求对经济工作的意见和建议 中共中央召开党外人士座谈会 习近平主持并发表重要讲话》，载中国政府网，http：//www. gov. cn/xinwen/2020 - 12/11/content_ 5568935. htm。

重大影响。这方面的改革措施可包括制定和公布公共行政服务标准；通过深入评估（包括对公职人员的评估）、对服务对象的调查，并公布结果，根据这些标准评估部门/机构的业绩，设立广泛的用户团体和咨询机构，以及开发基于互联网方式来提供服务。事实证明，这些措施在激发社会需求和提高公共行政服务质量方面极为有效，在美国、英国和马来西亚等国效果均有体现。①

透明度改革。透明度是指及时、可靠的经济、社会和政治信息的流动，所有利益相关者都可以获得这些信息。② 考夫曼（Kaufmann）认为透明的工作理解应该包含以下属性：可访问性（包括及时性和非歧视）、全面性（包括确保关键项目，如离线金融和预算项目）、相关性（避免多余的信息和超载）、质量和可靠性（救援决策和提供给投资者的市场信心，及时性和准确性尤为重要）。虽然透明度通常是可取的，但市场本身很少能诱导出社会所希望的透明度水平，部分是由于不披露信息带来的结果。此外，一些与透明度有关的关键信息只能来自政府机构，例如经济和金融统计。因此，政府应积极促进各机构有关信息的透明流通。国际上证明有效的透明度改革，我们可以依据我国具体国情和体制特征尝试性地部分吸收借鉴：（1）确保政府信息的公开；（2）要求某些类型的政府会议对公众开放；（3）就法令、法规和法律草案举行公开听证会和公民投票；（4）公布司法判决；（5）加强行政申诉系统（为公众提供一个对国家错误决定进行裁决的程序）；（6）通过禁止审查制度，阻止政府官员使用诽谤和诽谤法作为恐吓记者的手段，鼓励媒体所有权的多样性，确保新闻自由；（7）邀请人民群众监测其工作绩效。③

（二）减轻工作财务负面压力

工作财务压力主要指的是基层公职人员在办事中承担经济压力，其特征

---

① Kaufmann D. Transparency, *Incentives and Prevention* (*TIP*) *for Corruption Control and Good Governance*, *Empirical Findings*, *Practical Lessons*, *and Strategies for Action Based on International Experience*, Draft - world Bank Institute, 2002.

② Kaufmann D. Transparency, *Incentives and Prevention* (*TIP*) *for Corruption Control and Good Governance*, *Empirical Findings*, *Practical Lessons*, *and Strategies for Action Based on International Experience*, Draft - world Bank Institute, 2002.

③ Kaufmann D. Transparency, *Incentives and Prevention* (*TIP*) *for Corruption Control and Good Governance*, *Empirical Findings*, *Practical Lessons*, *and Strategies for Action Based on International Experience*, Draft - world Bank Institute, 2002.

是工作活动引起的财务压力。根据前期研究，这部分压力主要包括创收压力、单位财务运行压力、招待压力、争取上级部门支持压力、争取现管领导支持压力、垫钱贴钱压力等。大多数的基层村委会和居委会的干部基本上没有多少专门的工作经费，而为保证正常的村（居）务的运转则需要一定的工作经费，这本身就是一组长期没有解决的经济矛盾，所以经常发生资金流转到基层被挪用、贪污的情形。一些在乡镇的派出机构或者乡镇的下属的站、所，以及一些事业编单位也经常出现工作经费不足而需要自己创收的情况，有些基层干部还得长期因为工作而自己垫钱、贴钱等。为此应当通过各种渠道保障基层基本工作经费并切实完善基层财务管理和监督制度，堵住基层工作经费不足而导致的各种经济乱象的漏洞。中央八项规定出台以后，基层接待压力明显减轻，但是有些基层公职人员变相违规接待事情依然存在，借以人情名义的接待依然给基层公职人员带来经济上、精神上的压力，由此对八项规定的落实应常抓不懈，对变相违规接待问题严肃查处。基层人权、事权、财权等较为集中在领导和上级部门之中，基层干部希望做好自己的工作，自然离不开争取上级部门和自己主管领导的支持。在此过程中，基层干部承担着不小的压力。对此，应当进一步简政放权，将一部分事权、财权等下放基层，健全基层民主集中制，破除个别领导干部大权独揽、独断专行的现象。

透明和有竞争力的公共采购。在转型经济体和发展中经济体，公共采购中的腐败现象普遍存在。减少腐败需要在重大合同的透明度和竞争性招标方面坚持严格的纪律，最大限度地扩大公众监督和审查范围。① 为了提高政府采购的效率和制止腐败，所有采购通知及其结果都发布在一个公开的网站上，积极引导外部监督。政府应当为大型采购项目以及整个透明招标过程制定详尽的规则，非政府组织也应当发挥其应有的作用。同时，还应积极追查项目中采购不当的公司，在相关网站上公布参与腐败采购而被公开摘牌的企业名单。

完善政府公共项目透明机制。这一机制可以使项目信息得到公众的全面

① Kaufmann D. Transparency, *Incentives and Prevention (TIP) for Corruption Control and Good Governance, Empirical Findings, Practical Lessons, and Strategies for Action Based on International Experience*, Draft - world Bank Institute, 2002.

监督，包括决策、立项、招标、项目实施进度等信息。建议采取以下两项具体措施：（1）公共项目启动前应进行公开听证。听证会必须包括政府官员、项目周围的居民以及不同专业背景的专家，如城市规划、考古学、环境保护、土木工程和建筑等方面的专家。听证可以确保决策过程的透明和公平。（2）项目性质、招标、方案、实施等信息应当公开，尤其要建立网站，确保项目信息能够被跟踪，使公众能够对项目进行监督。①

（三）减轻个人财务负面压力

个人财务压力主要指的是基层公职人员承担的个人经济财务方面的压力，其特征是由于收入比较和无法改善家庭生活而造成的财务压力。这主要包括生存刺激压力、发展刺激压力、享受刺激压力等。我们在对 493 份有效调查的数据中，统计了监狱在押的原基层公职人员的社会地位等级，共有 10 个等级，自我报告犯罪前处于 5 级及其以下的占比为 77%，基层公职人员整体社会地位较低，而这与他们自我所报告的较低水平的工作收入有重要的关系。他们承担个人和家庭生存的压力、个人事业和子女发展经济压力，还有一些城乡接合部和城中村基层干部，承受周围物质享受刺激压力。研究中，我们也发现，不同区域的基层公职人员承担的压力与其所处的环境具有很大关系，即所处区域经济发展速度越快或者国家短期内投资越大，其相应压力越大，这些区域主要包括城乡接合部、（矿、油、林、牧、渔等）自然资源丰富地区、城中村、（退耕还林等）半山区、移民发展区、交通发展要道等。对此，我们认为，一方面完善基层公职人员的薪酬制度②，使其付出与工作报酬相匹配，可在条件允许区域对于村（居）委干部等试行当地中等收入报酬政策；另一方面，对于基层公职人员个人压力大的重点区域给予重点关注。城乡接合部经济发展快，社会关系较为复杂，工作任务艰巨，对此区域的基层干部，一方面要及时提高经济待遇，另一方面要重点加强思想教育，提高整体队伍素质，对于工作量大的工作要及时多配置相应的干部。对于自然资源丰富地

---

① Shan M.，Le Y. et al.，*Investigating the Underlying Factors of Corruption in the Public Construction Sector*：*Evidence from China*，Science and Engineering Ethics，Vol. 23：6，p. 1643 – 1666（2017）.

② 参见陈文权、余雅洁：《关于治理“小官”腐败的实证探析——基于重庆市基层干部的问卷调查》，载《中国党政干部论坛》2018 年第 5 期。

区，由于经济利润的巨大诱惑，基层公职人员承担的经济对比压力也较大，因此，要加强对区域内自然资源丰富地区的管理工作，对矿产资源、油田等区域提高管理级别，规范日常管理，避免权力寻租行为的发生。对于其他城中村、移民区等区域，也要因地制宜地管理和关注当地基层干部，他们所面临的压力和繁重的工作量不是一般基层干部所能承受的，给予他们必要的支持和关照，能够预防和及时制止上述区域基层腐败的大量发生。

建立健全基层会计和审计制度。简化报告要求，改进信息系统和加强机构监督。经验表明，由于基层资源有限，可以尝试通过利用私营部门提供信息和会计服务、建立其最佳能力的管理结构以及根据当地能力和情况调整监督与执法手段来解决这些需求。也可以依托乡镇或区县会计和审计制度完善村（居）委会的会计和审计制度，尤其要注意尽可能简化基层的报销流程和手续，注重对基层会计人员的培训和日常管理。

加快基层预算制度改革。研究发现预算改革对腐败控制具有显著影响，一些研究已经讨论和解释了政府财政结构和绩效的转变如何减少寻租动机和控制政府腐败，相较于中央政府，预算对地方政府腐败感知的影响更大。① 随着预算透明度的提高，有望减少基层腐败发生，加快基层预算制度改革有利于进一步加强公众监督，增强民众信任。此外，研究还发现预算赤字对地方政府的腐败观念有非线性影响。②

（四）减轻地位相关负面压力

地位相关压力主要是指基层公职人员承担的在个人政治前途和人情交往中的地位压力，其特征是由于个人职业状况而在帮助/服务他人方面感到压力。这包括保护伞压力、权力压制压力、提拔无望压力、过节人情往来压力、亲人亲戚等人情压力、朋友感情压力等。2018 年 1 月，中共中央、国务院发出《关于开展扫黑除恶专项斗争的通知》，为期三年的扫黑除恶行动为解决困扰基层公职人员的黑恶势力及其保护伞问题作出重要贡献。黑恶势力自身很

---

① Zhang J.，*The Illusion and the Reality of Chinese Budget Reforms*：*Does Budgeting Influence Corruption Perception*?，Chinese Public Administration Review，Vol. 8：1，p. 1 – 22（2017）.

② Zhang J.，*The Illusion and the Reality of Chinese Budget Reforms*：*Does Budgeting Influence Corruption Perception*?，Chinese Public Administration Review，Vol. 8：1，p. 1 – 22（2017）.

难与整个基层公职人员队伍正面较量，更多的是通过腐蚀领导干部、形成利益共同体的保护伞而对基层公职人员施加压力和影响，因此持续扫黑除恶将会为基层公职人员减轻保护伞压力带来帮助。因而建议，打击黑恶势力和保护伞行动应当形成常态机制、常抓不懈。权力压制压力更多的是一些领导干部干预基层公职人员的正常工作、恣意妄为，破坏基层的正常运转，因而建议，着重规范领导干部的职权，尤其是规范地方一把手的权力。阿克顿在《自由与权力》中曾写道："权力导致腐败，绝对权力导致绝对腐败。"① 规范制度建设，将权力纳入制度的牢笼，规范领导干部权力，才能减少对基层干部工作职权的压制。基层大多数公职人员提拔较为困难，应当充分重视和关爱基层公职人员，对于领导干部和上级部门提拔任用干部均应考虑要求其具有一定基层工作经历，引导广大干部到基层锻炼、在基层成长，建立健全基层优秀公职人员选拔通道。对于人情方面压力，要继续长期坚持中央八项规定，尤其是加大在过节时对违反规定的基层公职人员的打击和处罚力度，同时，还应当加大宣传和教育力度。对于亲人亲友的人情压力，一方面要加强对基层公职人员自身的教育和普法宣传，尤其是通过身边实例教育基层干部。可以尝试通过展示一些基层干部的违法犯罪的材料或者在押服刑的原基层干部现身说法，让基层干部充分认识到违法犯罪的后果。另一方面，可以将基层干部身边的亲友一起纳入宣传教育之中。此外，更广泛地说，我们可以通过改变更大的社会环境来实现上述许多目标。更大的社会环境改善不仅缓解了个人所承受的压力，而且使他们有能力以合法方式应对这些压力。②

加强党的基层组织建设。要加强党的基层组织建设，推动基层党组织全面进步、全面过硬。要坚决整治形式主义、官僚主义，让基层干部从繁文缛节、文山会海、迎来送往中解脱出来，对形式主义、官僚主义要毫不妥协，全面检视、靶向纠治，持续为基层松绑减负，树立重实干、重实绩的用人导向。要坚持不懈整治"四风"，抓紧解决人民群众反映强烈的形式主义和官僚

---

① ［英］约翰·埃默里克·爱德华·达尔伯格－阿克顿：《自由与权力》，侯健、范亚峰译，译林出版社2011年版。

② Agnew R. & Brezina T., *General Strain Theory*, in Krohn M D, Hendrix N, Hall G P, Lizotte A J., Handbook on Crime and Deviance, Cham: Springer, 2019, p. 145－160.

主义、干部不担当不作为、侵害群众利益等突出问题。坚决防止形式主义、官僚主义滋生蔓延。持续整治群众身边腐败和作风问题，让群众在反腐“拍蝇”中增强获得感。

权职归位，增强政府干预科学化。既当裁判员又当运动员的模式似乎很难保证比赛结果的公平，让裁判员专司裁判，让运动员专职比赛，避免角色混乱，确保权责相当，让各自权职回归本位应当是腐败治理的一条重要的发展方向。政府的项目所有权和监管职能适当分离，可以有效减轻腐败，因为它可以恢复行业的竞争性。① 角色适当而良好的领导制度可以有效抑制腐败，从而有助于工作有效开展。② 为了系统地根除腐败，必须对官员的自由裁量权进行审查、评估和监测。政府干预必须谨慎使用，因为这种干预可能导致官员腐败。政府对采矿、建筑和房地产等行业的参与必须合理化、科学化，以最大限度地减少官员腐败的经济机会。③

合理化基层领导干部任期。研究发现，中国腐败可预测性受政府领导稳定性的显著影响，当同样的领导人长期担任重要职务时，腐败就相对可以预测，从而减少了对企业的阻碍。当领导人频繁更换，企业家需要不断培养与官员的新关系，面临更多的不确定性。因此，腐败成为一大障碍。④ 在监狱调研过程中，调查对象也表示，很多基层干部，尤其是村委会、居委会干部长期任职，把持村务、任人唯亲、暗箱操作、打压群众等。基层干部长期任职容易发展成为强大的利益集团，从而危害公共利益和群众权益，因此对基层领导干部任期进行一定程度的限制确有必要。但是在实际调研中，有的地方基层干部任期过短，三年一换也容易出现问题，在如此短期的任期循环过程

---

① Kenny C., *Transport Construction, Corruption and Developing countries*, Transport Reviews, Vol. 29: 1, p. 21 – 41 (2009).

② Bowen P. A., Edwards P. J. & Cattell K., *Corruption in the South African Construction Industry: A Thematic Analysis of Verbatim Comments from Survey Participants*, Construction Management and Economics, Vol. 30: 10, p. 885 – 901 (2012).

③ See Yi Feng, Zhijun Gao & Honglei Zhang, *What Leads to Official Corruption in China? A Politico – economic Analysis of Economic Opportunities and Government Corruption across China's Provinces*, Post – Communist Economies, Vol. 30: 3, p. 273 – 289 (2018).

④ Zhu J. & Zhang D., Does Corruption Hinder Private Businesses? Leadership Stability and Predictable Corruption in China, Governance, Vol. 30: 3, p. 343 – 363 (2017).

中，基层真正需要做的工作尤其是长期艰巨的工作，很难有效完成，有些工作停留在应付了事的层面。

四、从有关犯罪基本特征开展犯罪预警

基于前期在全国范围内的调查研究发现，基层公职人员腐败犯罪具有一些明显的聚集特征，这些特征可以为我们治理基层公职人员腐败犯罪提供预警方略，从而有利于我们更好地打击、预防和治理基层公职人员的腐败犯罪问题。

（一）基于人员特征预警

从统计数据中可以发现，被调查者的平均年龄约为52岁，最低年龄和最高年龄分别为29岁和76岁。因为诉讼时间较长，加上侦查破案时间，调查样本中的公职人员的违法犯罪平均年龄应在40～50岁。所以，从基层公职人员腐败犯罪预测角度而言，这个年龄段的基层公职人员腐败犯罪的概率较高，从年龄段的预测而言，对于基层干部治理重点关注这个年龄段的公职人员。

在涉案人数方面，最少1人，最多53人，平均约为3人，中位数是2人，涉案1人的有效百分比是45.7%，涉案2人的有效百分比是16.1%，涉案3人的有效百分比是15.3%，累积百分比是77%。由此可见，基层公职人员腐败涉案人员大多数是3人及以下的小团伙。因而，对于基层腐败犯罪预警和预防的重点应放在个人或小团伙的腐败犯罪之上，在基层，大规模的腐败案件占比相对较少。

在被捕前职务方面，共涉及147个不同的职务类别（参见附录）。经统计，最多的是村委会主任，有效占比为17.3%；其次是村党支部书记，有效占比为16.9%；再次是社区居委会主任，有效占比为3.6%；从次是副镇长，有效占比为2.9%；然后是镇党委书记，有效占比为2.2%；最后是社区居委会主任、村会计、村委委员、镇国土资源管理所所长等。从纵向上看，似乎村（居）干部要比乡镇干部的问题更严重一些；从横向上看，似乎农村地区干部比城镇地区干部的问题更为严重，而且无论是乡镇还是村（居）干部，领导干部尤其是一把手领导的问题更为严重。因而要重视农村地区，尤其是村委会的领导干部的腐败问题，加强预警、预防、打击。

建立腐败黑名单数据库。党的十九大报告强调，反腐败“要坚持无禁区、全覆盖、零容忍，坚持重遏制、强高压、长震慑，坚持受贿行贿一起查，坚决防止党内形成利益集团”①。对于犯有腐败及其相关罪名的企业和个人应当建立腐败黑名单数据库。欧盟（EU）曾推行了一种禁止腐败的制度，该制度记录被判有腐败行为的公司和个人，并帮助防止这些腐败的公司和个人参与欧盟的项目。② 腐败黑名单数据库和相关制度的建立，可以对犯有腐败及其相关罪名的企业和个人参与各类与政府相关的项目乃至更大范围的经济活动起惩罚及警示作用。虽然在一定程度上剥夺了其参与特定经济活动的权利，但也在一定程度上抑制他们与相关公职人员形成利益共同体，从而避免发生腐败行为，为该领域、该行业、该系统腐败治理工作打下坚实基础。

（二）基于系统特征预警

对样本系统情况的统计分析显示，刨除无法区分所属行业的职务，例如除村委会主任、乡党委书记之外，所有样本中的行业主要有：镇国土资源管理所所长有效占比为1.8%，镇林业站站长有效占比为1.3%，镇卫生院院长有效占比为0.9%，镇财政所所长有效占比为0.9%，乡财政所所长有效占比为0.9%，镇派出所所长有效占比为0.9%。此外，还有镇土地拆迁管理办公室工作人员、乡财政所会计、街道办事处会计、乡镇企业工作人员、镇农村合作医疗会计等。

因此，从系统特征来看，基层公职人员腐败犯罪主要集中在土地管理系统、林业系统、医疗卫生系统、财会系统、公安系统等。因而，要重点关注基层的上述系统，做好系统内的腐败犯罪高危预警和预防工作，加强系统内的培训、学习和教育。

对于土地管理系统，尤其是在城乡接合地区的土地管理系统，土地征用涉及各种盘根错节的利益关系和纠纷，对于该系统的基层公职人员，尤其是城镇地区的公职人员，要作为高危系统重点关注。

---

① 《受贿行贿一起查》，载中国政府网，http：//www.ccdi.gov.cn/yaowen/201712/t20171213_151248.html。

② De Jong M., Henry W. P. & Stansbury N., *Eliminating Corruption in Our Engineering/Construction Industry*, Leadership and Management in Engineering, Vol. 9: 3, p. 105–111 (2009).

对于林业系统，主要是与国家的退耕还林等投资项目密切相关，重点关注林业和草原资源丰富地区的基层林业管理部门，尤其是与他们相关的项目资金。

医疗卫生系统的农村合作医疗项目、医药器材购买项目等，需要给予重点关注。

财会系统的问题较多，不仅乡镇财政所所长容易出现问题，各个基层单位的财务会计也是高发的领域，包括村委会的会计，因而对于基层财会系统应进一步改革和系统优化，规范财会工作，尝试建立健全基层财会的标准化工作流程和配套机制，加强专业培训和学习教育。

基层公安系统承担的工作任务重、工作压力大，尤其是乡镇的派出所领导。调研中发现，很多基层派出所工作经费非常有限，甚至有些派出所出现不拨工作经费的情况，因而对于公安派出所要加强工作经费、警械装备、人员配置、硬件设施的投入和完善，尤其是城乡接合地区的公安派出所，工作压力大，诱惑多，应重点关注。

（三）基于犯罪特征预警

在腐败罪名方面，依前文所述，本研究关注三个类型腐败罪名：贪污罪、受贿罪、挪用公款罪。在实地研究中，监狱在押犯人所犯的罪名可能不仅上述几个。在具体操作过程中，被调查犯人的罪名中只要包括上述三个罪名中的一个即可，然后去掉犯人罪名中不符合上述三者的罪名。在剩下的罪名中，因为被调查者可能不仅包括一个，综括共有以下七种可能性：贪污罪、受贿罪、挪用公款罪、贪污罪和受贿罪、贪污罪和挪用公款罪、受贿罪和挪用公款罪、贪污罪和受贿罪和挪用公款罪，如图 7.1 所示。

首先，所有罪名，贪污罪是最多的，有效占比为 50.4%，超过一半，基层公职人员腐败犯罪中，一半以上是以单独贪污罪的形式发生的；其次，是单独受贿罪，有效占比为 18.1%，近五分之一；最后，是贪污罪和受贿罪的组合，有效占比为 14.3%，累积有效占比为 82.8%。剩下 4 种可能性罪名占比非常少。因而，在基层公职人员的罪名预警方面，应重点关注和预防贪污罪、受贿罪及二者的组合。此外，在所有的样本中，罪名中含有贪污罪的共计 494 例，罪名中含有受贿罪的共计 244 例，罪名中含有挪用公款罪的共计

118 例。由此可见，从单个罪名观察，基层公职人员的腐败犯罪是以贪污罪为主体、受贿罪其次、挪用公款罪较少的罪名分布。因而，在基层公职人员腐败犯罪的犯罪类型上应该首先重点关注基层贪污罪，其次是基层的受贿罪，最后是挪用公款罪，这启示我们基层的各项制度，尤其是财会制度存在较大的漏洞，从而给基层公职人员留有可以贪污和挪用公款的机会，因此建立健全基层的各项制度，尤其是财会制度，重大而紧迫，也是预防和打击基层腐败的重点内容。

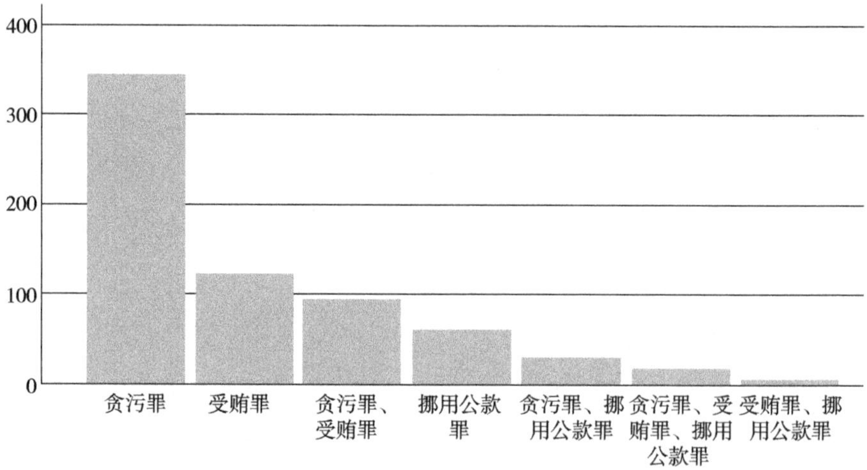

图 7.1　腐败犯罪罪名分布条形图

资料来源：根据本研究数据分析结果制作，2020 年。

加强和完善电子监控系统（EMS）建设。许多腐败案件表明，缺乏信息会大大增加腐败成本。[①] 随着信息技术（IT）的发展，技术在减少腐败中起着重要的作用。IT 提供了提高透明度和减少腐败的新方法。IT 可以提高政府的透明度和问责制，并具有减少腐败的巨大潜力。它可以有效减少并快速控制内部腐败。[②] IT 还可以帮助公众有效监控腐败，通过信息公开和信息共享减

① Bussell J. L.，*Why get technical? Corruption and the Politics of Public Service Reform in the Indian States*，Comparative Political Studies，Vol. 43：10，p. 1230 – 1257（2010）.

② Shim D. C. & Eom T. H.，*E – government and Anti – corruption：Empirical Analysis of International Data*，Intl Journal of Public Administration，Vol. 31：3，p. 298 – 316（2008）.

少腐败。信息技术可以通过监督和控制政府的行为来帮助公众跟踪政府的活动，从而达到减少腐败的目的。[①] 既有的研究基于信息系统（IS）成功模型，评估了中国5个城市使用的电子监控系统（EMS）。EMS在中国反腐的应用中主要集成了三个系统：电子政务内部办公系统、政府办公室的视频监控系统以及政府提供的网络服务系统。EMS使我们能够挖掘、提取和评估政府信息，还可以实施实时监控和预警错误纠正，并通过统一的电子平台提供评估和信息服务。EMS是减少腐败的有效工具，已成为提高预防腐败执行水平的重要手段。但是目前，完善EMS仍然有很长的路要走，现在仍然缺乏规范EMS使用的法律和政策。[②] 此外，监督机构在使用EMS时，应更加注意系统质量和信息质量的提升。

（四）基于位置特征预警

根据前期调研情况，将基层公职人员腐败犯罪的主要发案所处区域位置进行统计，共划分出13类，如图7.2所示。

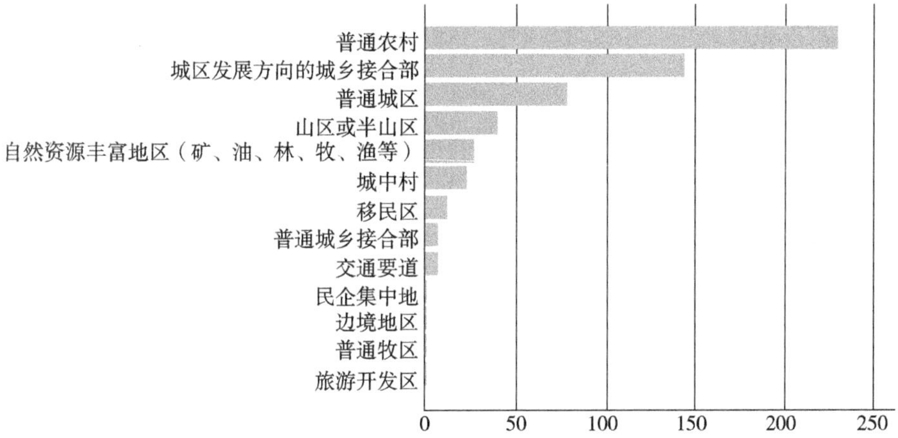

图7.2　基层公职人员腐败犯罪发案位置分布条形图

资料来源：根据本研究数据分析结果制作，2020年。

---

① Shim D. C. & Eom T. H., *Anticorruption Effects of Information Communication and Technology (ICT) and Social Capital*, International Review of Administrative Sciences, Vol. 75: 1, p. 99－116 (2009).

② Hu X. L., *Effectiveness of Information Technology in Reducing Corruption in China A Validation of the DeLone and McLean Information Systems Success Model*, Electronic Library, Vol. 33: 1, p. 52－64 (2015).

我国的普通农村和普通城区的面积最大，二者对实践的指导和预警意义并不大。除二者之外，我们可以发现，城区发展方向的城乡接合部较其他类型较多，甚至超过面积更大的普通城区，由此可见城区发展方向上的城乡接合部的基层公职人员腐败犯罪问题最为严重和突出。根据笔者的观察，主要的原因是：（1）城区发展方向上的城乡接合部在短期内有大量的资金项目投入，这对原本属于农村地区的公职人员产生巨大的经济诱惑；（2）各种基础设施等建设带来的征地拆迁引发土地价格骤增，利益冲突和权力寻租更易发生；（3）城乡多元价值文化的冲突导致整体区域处于失范状态，矛盾问题纠纷频发，从而致使基层公职人员工作强度大、任务紧，在工资薪酬待遇等没能及时跟进的状态下产生心理失衡。因而，我们应当将城区发展方向上的城乡接合部纳入基层腐败预警和预防工作重点内容，一方面及时提高当地基层公职人员的各项待遇水平，另一方面面对骤增的基层工作，及时增补当地基层公职人员，并加大培训和教育力度。此外，纪检监察部门应当加大对该区域基层腐败问题的查处力度，这不仅能够及时震慑腐败分子，更能够及时避免因基层腐败问题引发该区域的社会矛盾和纠纷，从而避免恶性循环。

山区或半山区的问题也较为突出。主要的原因是，随着近年来我国扶贫工作不断推进和对于环境生态保护日益重视，大量的项目资金投入山区或半山区，这对于原本当地经济欠发达的基层公职人员而言，无疑增大了腐败的诱惑力，对于熟人社会的当地人而言，也无疑感受到权力寻租和利益交换的巨大收益。因此，在继续推进山区或半山区地带的扶贫和环境保护工作的同时，应加强对当地基层公职人员的教育和监督，重点跟踪国家的有关项目资金走向，定期反查，定期走访山区群众及时了解和获取国家有关项目的落地情况，对照检查。

自然资源丰富地区的基层腐败问题也相当严重。其中的原因并不复杂，自然资源丰富地区所带来的经济收益往往是巨大的，而这样区域的相关开采和使用的权力往往与当地基层公职人员有千丝万缕的联系，一旦获取相关项目的开发和使用的权力，所获取的利润是当地其他行业难以比拟的。而在这个过程中，当地的基层公职人员便是各方拉拢和腐蚀的重点。因而，一方面要进一步规范自然资源丰富地区的有关管理权限，加强监督和监管；另一方面要求对相关项目开发的流程和内容进行公开，使其透明化并接受更大范围内的社会监督。

城中村的基层公职人员问题也较为突出，这与当地复杂的人员构成和经济环境密切相关。城中村作为当地经济发展的凹地，一方面，本地势力盘根错节，利用熟络关系拉拢基层公职人员，尤其是利用宗族势力或者涉黑涉恶势力攫取当地经济红利。另一方面，城中村往往承载了大量的外来人口，人员结构复杂，利益交织，文化多元，矛盾纠纷频发，基层公职人员不仅工作量大，还往往直面利益纠葛，承受着大量精神上、心理上的压力和诱惑。对此，首先，应不断深化扫黑除恶，打击和震慑基层黑恶势力和宗族势力，强化基层政府权威；其次，对基层公职人员队伍加强教育整顿，强化领导责任；最后，要不断提升城中村的升级改造水平，尽快将城中村彻底城区化，使其从硬件设施到社区文化完全融入城市。

移民区涉及的人员和干部不多，但是腐败问题不少。近年来，随着国家扶贫项目的推进、城镇化的加快、环保性项目的落地，各个地区出现了不同规模的移民区域。这些移民区域不断有国家大量项目资金注入，基层公职人员骤然出现较大经济支配权力，这对他们本身来说不仅是诱惑，也是别人重点腐蚀的目标。无论是移入的区域还是移出的区域，都会出现基层公职人员自由裁量处置经济目标的经济机会。对此，上级部门应当加强对移民区域的管理和监督，可以短期性调配其他区域基层干部参与移民工作，一方面可以减轻当地基层公职人员的工作压力，另一方面可以增大基层腐败的难度和成本。同时纪检监察部门应当及时跟进移民区的工作，倾听和了解移民群众反映的具体情况，降低基层公职人员腐败的风险。

建立腐败风险大数据预警机制。反腐败的成功在于预防措施，而预防措施的关键在于及时把握趋势，及时发现腐败现象。根据腐败的发展规律，可以检测出权力运行过程中的腐败风险，并对其进行预警。本研究从腐败发展规律出发，对腐败风险预警机制进行了探索，通过大数据建立包括信息收集系统、评价系统、风险识别系统、预警反馈系统在内的腐败预警机制。①

（五）基于问题特征预警

经统计，基层公职人员腐败犯罪涉及的主要问题多达68种（参见附录），其中频率最高的10个主要问题如图7.3所示。

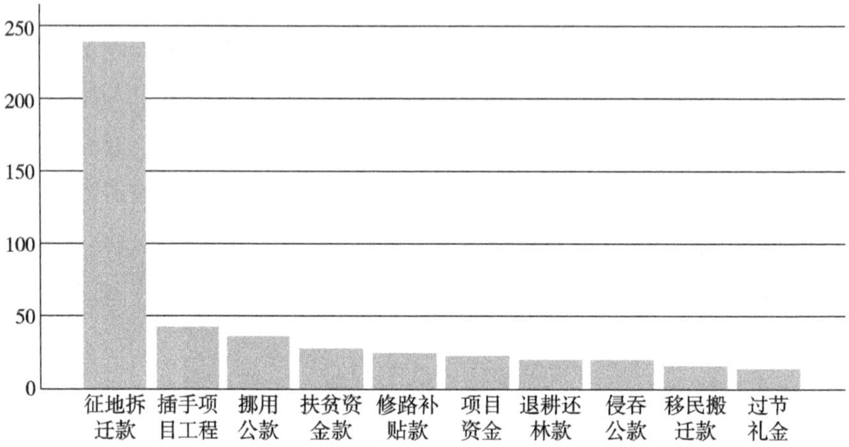

图7.3 基层公职人员腐败犯罪涉及主要问题频率分布条形图

资料来源：根据本研究数据分析结果制作，2020年。

最为突出的问题是征地拆迁款问题。该问题频率之高，远超其他腐败犯罪问题。在基层，随着近年来我国经济发展、城镇化的大幅推进、乡村振兴等一系列的社会发展与变革，土地资源成为各方利益争夺的焦点，尤其是城镇扩张范围内的土地资源极为稀缺，土地价格猛涨，当地基层公职人员由于手中的职权尤其是涉及征地拆迁的职权捆绑了大量的征地拆迁“红利”，成为各类“投机人士”争相腐蚀的对象。兴修基础设施、高铁、道路等带来的土地征用款项、房屋拆迁补偿款、地上附着物补偿款等是一笔数额巨大而范围模糊的款项，虽然一般征地拆迁工作有一些明确的赔偿和补偿的规定，但是具体的土地、河流、建筑物、附着物的价值与价格又难以衡量得非常准确，这就出现了基层公职人员可操作的空间和机会。征地拆迁区域复杂的经济问

① Xiao－ning Z.，Meng－meng Z.，*Research on the Early Warning Mechanism for Corruption Risk in Chinese Clean－government Promotion*，in 2013 International Conference on Management Science and Engineering 20th Annual Conference Proceedings，2013，p. 2230－2235.

题、社会问题与环境问题，涉及人员利益复杂，往往牵一发而动全身，稍有处理不当便容易引发群体性事件和上访问题。因此，建议慎重对待征地拆迁问题，对于必须征地拆迁的区域，要充分做好事前各项准备工作和基层干部储备。对于可拆可不拆的区域，尽量采用其他办法，在以后的城镇化发展过程中，可以重点考虑采取升级改造旧有区域和在空旷地带建设卫星城镇或开发区的方式，尽量避免大拆大建，尤其是要避免人口集中区域和城乡接合区域等敏感位置的大范围的征地拆迁工作。

插手项目工程问题是仅次于征地拆迁的腐败问题。项目工程建设，尤其是基层的项目工程建设，涉及的资金不是非常多，但正是因为涉及的资金不多，因此不会引起过多关注，也不会采用正规招投标的流程，这就给基层公职人员操作和利益交换创造了空间和机会，小到修一座村中的小桥，大到修一段镇上的马路，其中都包含可供牟利的机会。而基层的监督监管本身就缺乏，信息不够公开透明，群众的关注度也不够高，从而导致基层项目工程腐败问题严重。因而建议，对于基层的项目工程建设，充分利用信息化手段和自媒体方式，在流程上公开透明，基层的纪检监察部门也要加强对基层项目建设经费的巡查和公开透明的督导。

挪用公款和侵吞公款问题之所以严重，主要是因为基层的财会等制度建设落后。这与当地的经济发展水平和干部队伍素质密切相关，监督制约不够，专业干部缺乏，导致公款被挪用现象时有发生。对此，建议由上级政府和各部门帮助基层提高办公信息化水平，将基层财务等问题纳入更高级别部门的统一监督之中，充分发挥大数据作用，着力提升政务水平、工作水平和工作透明度，让基层的财务资金流动得到更多、更专业干部的监督。

扶贫资金款、修路补贴款、退耕还林款、移民搬迁款问题较基层其他项目资金更为严重。一方面是国家近年来在上述领域投资较多，而基层关于项目监督管理的水平没有及时跟进，导致这些项目资金出现被贪污的问题。因此，可以考虑，在信息化水平允许的情况下，尝试将各类项目更多地采用线上、线下同时宣传宣讲，以线上申请审批为主、线下确认监督为辅的方式，减少项目的中间申报环节和项目资金的中间发放环节，明确基层干部在其中的主要职责是事实确认和监督，从而最大限度地减少基层公职人员腐败犯罪的诱因。

过节礼金问题是一个重要而持久的腐败问题，这与中国的传统文化尤其是人情文化和关系文化密不可分。有些腐败行为披着人情往来的外衣，大行拉拢腐蚀之实。对此，首先，应当在基层干部思想上做好宣传教育，让更多基层干部重视和意识到这种微腐败问题可能带来的巨大危害；其次，努力净化社会风气，塑造干净清爽的干群关系和文化；最后，对于依然存在的类似微腐败问题加大打击力度，尤其是在中国传统节日到来前后。

关注非传统腐败和网络反腐。国内外很少有政策科学家关注发展中经济体中非传统腐败的治理。普遍存在的非传统腐败是当代中国政治风险的主要来源。跨组织合作对于增强我国治理非传统腐败的有效性至关重要。中国需要调整公私伙伴关系，提高公众参与度，促进非传统腐败治理的组织间合作。① 网络反腐在中国得到了政府和社会的认可。严重的腐败问题呼唤着反腐方式的创新。互联网的快速发展为网络反腐创造了良好的机遇。网络反腐具有成本低、效率高、速度快、匿名性等突出特点，在中国的反腐倡廉中发挥着重要作用。②

发展审计和信息技术。审计和信息技术在某些行业腐败治理中已发挥着越来越重要的作用，在中国行业领域反腐中也得到了越来越多的重视。审计技术可以抑制腐败行为的发生。全球广泛应用的信息技术也有助于抑制腐败。可以借鉴开发反腐信息披露系统，及时披露真实、准确和完整的信息可以提高透明度，并且公众可以访问更多的政府信息。所有这些都是减少腐败的重要先决条件。

---

① Jia Z. Y. , *Inter – organizational Cooperation in Chinese Governance of Non – traditional Corruption*, Proceedings of 2017 International Conference on Public Administration, 2017, p. 273 – 281.

② Xiao Y. W. , *Research on China's Online Anti – corruption and the Government Duty*, in Proceedings of 2015 International Conference on Public Administration, Chengdu, 2015, 272 – 277.

第八章　结　论

以往对于基层腐败的研究主要是从政治、经济、社会、文化4个方面探索腐败的成因，并且提出相应的宏观层面的解释。本研究借鉴一般紧张理论（GST）的框架，指出以往研究归纳宏观层面因素可能转化为个体感知和经历的结构上的紧张，从而引起腐败行为。为了论证这一假设，本研究在全国61所监狱对犯有腐败犯罪的原基层公职人员展开调查，在前期质化研究的基础上，以一般紧张理论为框架，开发和验证了中国公职人员压力量表，并使用结构方程模型估计压力与腐败行为关系的内部机制。研究结果发现，首先，本研究的若干发现证明了相关的研究假设，而且进一步验证了一般紧张理论对腐败犯罪的适用性，并且对该理论的衍生和拓展也提供了启示。上述提及的压力类型具有一定程度的解释力，但是中国基层公职人员有更加具体的表现形式。其次，生活不满、享乐价值和腐败信念在压力与腐败行为之间起着完全中介作用，这启示我们关注具体的中介机制，而这样的中介关系在本研究中不仅限于一般紧张理论强调的负面情绪，还包括享乐价值与腐败信念。因此，这两个中介因素可以被纳入一般紧张理论模型的理论框架，从而进一步丰富理论内涵。最后，压力的确能够显著增加腐败行为的程度，但更为重要的是，压力与腐败行为之间还存在压力—享乐价值—腐败信念—腐败行为这一链式中介路径，这为我们进一步认识中国基层公职人员腐败犯罪内部机制提供了更加深刻的视角。此外，本研究也不可避免地存在一定的局限性。上述研究结果表明，一般紧张理论的理论框架虽然可以用于解释腐败行为，但是这一理论还需要根据实际情境进一步修正，尤其是对于我国基层腐败问题而言，享乐价值和腐败信念的中介效应能够极大地解释压力与腐败行为之间的关系，这是本研究提供的一个创新启示。具体而言，创新启示包括（1）运用艾格纽的一般紧张理论，在既吸收其理论中的合理化内容，又摒弃掉不合理和不符合中国实情的部分后，对该理论进行本土化的扩展与完善，得到了在中国情境下的具有中国特色的解释结论。（2）通过多种途径、多种方法、多个维度展开实地调查和分析，获取一手有效的访谈数据和案例资料，提高了对中国基层公职人员腐败犯罪影响因素的基本认识，探索出一条具有中国特色的基层腐败犯罪的研究路径。

本研究的结果为治理中国基层公职人员腐败犯罪对策提供了有关建议。根据研究结果，工作相关压力、工作财务压力、个人财务压力、地位相关压力 4 个维度是基层公职人员的主要压力源，应当予以关注。从表面上说，虽然减少压力能降低腐败行为，但是根据本次研究结果，更加有效的方式是阻断压力与腐败行为的中介桥梁，这同样可以降低压力对腐败行为的影响。塑造基层公职人员价值观念的同时及时纠正基层公职人员腐败信念，均有望切断压力与腐败行为之间的联系。此外，特征预警方面的建议可以从另一个侧面为治理基层公职人员腐败犯罪提供建议。

参考文献

一、著作类

（一）中文著作

[1] 中共中央纪律检查委员会、中华人民共和国国家监察委员会法规室：《〈中华人民共和国监察法〉释义》，中国方正出版社2018年版。

[2] 曹立群、周愫娴主编：《犯罪学理论与实证》，群众出版社2007年版。

[3] 班杜拉：《思想和行动的社会基础：社会认知论》，林颖等译，华东师范大学出版社2001年版。

[4] 纪术茂、戴郑生：《明尼苏达多相人格调查表》，科学出版社2004年版。

[5] [英] 约翰·埃默里克·爱德华·达尔伯格－阿克顿：《自由与权力》，侯健、范亚峰译，译林出版社2011年版。

[6] 梁宝勇：《精神压力、应对与健康——应激与应对临床心理学研究》，教育科学出版社2006年版。

（二）英文著作

[7] Sampford C., Shacklock A. et al., *Measuring Corruption*, Hampshire: Ashgate, 2006.

[8] Cohen A. K., *Delinquent Boys: The Culture of the Gang*, New York: Free Press, 1955.

[9] Richard A. Cloward, Lloyd E. Ohlin, *Delinquency and Opportunity: A Study of Delinquent Gangs*, Routledge, 2013.

[10] Agnew R., *Pressured into Crime: An Overview of General Strain Theory*, Oxford University Press, 2007.

[11] Agnew R., *General Strain Theory and Delinquency*, The Handbook of Juvenile Delinquency and Juvenile Justice, 2015.

[12] Agnew R. & Brezina T., *General Strain Theory*, in Krohn M. D. & Hendrix N. et al., Handbook on Crime and Deviance, Cham: Springer, 2019.

[13] Brezina T., *General Strain Theory*, in Henry N. Pontell, Gerben Bruinsma, Oxford Research Encyclopedia of Criminology and Criminal Justice, New York: Oxford University Press, 2017.

[14] Kline R. B., *Principles and Practice of Structural Equation Modeling*, Guilford Press, 2005.

二、期刊类

(一) 中文期刊

[15] 刘启君:《改革开放以来中国腐败状况实证分析》, 载《政治学研究》2013 年第 6 期。

[16] 温忠麟、叶宝娟:《中介效应分析: 方法和模型发展》, 载《心理科学进展》2014 年第 22 期。

[17] 章勇:《利益规制: 新时代基层腐败治理的制度逻辑》, 载《重庆大学学报 (社会科学版)》2019 年第 25 期。

[18] 肖滨、陈伟东:《基层腐败问题的缘起: 默契性容忍——基于 A 市镇街“一把手”的 48 个案例研究》, 载《广东社会科学》2019 年第 3 期。

[19] 张淑瑛:《基于情境预防理论的农村基层腐败犯罪预防机理与路径选择》, 载《理论导刊》2020 年第 5 期。

[20] 周少来:《中国乡村治理结构转型研究——以基层腐败为切入点》, 载《理论学刊》2018 年第 2 期。

[21] 黄大熹、张浩舟:《基层政府的廉政生态: 概念 · 困境 · 出路》, 载《吉首大学学报 (社会科学版)》2018 年第 2 期。

[22] 王沪宁:《中国抑制腐败的体制选择》, 载《政治学研究》1995 年第 1 期。

[23] 陈梅:《马克思主义利益论视阈下腐败犯罪的生成原因与预防》, 载《云南社会科学》2018 年第 2 期。

[24] 苗伟明:《犯罪控制利益论——从利益的角度探析犯罪控制的目标、根据和途径》, 载《政治与法律》2005 第 2 期。

[25] 梅锦、徐玉生:《中国腐败犯罪状况的实证研究——以新型客观测量模式的引入为研究视角》, 载《北京理工大学学报 (社会科学版)》2018 年第 1 期。

[26] 吕永祥、王立峰:《健全问责机制: 推进我国腐败治理现代化的有效路径》, 载《求实》2017 年第 10 期。

[27] 何家弘：《中国腐败犯罪的原因分析》，载《法学评论》2015 年 33 期。

[28] 楚向红：《近几年来农村腐败呈现的新态势及其治理对策》，载《中州学刊》2019 年第 2 期。

[29] 马华、苏芳：《村官腐败的形成与治理："四权"同步的视角》，载《江苏行政学院学报》2017 年第 2 期。

[30] 沈孝鹏：《精准扶贫领域"村官"腐败的发生诱因与预防机制——基于中部 6 省 168 起典型案例的考察》，载《宁夏社会科学》2017 年第 6 期。

[31] 许晓、季乃礼：《精准扶贫中村干部集体腐败的形成机理及治理路径》，载《湖北民族大学学报（哲学社会科学版）》2020 年第 38 期。

[32] 汪波：《当代中国腐败测量与双重嵌入剖析——基于违反中央八项规定精神问题查处的实证分析》，载《社会科学战线》第 2017 年第 5 期。

[33] 吴光芸、田雪森：《差序格局下的村镇干部微腐败及其治理》，载《长白学刊》2018 年第 4 期。

[34] 徐铜柱：《资源与秩序双重维度下的村干部腐败及其治理研究》，载《社会主义研究》2020 年第 1 期。

[35] 卜万红：《"微腐败"滋生的政治文化根源及治理对策》，载《河南社会科学》2017 年第 25 期。

[36] 唐金培：《近年来村干部腐败现象透析》，载《中州学刊》2013 年第 11 期。

[37] 余雅洁、陈文权：《治理"微腐败"的理论逻辑、现实困境与有效路径》，载《中国行政管理》2018 年第 9 期。

[38] 王康庆、王大为、张玉琢：《压力源视角下基层公职人员腐败犯罪归因分析——基于对 J 省 A 监狱 23 名在押服刑人员的访谈》，载《领导科学》2019 年第 24 期。

[39] 江卓、季程远：《怎样测量腐败：国内外腐败测量方法述评》，载《新视野》2016 年第 3 期。

[40] 徐建平、张雪岩、胡潼：《量化和质性研究的超越：混合方法研究类型及应用》，载《苏州大学学报（教育科学版）》2019 年第 1 期。

[41] 周明洁、张建新：《心理学研究方法中"质"与"量"的整合》，载《心理科学进展》2008 年第 1 期 .

[42] 韦草原、王健、张贵兰等：《基于扎根理论的科学数据用户感知价值概念模型研究》，载《情报杂志》2018 年第 5 期。

[43] 曹蓉、夏德雨、朱序：《基于扎根理论的管理者应急决策模式构建研究》，载《西北

大学学报（哲学社会科学版）》2017 年第 3 期。

[44] 刘子平：《村干部“微权力”腐败治理机制创新探究》，载《中州学刊》2018 年第 7 期。

[45] 李锡海：《权力文化与腐败犯罪》，载《山东社会科学》2007 年第 1 期。

[46] 李靖、李春生：《我国基层官员“微腐败”的生成机理、发展逻辑及其多中心治理》，载《学习论坛》2018 年第 7 期。

[47] 胡一凡：《我国基层扶贫领域微腐败的成因及治理——基于政治生态理论框架的解释》，载《河南社会科学》2020 年第 28 期。

[48] 赵亚男：《论党员干部思想政治教育预防腐败的功能》，载《思想政治教育研究》2015 年第 31 期。

[49] 陈朋：《村干部腐败新特征及民主治理路径》，载《理论探索》2018 年第 6 期。

[50] 贺曙敏、李锡海：《人性恶视角下我国腐败犯罪的再分析及其有效治理》，载《山东大学学报（哲学社会科学版》2013 年第 1 期。

[51] 胡安宁：《主观变量解释主观变量：方法论辨析》，载《社会》2019 年第 39 期。

[52] 李玲、金盛华：《Schwartz 价值观理论的发展历程与最新进展》，载《心理科学》2016 年第 1 期。

（二）英文期刊

[53] Zhu J., *The Shadow of the Skyscrapers: Real Estate Corruption in China*, Journal of Contemporary China, Vol. 21: 74, p. 243 – 260 (2012).

[54] Gunduz M. & Önder O., *Corruption and Internal Fraud in the Turkish Construction Industry*, Science and Engineering Ethics, Vol. 19: 2, p. 505 – 528 (2013).

[55] Bowen P., Edwards P. & Cattell K., *Corruption in the South African Construction Industry: Experiences of Clients and Construction Professionals*, International Journal of Project Organisation and Management, Vol. 7: 1, p. 72 – 97 (2015).

[56] Nag B., *Combating Corruption in Indian Public Procurement – Some Exploratory Case Studies*, The Journal of Institute of Public Enterprise, Vol. 38: 1 &2 (2015).

[57] Zhou X., *The Road to Collective Debt in Rural China: Bureaucracies, Social Institutions, and Public Goods Provision*, Modern China, Vol. 38: 3, p. 271 – 307 (2012).

[58] Aidt T. S., *Corruption and Sustainable Development*, International Handbook on the Economics of Corruption, Vol. 2, p. 3 – 51 (2011).

[59] Gong T. & Zhou N., *Corruption and Marketization: Formal and Informal Rules in Chi-*

nese Public Procurement, Regulation & Governance, Vol. 9: 1, p. 63 – 76 (2015).

[60] Jain A. K., *Corruption: Theory, Evidence and Policy*, CESifo DICE Report, Vol. 9: 2, p. 3 – 9 (2011).

[61] Tabish S. Z. S. & Jha K. N., *Analyses and Evaluation of Irregularities in Public Procurement in India*, Construction Management and Economics, Vol. 29: 3, p. 261 – 274 (2011).

[62] Besio C. & Pronzini A., *Morality, Ethics, and Values Outside and Inside Organizations: An Example of the Discourse on Climate Change*, Journal of Business Ethics, Vol. 119: 3, p. 287 – 300 (2014).

[63] Xu X., Li Y. et al., *Does Religion Matter to Corruption? Evidence from China*, China Economic Review, Vol. 42, p. 34 – 49 (2017).

[64] Wang P., *Military Corruption in China: The Role of Guanxi in the Buying and Selling of Military Positions*, China Quarterly, Vol. 228, p. 1 – 22 (2016).

[65] Liu Q. J. & Peng Y. P., *Corruption in College Admissions Examinations in China*, International Journal of Educational Development, Vol. 41, p. 104 – 111 (2015).

[66] Agnew R., *Foundation for a General Strain Theory of Crime and Delinquency*, Criminology, Vol. 30: 1, p. 47 – 88 (1992).

[67] Agnew R., *When Criminal Coping is Likely: An Extension of General Strain Theory*, Deviant Behavior, Vol. 34: 8, p. 653 – 670 (2013).

[68] Lynn Langton & Nicole Piquero, *Can General Strain Theory Explain White – collar Crime? A Preliminary Investigation of the Relationship between Strain and Select White – collar Offenses*, Journal of Criminal Justice, Vol. 35: 1, p. 1 – 15 (2007).

[69] Agnew R., *Using General Strain Theory to Explain Crime in Asian Societies*, Asian Journal of Criminology, Vol. 10: 2, p. 131 – 147 (2015).

[70] Kangqing Wang, Zhihao Ma & Yiwei Xia, *General Strain Theory and Corruption among Grassroot Chinese Public Officials: A Mixed – method Study*, Deviant Behavior, Vol. 43: 4, p. 472 – 489 (2022).

[71] Kangqing Wang, Yiwei Xia & Zhihao Ma, D*evelopment and Validation of the Chinese Public Official Strain Scale*, Journal of Criminal Justice, Vol. 73, p. 1 – 13 (2021).

[72] Méon P. G. & Weill L., *Is Corruption An Efficient Grease*, World Development, Vol. 38: 3, p. 244 – 259 (2010).

[73] Chang E. C. & Chu Y. , *Corruption and Trust: Exceptionalism in Asian Democracies?*, The Journal of Politics, Vol. 68: 2, p. 259 – 271 (2006).

[74] Bertrand M. & Mullainathan S. , *Do People Mean What They Say? Implications for Subjective Survey Data*, American Economic Review, Vol. 91: 2, p. 67 – 72 (2001).

[75] Wang Y. , *Institutions and Bribery in An Authoritarian State*, Studies in Comparative International Development, Vol. 49: 2, p. 217 – 241 (2014).

[76] Agnew R. , *A Longitudinal Test of the Revised Strain Theory*, Journal of Quantitative Criminology, Vol. 5: 4, p. 373 – 387 (1989).

[77] Gerhard Blickle, Alexander Schlegel et al. , *Some Personality Correlates of Business White – collar Crime*, Applied Psychology, Vol. 55: 2, p. 220 – 233 (2006).

[78] Braithwaite J. , *Anomie and Violence in Indonesia and Timor – Leste*, 1997—2009, Asian Journal of Criminology, Vol. 6: 1, p. 51 – 68 (2011).

[79] David Weisburd, Ellen F. Chayet & Elin J. Waring, *White – collar Crime and Criminal Careers: Some Preliminary Findings*, Crime & Delinquency, Vol. 36: 3, p. 342 – 355 (1990).

[80] Agnew R. , Shelley K. M. et al. , *Socioeconomic Status, Economic Problems, and Delinquency*, Youth & Society, Vol. 40: 2, p. 159 – 181 (2008).

[81] Oskar Engdahl, *White – collar Crime and First – time Adult – onset Offending: Explorations in the Concept of Negative Life Events as Turning Points*, International Journal of Law, Crime and Justice, Vol. 43: 1, p. 1 – 16 (2015).

[82] Agnew R. , Brezina T. et al. , *Strain, Personality Traits, and Delinquency: Extending General Strain Theory*, Criminology, Vol. 40: 1, p. 43 – 72 (2002).

[83] Onwuegbuzie A. J. , Bustamante R. M. & Nelson J. A. , *Mixed Research as a Tool for Developing Quantitative Instruments*, Journal of Mixed Methods Research, Vol. 4: 1, p. 56 – 78 (2010).

[84] Hussein A. , *The Use of Triangulation in Social Sciences Research: Can Qualitative and Quantitative Methods be Combined?*, Journal of Comparative Social Work, Vol. 4: 1, p. 106 – 117 (2009).

[85] Luyt R. , *A Framework for Mixing Methods in Quantitative Measurement Development, Validation, and Revision: A Case Study*, Journal of Mixed Methods Research, Vol. 6: 4, p. 294 – 316 (2012).

[86] Agnew R., *Building on the Foundation of General Strain Theory: Specifying the Types of Strain Most Likely to Lead to Crime and Delinquency*, Journal of Research in Crime and Delinquency, Vol. 38: 4, p. 319 - 361 (2001).

[87] Lisa M. Broidy, *A Test of General Strain Theory*, Criminology, Vol. 39: 1, p. 9 - 36 (2001).

[88] Agnew R., *A Longitudinal Test of Social Control Theory and Delinquency*, Journal of Research in Crime and Delinquency, Vol. 28: 2, p. 126 - 156 (1991).

[89] Agnew R. & White H. R., *An Empirical Test of General Strain Theory*, Criminology, Vol. 30: 4, p. 475 - 500 (1992).

[90] Bishopp S. A., Piquero N. L. et al., *Police Stress and Race: Using General Strain Theory to Examine Racial Differences in Police Misconduct*, Crime & Delinquency, Vol. 66: 13 - 14, p. 1811 - 1838 (2020).

[91] Moon M. M. & Jonson C. L., *The Influence of Occupational Strain on Organizational Commitment among Police: A General Strain Theory Approach*, Journal of Criminal Justice, Vol. 40: 3, p. 249 - 258 (2012).

[92] Zhang J., *The Illusion and the Reality of Chinese Budget Reforms: Does Budgeting Influence Corruption Perception?*, Chinese Public Administration Review, Vol. 8: 1, p. 1 - 22 (2017).

附　录

艾格纽一般紧张理论重要文献一览表

序号	年份	文献	核心内容
1	1992 年	《犯罪和失范行为的一般紧张理论基础》	正式提出一般紧张理论
2	1992 年	《一般紧张理论的实证检验》	第一次检测一般紧张理论
3	1995 年	《控制犯罪：来自一般紧张理论的建议》	提出一般紧张理论侧重于与他人的消极关系
4	1996 年	《经典紧张理论的新检验》	对经典紧张理论展开一次检验
5	1997 年	《性别与犯罪：一般紧张理论的视角》	运用紧张理论研究性别与犯罪的关系
6	1997 年	《犯罪过程中犯罪的稳定性和变化：紧张理论的解释》	回应学者对紧张理论的忽视与批评
7	1997 年	《同伴、性别和犯罪的关系问题》	检验人际关系紧张对男性和女性犯罪的相对影响
8	1999 年	《一般紧张理论视野下社区犯罪率差异》	运用一般紧张理论解释社区犯罪率差异
9	2001 年	《一般紧张理论视野下：详述最可能导致犯罪和失范行为的压力类型》	讨论与犯罪有关的压力类型
10	2002 年	《压力、人格特质和失范行为：拓展一般紧张理论》	对一般紧张理论尝试性拓展

续表

序号	年份	文献	核心内容
11	2007 年	《面临犯罪压力：一般紧张理论概述》	对一般紧张理论的阶段性概括
12	2008 年	《社会经济地位，经济问题和失范》	检验经济问题而非社会经济地位导致犯罪行为
13	2009 年	《一般紧张理论与白领犯罪》	将一般紧张理论应用于对白领犯罪的解释
14	2013 年	《犯罪应对何时可能：一般紧张理论的延伸》	从理论上讨论将一般紧张理论应用于白领犯罪需要关注的问题
15	2015 年	《用一般紧张理论解释亚洲社会的犯罪》	指出一般紧张理论应用与解释亚洲社会犯罪的现实可能性和研究方向
16	2019 年	《一般紧张理论》	总结概论一般紧张理论的核心要素以及在解释和控制犯罪中的作用

重要研究文献及其对本研究的启示汇总表

序号	年份	第一作者	文献	与本研究相关领域	对本研究的启示	体现在本研究中变量
1	2000 年	保罗·马泽勒	《一般紧张和犯罪：条件作用影响的另一种考察》	压力、价值观、犯罪信念与行为关系	证实价值观和犯罪信念在压力和行为之间的影响	价值观、腐败信念
2	2006 年	格哈德·比克力	《商业白领犯罪的某些人格关联》	对价值观的测量	证实享乐主义价值观与白领犯罪之间存在关系	价值观
3	2007 年	林恩·兰顿	《一般紧张理论可以解释白领犯罪吗？压力与部分白领犯罪之间关系的初步调查》	探讨一般紧张理论解释白领犯罪的能力	①首次将一般紧张理论应用于白领犯罪的实证研究中；②一般紧张理论可用于预测特定的白领犯罪；③白领罪犯	压力、负面情绪

续表

序号	年份	第一作者	文献	与本研究相关领域	对本研究的启示	体现在本研究中变量
4	2009年	罗伯特·艾格纽	《一般紧张理论与白领犯罪》	从理论上解释一般紧张理论在白领犯罪中的应用	在工作中产生的压力和负面情绪的类型可能与其他犯罪人群中发现的不同 有几种压力或压力源与对白领犯罪的解释特别相关：①经济目标的封锁等一系列其他经济问题的经历；②无法实现地位目标；③与工作有关的各种压力源	压力
5	2012年	理查德·费尔森	《表现不好的一个月：压力对犯罪的一般影响与特定影响》	压力与犯罪行为的关系	犯罪行为是针对特定类型问题的针对性回应，而不是针对压力的普遍回应	压力、腐败行为
6	2013年	罗伯特·艾格纽	《犯罪应对何时可能：一般紧张理论的延伸》	犯罪信念在压力与犯罪行为之间的作用和地位	犯罪信念会影响或制约压力对犯罪的作用	腐败信念
7	2015年	罗伯特·艾格纽	《用一般紧张理论解释亚洲社会的犯罪》	一般紧张理论在解释亚洲社会犯罪中的应用	一般紧张理论可以运用在中国的腐败犯罪研究（不包含港、澳、台地区）	价值观、腐败行为

基层公职人员腐败犯罪调查问卷

你的合作对于我们了解有关情况和制定社会政策，有十分重要的意义。为了获得准确的数据，请你依据实际情况，回答相关问题。对问卷中问题的回答，没有对错之分，你只要根据你被调查前的想法和实际情况回答就行。

对于你的回答，我们将按照《中华人民共和国统计法》第一章第九条和第三章第二十五条的规定，对你所提供的所有信息绝对严格保密，并且只用于统计分析，请你不要有任何顾虑。我们在以后的科学研究、政策分析以及观点评论中使用的是大量问卷的信息汇总，而不是你个人具体信息，不会造成你个人信息的泄露。请你放心，感谢你的合作！填空题请直接在横线上作答，选择题请直接在相应的选项上打“√”。

问卷中的犯罪仅仅包括贪污、受贿、挪用公款三类，非此三类的请勿填写。

一、基本信息模块

1. 出生日期：________年____月____日（阳历）

2. 民族：____________

3. 入狱前政治面貌：

A. 共产党员　　B. 群众　　C. 民主党派

4. 犯罪发生前的合法婚姻的数量：

A. 未婚　　B. 一次　　C. 两次　　D. 三次及以上

5. 子女个数：

A. 1 个　　B. 2 个　　C. 3 个　　D. 4 个及以上

6. 被捕前教育程度：________________

7. 各罪名分别刑期时长和涉案数额：

①因________罪，涉及________元，被判________年，另________个月

②因________罪，涉及________元，被判________年，另________个月

③因________罪，涉及________元，被判________年，另________个月

8. 终审宣判时间：________年____月

9. 罚金数额：____________

10. 涉案人数：____________

11. 退赃情况：

A. 全部退清　　B. 退了部分　　C. 未退

12. 被捕前工作单位：________县/区/市________乡/镇/街道________

13. 被捕前职务（例如：副镇长、村委会主任等）：________________

14. 被捕前职级：

A. 无职级　B. 科员　C. 副科　D. 正科

E. 副处　F. 正处及以上

15. 被捕前十年的履历（年份、所在单位、所任职务）：

①________年—________年，在____________单位，担任________职务

②________年—________年，在____________单位，担任________职务

③________年—________年，在____________单位，担任________职务

16. 主要犯罪事实（发生的具体年份、事由、具体事实）：

①________年—________年，因______________，被认定________罪

②________年—________年，因______________，被认定________罪

③________年—________年，因______________，被认定________罪

17. 涉及的主要问题（例如：涉及征地拆迁补偿款、扶贫资金款、插手项目工程、退耕还林款、修路补贴款、移民搬迁款等）：________________

18. 发案位置（例如：城区发展方向上的城乡接合部、城中村、自然资源丰富地区、山区或半山区、普通农村、普通城区、交通要道、移民区等）：____________

19. 犯罪行为发生前一年经手的工作经费：____________________

20. 犯罪行为发生前一年的年工资和奖金等正常收入：____________

21. 其他个人工作及收入（没有的填“0”）：____________________

22. 被捕前在单位或村（居）中的富裕程度：

A. 上层　B. 中上层　C. 中层　D. 中下层　E. 下层

23. 在我们的社会里，有些人处在社会的上层，有些人处在社会的下层，最高“10 分”代表最顶层，最低“1 分”代表最底层，你认为你*犯罪前*在哪个等级上？

1（最底层）	2	3	4	5	6	7	8	9	10（最顶层）

24. 参军时长（请填写具体的在军队服役时间，没有的填“0”）：________

二、分量表

（一）请回忆，主要犯罪行为发生*前一个月*，请将作为你生活指导原则的价值观按照重要性打分，数值（－1，0，1，2，3，4，5，6，7）越高表明在你生活的指导原则中这一价值观越重要。

请按照你个人的理解，衡量每一价值观对你的重要程度并在横线处填上（－1，0，1，2，3，4，5，6，7）中的任意一个数字。

九级重要性量表

－1	0	1	2	3	4	5	6	7
与我的价值观相反	不重要	……	……	重要	……	……	很重要	极其重要

1. ____________社会权力（控制及支配他人的权力）
2. ____________愉快（满足欲望）
3. ____________富有（拥有金钱和物质）
4. ____________社会的认可（得到别人的尊重和承认）
5. ____________权力（有发号施令的权力或地位）
6. ____________有抱负（有理想，有志向，敬业）
7. ____________影响力（对人和事物能起作用的力量）
8. ____________能干（有才能，高效率）
9. ____________保持自我公众形象（在大众面前保持自己美好的一面）
10. ____________聪明（有逻辑思维）
11. ____________享受人生（享受食物、性、闲暇和各种精神生活等）
12. ____________成功（达到目标）
13. ____________我行我素（做自己喜欢的事情）

（二）请回忆，主要犯罪行为发生*前一个月*，你对各方面生活是否感到满意：

1. 我的生活大致符合我的理想：

A. 非常不同意　　B. 不同意　　C. 少许不同意　　D. 中立

E. 少许同意　　F. 同意　　G. 非常同意

2. 我的生活状态非常圆满：

A. 非常不同意　B. 不同意　C. 少许不同意　D. 中立

E. 少许同意　F. 同意　G. 非常同意

3. 我满意自己的生活：

A. 非常不同意　B. 不同意　C. 少许不同意　D. 中立

E. 少许同意　F. 同意　G. 非常同意

4. 直到离任前为止，我都能够得到我在生活上希望拥有的重要东西：

A. 非常不同意　B. 不同意　C. 少许不同意　D. 中立

E. 少许同意　F. 同意　G. 非常同意

5. 如果我能重新活过，差不多没有东西我想改变：

A. 非常不同意　B. 不同意　C. 少许不同意　D. 中立

E. 少许同意　F. 同意　G. 非常同意

（三）请回忆，以下是关于一个人的描述，请根据你主要犯罪行为发生*前一个月*的情况选择“是”“否”作答。

1. 我喜欢看报纸上的犯罪新闻。	是	否
2. 当别人惹了我时，我觉得只要有机会就应报复，这是理所当然的。	是	否
3. 有时我真想骂人。	是	否
4. 我曾经有过很特别、很奇怪的体验。	是	否
5. 我小时候，曾经因为胡闹而受过学校的处分。	是	否
6. 一切事情都由老天爷安排好了。	是	否
7. 我从来没有为寻求刺激而去做危险的事。	是	否
8. 我更喜欢我下了赌的比赛或游戏。	是	否
9. 我在上学的时候，有时因胡闹而被校长叫去。	是	否
10. 我觉得我时常无缘无故地受到惩罚。	是	否
11. 我过去喜欢上学。	是	否
12. 我很少头昏眼花。	是	否
13. 无聊的时候，我就会惹事寻开心。	是	否
14. 我喜欢科学。	是	否

续表

15. 我很喜欢打猎。	是	否
16. 我的父母经常反对那些和我交往的人。	是	否
17. 在学校里，我是个笨学生。	是	否
18. 我从来没有犯过法。	是	否
19. 在学校里，要我在班上发言，是非常困难的。	是	否
20. 我常发现别人妒忌我的好主意，因为他们没能先想到。	是	否
21. 我生病或受伤的时候，不怕找医生。	是	否
22. 小时候我时常逃学。	是	否
23. 我希望能成为一个摩托车运动员。	是	否
24. 只要你不是真正的犯法，钻法律的空子是可以的。	是	否
25. 我时常因为自己爱发脾气和爱抱怨而感到懊悔。	是	否
26. 在学校中老师对我的品行评定总是很不好。	是	否
27. 火对我有一种诱惑力。	是	否
28. 我总是靠自己解决问题，而不是找人教我怎样做。	是	否
29. 我喜欢穿高档的衣服。	是	否
30. 我喜欢阅读有关科学的书籍。	是	否
31. 我害怕单独待在空旷的地方。	是	否
32. 许多人都因为有过不良的性行为而感到惭愧。	是	否

三、主模块

请回忆，主要犯罪行为发生前一年，你对于下列压力感受如何：

1. 你觉得你在基层这么多年工作的辛劳程度是怎样的？

A. 不辛苦　　B. 有点辛苦　　C. 一般

D. 比较辛苦　　E. 特别辛苦

2. 你觉得你的工作付出与回报相比而言内心是否平衡？

A. 非常平衡　　B. 比较平衡　　C. 一半一半

D. 比较不平衡　　E. 非常不平衡

3. 你原单位给你摊派的工作任务指标给你带来的压力如何？

A. 从不摊派指标，毫无压力　　B. 有一定压力

C. 压力一般　　D. 压力比较大　　E. 压力非常大

4. 你在原工作中遇到的矛盾纠纷是否比较容易化解？

A. 非常容易　　B. 比较容易　　C. 一般

D. 有点麻烦　　E. 非常麻烦

5. 你或者你的家人是否曾因为你工作的事情被他人威胁或者骚扰或者纠缠？

A. 从未遇到或遇到过但非常好解决

B. 遇到过，但基本好解决

C. 遇到过，差不多能解决

D. 遇到过，比较难解决

E. 遇到过，非常难解决

6. 在正常履行工作职责的过程中，群众不配合是否会让你内心特别不舒服？

A. 从未遇到或遇到过但内心没有一点不舒服

B. 遇到过，内心只有一点点不舒服

C. 遇到过，内心不舒服

D. 遇到过，内心很不舒服

E. 遇到过，内心极度不舒服

7. 为了工作，出去要钱、“创收”的内心感觉怎样？

A. 从未经历过或经历过但内心没什么不舒服

B. 经历过，但内心只有一点不舒服

C. 经历过，内心不舒服

D. 经历过，内心很不舒服

E. 经历过，内心极度不舒服

8. 你原单位给你个人正常的工作开销保障不到位的感觉怎么样？

A. 全部保障到位或者虽不到位但内心没有不舒服

B. 保障不到位，但内心只有一点不舒服

C. 保障不到位，不舒服感觉一般

D. 保障不到位，内心很不舒服

E. 保障不到位，内心极度不舒服

9. 你是否为单位工作经费不足而感到苦恼?

A. 经费充足或者虽不充足但内心并不苦恼

B. 经费不足，内心只有一点苦恼

C. 经费不足，内心苦恼

D. 经费不足，内心很苦恼

E. 经费不足，内心极度苦恼

10. 你原单位各类接待给你造成多大的压力?

A. 无接待或毫无压力

B. 有较少压力

C. 压力程度一般

D. 有较大压力

E. 压力特别大

11. 为争取领导对你工作经费或者政策等方面的支持你承担的压力有多大?

A. 毫无压力　　B. 有较少压力　　C. 压力一般

D. 有较大压力　　E. 压力特别大

12. 为争取上级单位对你或你单位工作的经费或政策等方面的支持你承受的压力有多大?

A. 毫无压力　　B. 有较少压力　　C. 压力一般

D. 有较大压力　　E. 压力特别大

13. 因工作需要你自己垫钱、贴钱或打欠条，你心里感受如何?

A. 从未遇到过，或遇到过但毫无不舒服感

B. 有点不舒服

C. 一般，勉强接受

D. 很不舒服

E. 极度不舒服

14. 你在原单位时，用各类工资福利待遇供养家庭的压力有多大?

A. 完全不是问题，或虽难以供养，但毫无压力

B. 有一点压力

C. 压力一般

D. 有较大压力

E. 有非常大压力

15. 与你接触的老板、群众等相比，你各类工资待遇福利给你造成的压力大吗？

A. 毫无压力　　B. 有一点压力　　C. 压力一般

D. 有较大压力　　E. 有非常大压力

16. 与你的亲朋、发小相比，你这么多年在体制内的工资福利给你造成的负面心理刺激有多大？

A. 毫无负面刺激　　B. 有一点负面刺激　　C. 负面刺激一般

D. 负面刺激较大　　E. 负面刺激非常大

17. 家庭基本开支给你经济上造成多大愁苦？

A. 一点也不愁　　B. 有一点愁　　C. 愁苦程度一般

D. 愁苦感较强　　E. 愁苦感特别强

18. 因工资待遇低、事情多、又易得罪人，你的家人给你造成的抱怨有多大？

A. 毫无　　B. 有一点　　C. 一般　　D. 较大　　E. 非常大

19. 了解到或享受到高档汽车、高档场所等，心里感觉如何？

A. 毫无不自在　　B. 有一点不自在　　C. 不自在感一般

D. 不自在感较强　　E. 不自在感非常强

20. 你的正常收入支撑不起家人更好的住房、用车或者孩子得不到更好的读书环境，由此给你带来的不舒服感有多强烈？

A. 毫无不舒服感　　B. 有一点不舒服感　　C. 不舒服感一般

D. 不舒服感较强　　E. 不舒服感特别强

21. 你在工作过程中，各类关系户或保护伞或地痞流氓、涉黑涉恶人员通过各类渠道联系你，请你“给予”关照，由此给你带来的压力有多大？

A. 毫无压力　　B. 有一点压力　　C. 压力一般

D. 有较大压力　　E. 有非常大压力

22. 领导的某些超过你正常职权范围或涉嫌在一定程度上违规的工作要求，给你带来的压力有多大？

A. 毫无压力　　B. 有一点压力　　C. 压力一般

D. 有较大压力　　E. 有非常大压力

23. 为了做好本职工作上的事情，你付出了大量的辛劳和努力，而领导只关注表面的结果，并未关注你的大量具体的工作，由此给你的内心带来多大程度的不舒服感？

A. 从未遇到过，或遇到过但毫无不舒服感

B. 有点不舒服

C. 一般，勉强接受

D. 很不舒服

E. 极度不舒服

24. 有些人轻轻松松或者花钱找后门就得到提拔或选举成功，而你付出较多却一直得不到应有的待遇，对此你的负面情绪有多强？

A. 从未遇到过，或遇到过但毫无负面情绪

B. 有一点负面情绪

C. 负面情绪一般

D. 负面情绪比较强烈

E. 负面情绪特别强烈

25. 你有一定的资源、有一定的权力、有一定人脉，但是不如你的人比你过得更好，你心里平衡吗？

A. 非常平衡　　B. 有一点不平衡　　C. 不平衡感一般

D. 比较不平衡　　E. 非常不平衡

26. 你收到他人的财物，难以中断，你会承受多大的心理压力？

A. 毫无压力　　B. 有一点压力　　C. 压力一般

D. 有较大压力　　E. 有非常大压力

27. 其他人对上级来的领导搞额外的招待、接送、送土特产等，对你的心理有多大的冲击？

A. 毫无冲击　　B. 有一点冲击　　C 冲击一般

D. 有较大冲击　　E. 有非常大冲击

28. 逢年过节时，给你的相关领导“意思意思”有多大的必要？

A. 毫无必要　　B. 有一点必要　　C. 必要程度一般

D. 有较大必要　　E. 非常有必要

29. 你非常要好的朋友请你帮办一件你能力所及但是有可能违规违纪的事，你拒绝了，你觉得你是否非常不够意思？

A. 没有不够意思　　B. 有一点不够意思　　C. 感觉一般

D. 比较不够意思　　E. 非常不够意思

30. 帮你非常信赖的朋友办事，他主动给你送来一些好处，你心中有多大压力？

A. 毫无压力　　B. 有一点压力　　C. 压力一般

D. 有较大压力　　E. 有非常大压力

31. 你的亲戚需要运用你手中的职权实现他的个人利益，经常到你家里来找你，甚至来闹你、跟你吵，这会给你带来多大程度的烦恼？

A. 毫无烦恼　　B. 有一点烦恼　　C. 烦恼程度一般

D. 有较大烦恼　　E. 非常烦恼

32. 你给一位亲戚走了后门帮了忙，给其他的亲戚类似的事情没有办好，甚至引起矛盾纠纷，由此给你造成的压力有多大？

A. 毫无压力　　B. 有一点压力　　C. 压力一般

D. 有较大压力　　E. 有非常大压力

33. 你的亲人希望你做某些可能涉及违规的行为，而你并不太愿意，由此会给你带来多大程度的纠结？

A. 毫不纠结　　B. 有一点纠结　　C. 纠结程度一般

D. 纠结程度较强　　E. 非常纠结

四、附加模块

请回忆，主要犯罪行为发生<u>前一个月</u>，你对下列问题的看法：

1. 你是否同意只要风险不大，收点、拿点也没关系这一观点？

A. 非常不同意　　B. 不同意　　C. 中立

D. 同意　　E. 非常同意

2. 在单位和你年龄相仿的干部，如果拿了一点单位的财物，你感觉怎么样？

A. 非常错误　B. 错误　C. 错误程度不严重

D. 小错误没什么大问题　E. 不算错误

3. 在单位和你年龄相仿的干部，如果给他人收礼办事，你感觉怎么样？

A. 非常错误　B. 错误　C. 错误程度不严重

D. 小错误没什么大问题　E. 不算错误

4. 在单位和你年龄相仿的干部，如果主动向他人索取财物，你感觉怎么样？

A. 非常错误　B. 错误　C. 错误程度不严重

D. 小错误没什么大问题　E. 不算错误

5. 在单位和你年龄相仿的干部，如果利用工作上的便利，给自己或亲友搞了好多好处，你感觉怎么样？

A. 非常错误　B. 错误　C. 错误程度不严重

D. 小错误没什么大问题　E. 不算错误

6. 在被捕前，你收礼、收钱办事或其他的利益交换的经历有多少？

A. 从没有　B. 非常少　C. 比较少

D. 一般　E. 比较多

五、主观模块

1. 你觉得你犯罪的原因主要是什么？

2. 你觉得基层干部腐败的普遍原因是什么？

3. 对于预防和治理基层干部腐败犯罪问题，你有哪些具体的建议或意见？

基层公职人员腐败犯罪调查监狱全样本信息表

序号	监狱代号	监狱类型	监狱所属地区	调研时间	调研样本量/个	回收样本量/个
1	A	男监	华南地区	2018. 6. 30—2018. 9. 15	73	69
2	B	男监	西北地区	2019. 1. 3—2019. 3. 9	21	20
3	C	男监	华北地区	2019. 3. 10—2019. 3. 17	2	1
4	D	男监	华北地区	2019. 3. 18—2019. 4. 25	23	19
5	E	男监	华北地区	2019. 5. 9—2019. 6. 5	19	18
6	F	男监	华中地区	2019. 6. 26—2019. 7. 4	9	9
7	G	混监	华中地区	2019. 7. 3	2	2
8	H	男监	华中地区	2019. 8. 1	39	37
9	I	男监	华中地区	2019. 8	4	3
10	J	男监	华中地区	2019. 8	1	1
11	K	男监	华中地区	2019. 8	12	10
12	L	男监	华中地区	2019. 8	76	53
13	M	女监	西北地区	2019. 9	5	4
14	N	男监	西北地区	2019. 9	5	5
15	O	女监	华南地区	2019. 9	4	4
16	P	男监	华南地区	2019. 10	52	19
17	Q	男监	华中地区	2019. 9	19	18
18	R	男监	华中地区	2019. 9	16	13
19	S	男监	华中地区	2019. 9	9	9
20	T	男监	华中地区	2019. 9	4	4
21	U	男监	西北地区	2019. 10	7	4
22	V	男监	华中地区	2019. 9	96	28
23	W	男监	华南地区	2019. 10	4	3
24	X	男监	华南地区	2019. 10	13	9
25	Y	男监	华东地区	2019. 10. 23	48	32
26	Z	男监	华东地区	2019. 10. 25	11	9

续表

序号	监狱代号	监狱类型	监狱所属地区	调研时间	调研样本量/个	回收样本量/个
27	AA	男监	华东地区	2019. 10. 24	10	9
28	AB	男监	华中地区	2019. 11. 15	40	4
29	AC	男监	东北地区	2019. 11	4	4
30	AD	男监	西北地区	2019. 11	120	49
31	AE	男监	华东地区	2019. 12. 9	21	21
32	AF	男监	华东地区	2019. 12. 10	13	11
33	AG	男监	华东地区	2019. 12. 11	12	11
34	AH	男监	东北地区	2019. 12. 17	6	6
35	AI	男监	东北地区	2019. 12. 16	4	4
36	AJ	男监	东北地区	2019. 12. 19	5	5
37	AK	男监	东北地区	2019. 12. 19	18	14
38	AL	男监	东北地区	2019. 12. 20	9	7
39	AM	男监	东北地区	2019. 12. 20	20	11
40	AN	男监	东北地区	2019. 12. 21	6	6
41	AO	男监	东北地区	2019. 12. 23	3	3
42	AP	男监	东北地区	2019. 12. 23	5	5
43	AQ	女监	华东地区	2019. 12. 20	80	18
44	AR	男监	东北地区	2019. 12. 23	0	0
45	AS	男监	华东地区	2019. 9. 5—2019. 9. 9	70	0
46	AT	男监	华南地区	2020. 1	10	3
47	AU	男监	华南地区	2020. 1	12	3
48	AV	男监	华南地区	2020. 1	14	3
49	AW	男监	华南地区	2020. 1	20	9
50	AX	男监	华南地区	2020. 1	41	26
51	AY	男监	华南地区	2020. 1	19	9
52	AZ	男监	华南地区	2020. 1	13	12
53	BA	男监	华南地区	2020. 1	19	4

续表

序号	监狱代号	监狱类型	监狱所属地区	调研时间	调研样本量/个	回收样本量/个
54	BB	男监	华南地区	2020. 1	10	1
55	BC	男监	华南地区	2020. 1	20	0
56	BD	男监	华南地区	2020. 1	40	7
57	BE	男监	华南地区	2020. 1	26	6
58	BF	男监	华南地区	2020. 1	4	4
59	BG	女监	华南地区	2020. 1	14	12
60	BH	男监	华南地区	2020. 1	26	20
61	BI	男监	华南地区	2020. 1	62	45
总计	61 所监狱	①男监共 56 所，占比为 91. 80%；②女监共 4 所，占比为 6. 66%；③混监共 1 所，占比为 1. 64%	①东北地区共 11 所，占比为 18. 03%；②西北地区共 5 所，占比为 8. 20%；③华北地区共 3 所，占比为 4. 92%；④华中地区共 13 所，占比为 21. 31%；⑤华东地区共 8 所，占比为 13. 11%；⑥华南地区共 21 所，占比为 34. 43%	2018. 6—2020. 1	1370	756

基层公职人员被捕前职务一览表

序号	被捕前职务	人数/个	百分比/%	有效百分比/%	累积百分比/%
1	村委会主任	95	13. 9	17. 4	17. 4
2	村党支部书记	93	13. 6	17. 0	34. 4
3	社区居委会主任	19	2. 8	3. 5	37. 8
4	副镇长	15	2. 2	2. 7	40. 6

续表

序号	被捕前职务	人数/个	百分比/%	有效百分比/%	累积百分比/%
5	镇党委书记	12	1.8	2.2	42.8
6	社区居委会党总支书记	11	1.6	2.0	44.8
7	村会计	11	1.6	2.0	46.8
8	村委委员	10	1.5	1.8	48.6
9	镇国土资源管理所所长	10	1.5	1.8	50.5
10	乡党委书记	9	1.3	1.6	52.1
11	村民小组组长	9	1.3	1.6	53.7
12	镇长	8	1.2	1.5	55.2
13	村副主任	8	1.2	1.5	56.7
14	镇林业站站长	7	1.0	1.3	58.0
15	镇卫生院院长	5	0.7	0.9	58.9
16	乡财政所所长	5	0.7	0.9	59.8
17	村民兵营营长	5	0.7	0.9	60.7
18	镇财政所所长	5	0.7	0.9	61.6
19	派出所所长	5	0.7	0.9	62.5
20	镇土地征迁管理办公室工作人员	4	0.6	0.7	63.3
21	社区小组长	4	0.6	0.7	64.0
22	镇办事员	4	0.6	0.7	64.7
23	乡财政所会计	4	0.6	0.7	65.4
24	街道办事处会计	4	0.6	0.7	66.2
25	乡镇企业工作人员	4	0.6	0.7	66.9
26	镇新农村合作医疗办公室会计	4	0.6	0.7	67.6
27	镇农业综合服务站站长	3	0.4	0.5	68.2
28	镇粮站站长	3	0.4	0.5	68.7
29	镇供销合作社主任	3	0.4	0.5	69.3
30	镇党委委员	3	0.4	0.5	69.8
31	副乡长	3	0.4	0.5	70.4

续表

序号	被捕前职务	人数/个	百分比/%	有效百分比/%	累积百分比/%
32	镇派出所所长	3	0.4	0.5	70.9
33	村妇联主席	3	0.4	0.5	71.5
34	乡镇工业园区主任	3	0.4	0.5	72.0
35	街道办事处党委书记	3	0.4	0.5	72.6
36	乡人大副主席	3	0.4	0.5	73.1
37	乡镇学校校长	3	0.4	0.5	73.7
38	乡镇学校会计	3	0.4	0.5	74.2
39	街道办事处人大工委主任	2	0.3	0.4	74.6
40	社区居委会委员	2	0.3	0.4	75.0
41	街道办事处主任	2	0.3	0.4	75.3
42	村党支部副书记	2	0.3	0.4	75.7
43	乡党委委员	2	0.3	0.4	76.1
44	社区居委会副主任	2	0.3	0.4	76.4
45	镇城建站站长	2	0.3	0.4	76.8
46	镇党委副书记	2	0.3	0.4	77.1
47	乡镇商务部门科长	2	0.3	0.4	77.5
48	乡镇国有公司副总经理	2	0.3	0.4	77.9
49	街道办事处副主任	2	0.3	0.4	78.2
50	街道办事处科员	2	0.3	0.4	78.6
51	乡镇合伙企业经理	2	0.3	0.4	79.0
52	农机站站长	2	0.3	0.4	79.3
53	乡镇医院院长	2	0.3	0.4	79.7
54	镇经管站站长	2	0.3	0.4	80.1
55	农业助理	2	0.3	0.4	80.4
56	乡镇国有公司经理	2	0.3	0.4	80.8
57	乡镇水产管理服务中心科员	2	0.3	0.4	81.2
58	乡镇农场场长	2	0.3	0.4	81.5

续表

序号	被捕前职务	人数/个	百分比/%	有效百分比/%	累积百分比/%
59	乡镇政法综治办人员	2	0.3	0.4	81.9
60	街道办事处经管站站长	2	0.3	0.4	82.3
61	镇经管站会计	2	0.3	0.4	82.6
62	镇新农村合作医疗办公室主任	2	0.3	0.4	83.0
63	镇城建站科员	2	0.3	0.4	83.4
64	乡城建站助理	2	0.3	0.4	83.7
65	镇医管站站长	2	0.3	0.4	84.1
66	镇人大副主席	2	0.3	0.4	84.5
67	村治保主任	2	0.3	0.4	84.8
68	乡卫生院会计	2	0.3	0.4	85.2
69	社区居委会会计	2	0.3	0.4	85.6
70	镇国土所会计	2	0.3	0.4	85.9
71	乡派出所所长	1	0.1	0.2	86.1
72	镇行政执法协管中队队员	1	0.1	0.2	86.3
73	公共服务中心党支部书记	1	0.1	0.2	86.5
74	镇老年办主任	1	0.1	0.2	86.7
75	镇经委主任	1	0.1	0.2	86.8
76	镇粮食购销公司经理	1	0.1	0.2	87.0
77	社区居委会文书	1	0.1	0.2	87.2
78	街道工会主席	1	0.1	0.2	87.4
79	镇敬老院会计	1	0.1	0.2	87.6
80	镇武装部副部长	1	0.1	0.2	87.8
81	镇宣传部部长	1	0.1	0.2	87.9
82	乡政府党政办主任	1	0.1	0.2	88.1
83	村计教主任	1	0.1	0.2	88.3
84	镇财务股股长	1	0.1	0.2	88.5
85	乡镇国有公司党委书记	1	0.1	0.2	88.7

续表

序号	被捕前职务	人数/个	百分比/%	有效百分比/%	累积百分比/%
86	街道办事处党委副书记	1	0.1	0.2	88.8
87	乡镇工业园区管委会拆迁办副主任	1	0.1	0.2	89.0
88	镇武装部部长	1	0.1	0.2	89.2
89	乡镇学校办公室副主任	1	0.1	0.2	89.4
90	乡城建办主任	1	0.1	0.2	89.6
91	派出所民警	1	0.1	0.2	89.8
92	砂石管理站班长	1	0.1	0.2	89.9
93	乡镇医院医生	1	0.1	0.2	90.1
94	街道办拆迁办主任	1	0.1	0.2	90.3
95	街道办农委主任	1	0.1	0.2	90.5
96	镇渔政站站长	1	0.1	0.2	90.7
97	镇财政所报账员	1	0.1	0.2	90.9
98	乡镇计生服务中心主任	1	0.1	0.2	91.0
99	镇农机站站长	1	0.1	0.2	91.2
100	乡敬老院会计	1	0.1	0.2	91.4
101	乡镇武装部部长	1	0.1	0.2	91.6
102	乡镇财政所出纳	1	0.1	0.2	91.8
103	派出所副科长	1	0.1	0.2	92.0
104	综治办会计	1	0.1	0.2	92.1
105	经济发展服务中心副主任	1	0.1	0.2	92.3
106	乡镇公司管理人员	1	0.1	0.2	92.5
107	农牧业综合服务站站长	1	0.1	0.2	92.7
108	公路段段长	1	0.1	0.2	92.9
109	乡镇开发区党群工作部科员	1	0.1	0.2	93.1
110	开发区管委会副主任	1	0.1	0.2	93.2
111	镇水利站站长	1	0.1	0.2	93.4
112	矿区补偿拆迁办副主任	1	0.1	0.2	93.6

续表

序号	被捕前职务	人数/个	百分比/%	有效百分比/%	累积百分比/%
113	乡安全生产监督办公室主任	1	0.1	0.2	93.8
114	镇安监办主任	1	0.1	0.2	94.0
115	镇环保办主任	1	0.1	0.2	94.1
116	镇信访办公室助理	1	0.1	0.2	94.3
117	镇劳动和社会保障所副所长	1	0.1	0.2	94.5
118	村技术员	1	0.1	0.2	94.7
119	镇河道堤防管理所副所长	1	0.1	0.2	94.9
120	镇财政所会计	1	0.1	0.2	95.1
121	镇邮政支局支局长	1	0.1	0.2	95.2
122	镇记账中心副主任	1	0.1	0.2	95.4
123	街道办事处财政所科员	1	0.1	0.2	95.6
124	街道办事处财政所所长	1	0.1	0.2	95.8
125	镇卫生院医师	1	0.1	0.2	96.0
126	乡镇小学校长	1	0.1	0.2	96.2
127	镇民政所助理	1	0.1	0.2	96.3
128	村医生	1	0.1	0.2	96.5
129	街道城建站科员	1	0.1	0.2	96.7
130	村卫生所所长	1	0.1	0.2	96.9
131	乡国土所科员	1	0.1	0.2	97.1
132	镇企办公室科员	1	0.1	0.2	97.3
133	镇计生站站长	1	0.1	0.2	97.4
134	乡财政所科员	1	0.1	0.2	97.6
135	镇新农村合作医疗办公室会计	1	0.1	0.2	97.8
136	镇民政办主任	1	0.1	0.2	98.0
137	镇劳保所副所长	1	0.1	0.2	98.2
138	镇司法所所长	1	0.1	0.2	98.4
139	镇党政办主任	1	0.1	0.2	98.5

续表

序号	被捕前职务	人数/个	百分比/%	有效百分比/%	累积百分比/%
140	乡镇某站站长	1	0.1	0.2	98.7
141	镇企业站站长	1	0.1	0.2	98.9
142	镇财政所会计	1	0.1	0.2	99.1
143	镇财政所副所长	1	0.1	0.2	99.3
144	社区居委会计生专干	1	0.1	0.2	99.5
145	街道办流动人口协管员	1	0.1	0.2	99.6
146	镇卫生院会计	1	0.1	0.2	99.8
147	乡国土所所长	1	0.1	0.2	100.0
	小计	547	79.9	100.0	
	系统缺失	138	20.1		
	总计	685	100.0		

基层公职人员涉及主要问题一览表

序号	涉及主要问题	数量/个	百分比/%	有效百分比/%	累积百分比/%
1	征地拆迁款	237	34.6	39.6	39.6
2	插手项目工程	41	6.0	6.9	46.5
3	挪用公款	34	5.0	5.7	52.2
4	扶贫资金款	27	3.9	4.5	56.7
5	修路补贴款	24	3.5	4.0	60.7
6	项目资金	21	3.1	3.5	64.2
7	退耕还林款	20	2.9	3.3	67.6
8	侵吞公款	19	2.8	3.2	70.7
9	移民搬迁款	14	2.0	2.3	73.1
10	过节礼金	13	1.9	2.2	75.3
11	危房改造补贴款	11	1.6	1.8	77.1

续表

序号	涉及主要问题	数量/个	百分比/%	有效百分比/%	累积百分比/%
12	请托帮忙	10	1.5	1.7	78.8
13	财政资金	8	1.2	1.3	80.1
14	套取新农合基金	7	1.0	1.2	81.3
15	社保款项	7	1.0	1.2	82.4
16	林业项目款	6	0.9	1.0	83.4
17	新农合补偿款	6	0.9	1.0	84.4
18	土地粮食直补款	5	0.7	0.8	85.3
19	涉农补贴款	5	0.7	0.8	86.1
20	油田补贴款	4	0.6	0.7	86.8
21	做假账	4	0.6	0.7	87.5
22	药品回扣	4	0.6	0.7	88.1
23	房地产开发	4	0.6	0.7	88.8
24	一事一议专项资金	3	0.4	0.5	89.3
25	计划生育保证金	3	0.4	0.5	89.8
26	小麦补贴款	3	0.4	0.5	90.3
27	污染补偿款	3	0.4	0.5	90.8
28	牧业补贴款	2	0.3	0.3	91.1
29	借款	2	0.3	0.3	91.5
30	国家普九债务补贴款	2	0.3	0.3	91.8
31	保障性住房款	2	0.3	0.3	92.1
32	倒卖国库粮食	2	0.3	0.3	92.5
33	虚假发票	2	0.3	0.3	92.8
34	理赔款	2	0.3	0.3	93.1
35	承包水田鱼塘	2	0.3	0.3	93.5
36	村级办公开支	2	0.3	0.3	93.8
37	参与出售电线缆	2	0.3	0.3	94.1
38	违规建房	2	0.3	0.3	94.5

续表

序号	涉及主要问题	数量/个	百分比/%	有效百分比/%	累积百分比/%
39	社会抚养费	2	0.3	0.3	94.8
40	医疗保险	2	0.3	0.3	95.2
41	教学经费	2	0.3	0.3	95.5
42	房屋买卖	1	0.1	0.2	95.7
43	水利工程	1	0.1	0.2	95.8
44	荒山治理	1	0.1	0.2	96.0
45	招待费	1	0.1	0.2	96.2
46	就业和职业技能培训专项资金	1	0.1	0.2	96.3
47	新农村建设项目	1	0.1	0.2	96.5
48	合伙开设赌场	1	0.1	0.2	96.7
49	合伙开设工厂	1	0.1	0.2	96.8
50	违法建设查处	1	0.1	0.2	97.0
51	人事调动	1	0.1	0.2	97.2
52	收受公司干股	1	0.1	0.2	97.3
53	农村建房耕地占用税	1	0.1	0.2	97.5
54	河滩公共用地款	1	0.1	0.2	97.7
55	违规办理房产证	1	0.1	0.2	97.8
56	违法多分房屋	1	0.1	0.2	98.0
57	以单位名义经营	1	0.1	0.2	98.2
58	敬老院经费	1	0.1	0.2	98.3
59	厂房出让款	1	0.1	0.2	98.5
60	捐款	1	0.1	0.2	98.7
61	禁牧款	1	0.1	0.2	98.8
62	公积金	1	0.1	0.2	99.0
63	邮政储蓄款	1	0.1	0.2	99.2
64	公款购买理财产品	1	0.1	0.2	99.3
65	银行存款提成	1	0.1	0.2	99.5

续表

序号	涉及主要问题	数量/个	百分比/%	有效百分比/%	累积百分比/%
66	违规收取劳务费	1	0.1	0.2	99.7
67	民政救灾资金	1	0.1	0.2	99.8
68	党报党刊款	1	0.1	0.2	100.0
	总计	598	87.3	100.0	
	系统缺失	87	12.7		
	总计	685	100.0		

致　谢

回顾整个研究过程，自从选定研究主题至今已历六载。六年时间，监狱调研跨度两年时间，写作一年多时间，三年持续的修改完善。时至今日，点点滴滴经历依然历历在目。研究中我真切感受到了车尘马足、跋山涉川、栉风沐雨，虽然辛劳，但是内心确是充满感动、感恩、感激。感谢我调研的61所监狱中所有的领导和干警，出于保密和安全的需要，没能一一列出他们的名字，但是他们对本研究的顺利完成贡献巨大！还要感谢61所监狱中参与本次调查的上千名在押服刑的原基层公职人员，感谢他们的积极配合。此外，在整个研究的调研、写作、田野生活、修改出版中，还要特别感谢以下领导和专家：

感谢司法部范老师、田处长，感谢中纪委徐处、老王。感谢中组部雪。感谢中宣部刘。感谢公安部尹处长、陈处长、房师兄、迪、伟、立、男、大志、嘉龙等。感谢某政法机关恩。感谢国家机关工委轩。感谢某省省委政法委文伟老师。感谢某省省委组织部文韬师兄。感谢某省扫黑办政耀师兄。感谢某省公安厅李主任、曹主任德畅兄弟。感谢某省能源局坤达兄弟。感谢某省司法厅徐处。感谢某省司法厅耿处。感谢某省司法厅堃、邓科。感谢某省司法厅来主任。感谢某省委巡视办柏主任。感谢某市委组织部陈处长、孟处长。感谢某市政法委波副书记。感谢某市局赵主任、凤宇等。感谢某市局飞。

感谢清华大学刘精明教授，感谢北京大学白建军教授，感谢人民大学时延安教授，感谢北京师范大学张远煌教授，感谢中央司法警官学院范主任、长营老师。感谢中国政法大学刘艳红教授、王志远教授、杨波教授、王顺安教授、王老师等。感谢西南政法大学胡院长、赵新立副教授、王小海副教授。

特别感谢西南财经大学夏一巍副教授。特别感谢南京大学马志浩老师。感谢美国科罗拉多州立大学余晓青教授。感谢香港中文大学钟华教授。感谢郑州警察学院崔海英副教授。感谢中国人民公安大学王大为教授、刘为军教授、任士英教授、朱旭东教授、靳高风教授、李玫瑾教授、刘洪广教授、张纯琍教授、李春雷教授、戴继诚教授、杜彦辉教授、谢晓专教授、刘志宏教授、李辉教授、孙国蕙主任、陈浩主任、周俊山副教授、包涵副教授、赵玉婷老师、张磊老师、张雍锭老师、张萌老师，感谢我的队长冯朝辉老师等。

特别感谢在本书出版过程中法律出版社刘秀丽老师、王斓老师、魏艳丽老师的辛苦付出与大力支持，编辑老师们严谨认真的工作态度和扎实的业务能力为本书的顺利出版作出重要贡献！

感谢我的父母家人、亲友、同窗对我研究的支持与关心。感谢我的爱人张赟！